Barbara Greene · Im Hinterland

BARBARA GREENE

IM HINTERLAND

Barbara und Graham Geene in Liberia

Aus dem Englischen von Christiane Buchner

mit einem Nachwort von Rupert Graf Strachwitz
»Barbara Greene – Versuch eines Porträts«

und einem Beitrag von Till Blume
»Eine kurze Geschichte Liberias«

P. KIRCHHEIM VERLAG

Erstmals veröffentlicht unter dem Titel *Land Benighted* 1938. Der vorliegenden Ausgabe liegt die 1990 veröffentlichte Fassung bei Penguin Books *Too late to turn back* mit dem neuen Vorwort von Barbara Greene von 1981 zur Ausgabe bei Settle und Bedall zugrunde.
Einige ergänzende Fotografien stammen von Crommelin, Cecil H. Firmin, Harry Johnston und T. H. Myring. Sir Harry Johnston lebte von 1858 bis 1927, die Lebensdaten der anderen Fotografen konnten nicht gefunden werden. Bei berechtigten Ansprüchen bitten wir freundlich um Kontaktaufnahme. Alle diese zusätzlichen Aufnahmen stammen aus dem Werk von Sir Harry Johnston »Liberia«, 1906 bei Hutchinson & Co., London, und sind jeweils mit dem Namen des Fotografen gekennzeichnet.

Im Hinterland

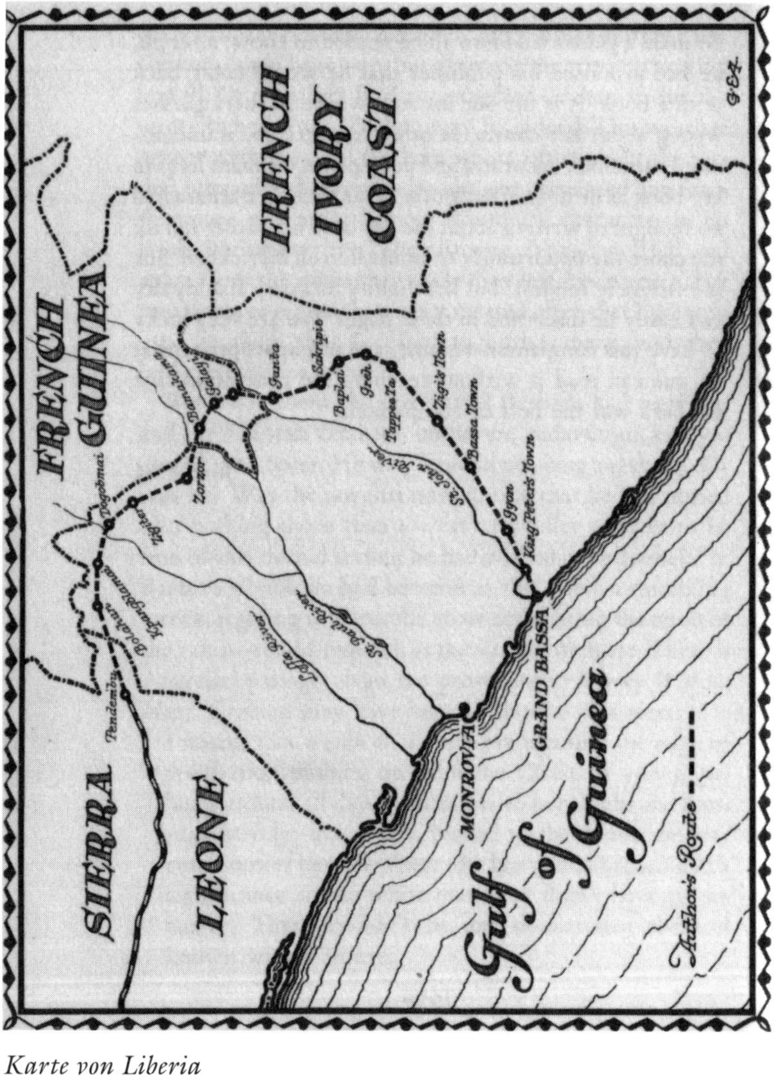

Karte von Liberia

Vorwort zur Neuausgabe

Fast fünfzig Jahre sind vergangen, seit mein Vetter Graham und ich uns ebenso zuversichtlich wie ahnungslos auf den Weg machten, um zu Fuß die Wildnis eines Landes zu durchstreifen, über das wir so gut wie nichts wußten. Liberia war damals im wahrsten Sinne des Wortes terra incognita. Weder Graham noch ich waren je zuvor in Afrika gewesen noch hatten wir schon einmal eine ähnliche Expedition unternommen. Wir waren zwei unschuldige Seelen, unser Unwissen war grenzenlos, und wir hatten keinerlei Landkarten – es existierten nämlich keine. Ich war damals dreiundzwanzig, Graham vielleicht fünf Jahre älter.

Obwohl wir beide in derselben Stadt aufgewachsen waren, kannten wir uns kaum. Grahams Vater Charles war Direktor der Berkhamsted School. Er war blitzgescheit und hatte ursprünglich Rechtsanwalt werden wollen, doch als er vorübergehend eine Stelle an der Schule annahm, während er auf seine Examenszulassung wartete, entdeckte er, daß ihm das Unterrichten lag und noch dazu Spaß machte, und dann blieb er einfach dabei. Sein Bruder, mein Vater, war völlig anders. Man hatte ihn früh aus der Schule genommen, weil er intellektuell als wenig vielversprechend galt. Der älteste Bruder, Graham, war fast so ein brillanter Kopf wie Charles, allerdings auf andere Weise; er brachte es mit seiner Gewissenhaftigkeit schließlich bis zum Staatssekretär im Marineministerium. Mein armer Vater dagegen durfte nicht auf die Universität gehen, sondern wurde von seinen verzweifelten Eltern auf eine Farm geschickt, in der Hoffnung, er würde sich dort überlegen, was er mit seinem Leben anzufangen gedenke. In dem Jahr auf der Farm entwickelte er sowohl eine intensive Liebe zum Landleben als auch einen ausgewachsenen Minderwertigkeitskomplex und kam dann plötzlich zu dem Schluß, er müsse einfach fort, weit fort. Zufällig stieß er auf einen Zeitungsartikel, der Brasilien als das Land der Zukunft beschrieb, worauf er sich spontan entschloß, dorthin auszuwandern. Wie sich herausstellte, war das die richtige Entscheidung. Sehr bald entdeckte er, daß er sowohl ein Händchen fürs Geschäft als auch echten Pioniergeist besaß, und er blieb Brasilien für den Rest seines Lebens verbunden. Er hatte Erfolg, wurde sehr wohlhabend und heiratete mit vierunddreißig meine Mutter, die gerade siebzehn geworden war.

Deren Eltern waren von Deutschland nach Brasilien ausgewandert. Als die mit Abstand jüngste von sechs Töchtern war meine Mutter in Brasilien aufgewachsen und hatte dort sogar ein sehr exklusives brasilianisches Internat besucht – als einzige Schülerin, die nicht aus Brasilien kam und nicht katholisch war. Ihre Mitschülerinnen bemitleideten sie heftig, als sie entdeckten, daß ihre Eltern ihr noch keinen zukünftigen Ehemann ausgewählt hatten, obwohl sie doch schon vierzehn war. Bestimmt würde sie als alte Jungfer enden, prophezeite man ihr. Sie hat eine bezaubernde Erzählung über ihre Zeit an dieser Schule geschrieben, die sie mit Anfang achtzig dank der Überredungskünste ihrer Umgebung einmal im britischen Rundfunk las.

Mein Vater nahm meine Mutter nach der Hochzeit mit nach England, wo seine scheue junge Braut, die in Brasilien ein so ganz anderes Leben gewohnt gewesen war, plötzlich Schwärme – buchstäblich Schwärme von Greenes um sich hatte, alle ebenso schwungvoll wie künstlerisch und literarisch interessiert, einer wie der andere felsenfest davon überzeugt, der britische *way of life* sei das Maß aller Dinge, und wildentschlossen, ihr diese Lektion beizubringen. Das kann nicht leicht für sie gewesen sein, doch sie war jung und anpassungsfähig und viel zu beschäftigt, um unglücklich zu sein. Mit einundzwanzig hatte sie bereits drei Kinder geboren, und ein paar Jahre später bekam sie noch einmal drei. Ich war die Älteste aus dem zweiten Schwung.

Schließlich erwarb mein Vater *The Hall* in Berkhamsted, da er inzwischen mit seinem Bruder Charles eng befreundet war, der eine schöne Cousine geheiratet und etwa im gleichen Abstand wie er selbst ebenfalls sechs Kinder gezeugt hatte. Mein Vetter Graham gehörte zur älteren Schar, ich dagegen zur unteren Kategorie, und irgendwie bestand immer eine unsichtbare Trennlinie zwischen den beiden Gruppen, obwohl wir uns natürlich dauernd auf Familienfeiern trafen, inmitten der zahllosen Verwandten nebst Kindermädchen und Gouvernanten, die man damals so hatte. Meine Mutter sagte einmal am Ende eines Sommers, wir seien bei Tisch nie weniger als sechzehn gewesen. Das betraf natürlich nur das Mittagessen; bis wir Kinder zum Abendessen im Dining Room zugelassen wurden, waren wir fast schon erwachsen.

Das Regiment in der Kinderstube war sowohl in meiner Familie als auch bei Graham streng, und wir bekamen kaum Taschengeld. Pünktlichkeit, Schlafensgehzeiten, Gebete und der Sonntagsgottesdienst waren unverrückbare Größen, andererseits hatten wir, vor allem auf *The Hall*, riesige Gärten (ein Rosengarten wurde speziell zum Andenken an die im ersten Weltkrieg gefallenen Gärtner angelegt), Pferde, Tennisplätze, eine eigene Farm, auf der wir das Melken lernten, und eine Heerschar von Hausangestellten, die alle in meine Mutter vernarrt waren und nie kündigten. Irgend etwas war immer geboten; die Gärten wurden manchmal für wohltätige Feste und Gartenpartys geöffnet, und unsere unverheirateten Tanten schrieben unablässig kleine Sketche und Theaterstücke, die wir dann aufführten. Wir lernten alle ein Musikinstrument und sangen mit unserem eigenen kleinen Ensemble Lieder zum Klavier. Graham hielt sich von dergleichen darstellerischen Aktivitäten in *The Hall* eher fern. In seiner Familie war man weniger musikalisch, sondern legte mehr Wert auf Bücher, so daß der Alltag dort maßgeblich vom Lesen geprägt war. Er und seine Geschwister galten als die intellektuellen Greenes und schnitten in der Schule stets viel besser ab als wir.

The Hall gibt es nicht mehr. Heute nimmt eine Wohnsiedlung das ganze Areal ein. Berkhamsted School und das Haus, in dem Graham aufgewachsen ist, sind dagegen mehr oder weniger unverändert geblieben, obwohl die Schule natürlich gewachsen ist und es heute einen Trakt namens »Greene House« gibt.

Mein Vater war nicht der einzige Geschäftstüchtige in der Familie. Einer seiner Onkel war Direktor der Bank of England; sein Haus stand in der »Millionaire's Row« in Kensington und dient heute dem russischen oder japanischen Botschafter als Wohnsitz – die Nummern haben sich geändert, so daß das Haus nicht ganz einfach auszumachen ist. Meine schüchterne junge Mutter mußte dort zahlreiche ausgedehnte, gehaltvolle und langweilige Lunches über sich ergehen lassen, nach denen es zum »Ausfahren« ging – in den Hyde Park, wo man mit der Kutsche stundenlang im Kreis fuhr, nur um zum ebenso langen und langweiligen Tee wieder zurückzukehren. Großonkel Benjamin hinterließ seine Millionen seinem einzigen überlebenden Kind, einer ledigen Tochter, die ihrerseits die Hälfte davon an eine Missionsgesellschaft vererbte – unter der Bedingung, daß die Missionare keinesfalls auch nur ansatzweise medizinisch geschult wurden, sondern vielmehr das »reine Wort« predigten – und die andere Hälfte an ein Heim für Katzen in Not. Ich habe aus ihrem Nachlaß noch einen wunderschönen Fächer.

Das Familienvermögen verdankte sich hauptsächlich großen Zuckerrohrplantagen auf St. Kitts in der Karibik. Diverse Familienmitglieder wurden zur Verwaltung dieser Plantagen abgeordnet, um fernab von Freunden, fernab von jeglichen weißen Gefährten ein einsames, trauriges Leben zu führen, bis zu ihrem meist frühen Tod. Mein – und Grahams – Großvater starb bei einem seiner Aufenthalte dort an Gelbfieber. Die Plantagen gingen allerdings zugrunde, als man in Europa begann, Zuckerrüben anzubauen, und nicht einmal das Herrenhaus steht noch; nur in den Adern einiger Einheimischer fließen dem Vernehmen nach bis heute Reste von Greeneschem Blut.

Graham und ich wuchsen also in frühester Kindheit unter recht ähnlichen Umständen auf. Ich glaube, mein ältester Bruder war Grahams bester Freund; die beiden unternahmen ausgedehnte Spaziergänge miteinander, auf denen vermutlich kein Wort fiel. Der in der Kindheit so bedeutsame Altersunterschied von fünf Jahren ließ uns einander fremd bleiben, und später wurden wir natürlich aufs Internat geschickt: Graham nach Berkhamsted, was mit seinem Vater als Direktor dort nicht leicht für ihn war, und ich nach Somerset, aus unerfindlichen Gründen auf eine Quäkerschule, in der es so streng zuging, wie man es heutzutage nicht mehr dulden würde; trotzdem war ich dort ausgesprochen glücklich.

Das Jahr, das mein Vater in früher Jugend auf der Farm zugebracht hatte, zog ein lebenslanges Interesse an der Landwirtschaft nach sich; er reiste zwar immer wieder nach Brasilien (und nahm auch manchmal ein paar von uns Kindern mit), kaufte aber auch ein Stück Land in Little Wittenham bei Oxford und legte dort eine Musterfarm an. Im Sommer und am Wochenende fuhren wir oft dorthin, wobei ich mich nicht erinnern kann, Graham je dort getroffen zu haben, obwohl er drei Jahre lang in Oxford studierte. Später, als Grahams Bruder Hugh am Merton College war, nahm ich öfter am studentischen Leben der Universität teil, und Hugh brachte seine Freunde nach Little Wittenham mit. Mein ältester Bruder hatte ebenfalls in Oxford studiert, doch zu der Zeit ging ich noch in die Schule, und meine beiden anderen Brüder studierten in Cambridge.

Meine Eltern besaßen auch eine kleine Wohnung in London, die wir allerdings nur sehr selten nutzen durften – höchstens für einen Besuch beim Zahnarzt oder zu Bildungsausflügen ins Museum, Konzert oder manchmal ins Theater. Später, als wir alle schon erwachsen waren, wurde *The Hall* verkauft, und mein Vater erwarb ein Haus am Montagu Square, das zum Lieblingsdomizil meiner Mutter avancierte. Ein paar Jahre lang verlor ich Graham fast völlig aus den Augen. Er hatte früh geheiratet und war damit beschäftigt, sein eigenes Leben aufzubauen. Mein Vater erlitt während der Finanzkrise Anfang der dreißiger Jahre schwere Verluste, doch blieb er bei seinen liebgewonnenen Gewohnheiten und unser Lebensstil änderte sich kaum, bis der zweite Weltkrieg die alte Ordnung überall für immer zerstörte. Ein gnädiges Schicksal ließ ihn 1937 sterben.

Grahams und mein gemeinsames Abenteuer begann, als wir uns bei der Hochzeit seines Bruders Hugh begegneten, wo wir alle fröhlich Champagner tranken – das muß 1935 gewesen sein. Graham hatte seine Reisevorbereitungen für Liberia schon fast abgeschlossen. Reisen in unbekannte, ferne Länder waren damals en vogue, er mußte eine Familie ernähren und sein Verlag hatte ihm den Vorschuß für ein neues Buch überwiesen. Mein Vetter hatte Abenteuergeschichten schon als Kind geliebt, und das unbekannte Liberia klang vielversprechend; allerdings behagte ihm die Vorstellung, allein zu fahren, gar nicht. Er versuchte, irgend jemanden zum Mitfahren zu überreden, ganz egal wen, und erst, nachdem alle anderen dankend abgelehnt hatten, fragte er mich. Ich sagte spontan ja, obwohl ich eine reichlich unklare Vorstellung davon hatte, wohin es eigentlich gehen sollte.

Am nächsten Morgen bedauerten wir beide diese Champagneridee ziemlich heftig – ich, weil es mir in London gerade ausnehmend gut gefiel, und Graham, weil ihm bei der Vorstellung, für ein junges Mädchen verantwortlich zu sein, das er kaum kannte, das Herz in die Hosen rutschte. Ich beruhigte ihn am Telefon, er solle sich keine Sorgen machen, mein Vater würde es sowieso verbieten. Doch nun kam das Erstaunlichste an der ganzen Unternehmung. »Papa«, sagte ich schüchtern, »ich habe eine große Dummheit gemacht. Ich habe Graham versprochen, mit ihm nach Liberia zu fahren.« Nach einer Schrecksekunde antwortete mein Vater ruhig, aber entschieden: »Endlich zeigt eine meiner Töchter mal etwas Initiative.« Mit meinem Vater diskutierte man nicht herum, und Graham war ziemlich verzweifelt. Er schickte mir reihenweise haarsträubende Berichte über die Zustände im Landesinneren, ganze Listen von grassierenden Krankheiten, Beschreibungen grausamer Metzeleien unter den einheimischen Stämmen und was er sonst noch in die Finger bekam. Doch wußte er genauso gut wie ich, daß uns nichts anderes übrig blieb, als uns zu fügen, und vierzehn Tage später waren wir unterwegs.

Graham mochte seine Bedenken gehabt haben, ich reagierte, glaube ich, hauptsächlich mit Vorfreude. Die Vorbereitungen liefen wie am Schnürchen, außerdem schmeichelte mir wahrscheinlich die viele Aufmerksamkeit, die mir zuteil wurde. Daß ein junges Mädchen zu einem Abenteuer in die Wildnis aufbrach, war für damalige Zeiten ungewöhnlich – aber mein Vater war in vielerlei Hinsicht ein ungewöhnlicher Mensch. Abgesehen von meinem Visum und ein paar Impfungen mußte ich mich eigentlich um nichts kümmern. Beschämt gestehe ich heute ein, daß ich keine Ahnung hatte, wieviel Arbeit zur Vorbereitung einer solchen Reise notwendig war, daß man sich, neben hundert anderen, der Frage der medizinischen Versorgung mit großer Sorgfalt widmen mußte – obwohl sich das später als verlorene Liebesmüh entpuppte, da fast unsere gesamte Reiseapotheke im Trubel des Aufbruchs in Freetown liegenblieb. Graham kümmerte sich um alles, und ich bezweifelte nicht im mindesten, daß er wußte, was er tat. Wobei ich mich heute frage, ob ich überhaupt so weit dachte. Selbst mein Vater nahm die Sache, nachdem er Graham einen Scheck überreicht hatte, aus meiner heutigen Perspektive geradezu auf die leichte Schulter. Mir war der Weg immer von anderen geebnet worden, ich hielt das für selbstverständlich. Erst später, in der harten Schule des Lebens, lernte ich, daß Unterstützung nicht vom Himmel fällt und echte Erfolge sich nur durch eigene Anstrengungen einstellen, meist obendrein noch durch Härten.

Sowohl Graham als auch ich waren eher scheu; wie gesagt kannten wir uns bei unserem Aufbruch eigentlich nur flüchtig, und drei Monate später, am Ende unserer langen Reise, waren wir – so seltsam sich das anhören mag – immer noch nicht mehr als gute Bekannte. Selbst unter den schwierigsten Bedingungen behandelten wir einander stets höflich und zuvorkommend; nie haben wir gestritten. Wenn wir unterschiedlicher Meinung waren, ließen wir das Thema einfach fallen – schon weil die Hitze und die schiere Erschöpfung einfach keine Energieverschwendung zuließen. Und das war vermutlich gut so, denn selbst wenn wir deswegen oft über lange Strecken schwiegen, so hatte unser Schweigen doch nie einen bitteren oder vorwurfsvollen Unterton. Graham entwarf alle Pläne und traf alle Entscheidungen; ich zog einfach mit. Im Rückblick wird mir klar, daß ich ihm nie, in keinem Augenblick, eine Hilfe war, andererseits habe ich mich auch nie beklagt, kein einziges Mal. Wir verstanden uns gut, mochten und achteten einander, doch als wir am Ende wieder getrennte Wege gingen, sagten wir uns nur freundlich Lebewohl, ohne die Umarmungen und Küßchen, die heute so üblich geworden sind. Wir sahen uns auch monatelang – oder sogar jahrelang? – nicht wieder, obwohl wir uns immer ungemein freuten, wenn wir einander zufällig begegneten.

Was hat mir diese Reise gegeben, frage ich mich manchmal? Hat sie meinen Horizont erweitert, meine Vorstellungen oder meinen Charakter verändert? Auf einer unbewußten Ebene vermutlich schon, denn bis dahin war ich munter an der Oberfläche einer, wie ich heute weiß, sehr privilegierten Existenz dahingeplätschert, und ich erinnere mich noch genau, wie Grahams größere Lebenserfahrung und sein unabhängiges Denken mich oft verblüfften. Wie sehr das oder die Reise an sich mich veränderten, läßt sich heute schwer beurteilen, denn ich war in dem Alter, in dem jeder Tag einem neue Fenster mit weiteren Ausblicken öffnet. Daß ich gezwungen war, durch alle Schwierigkeiten hindurch bis zum Ende durchzuhalten, ist mir kaum als Verdienst anzurechnen, denn schon bald gab es schlichtweg kein Zurück mehr. Graham hat sich von der Reise eine tiefe Liebe zu Afrika mitgebracht, die er nie wieder verlor, und er kehrte dorthin zurück, so oft sich eine Gelegenheit bot. Die Pfade meines abwechslungsreichen Lebens führten in andere Richtungen, mit vielen Höhen und Tiefen und langen Strecken der Leere, in denen ich zu entwickeln lernte, was auch immer an inneren Stärken in mir steckte, um nicht aufzugeben. Es blieb mir verwehrt, nach Afrika zurückzukehren. Trotzdem trage ich seitdem den Traum der reinen Schönheit und des reinen Friedens in mir, zusammen mit dem Bild mondbeschienener Dörfer im Dschungel, freundlicher Menschen, die zu den Klängen einer afrikanischen Harfe und dem Rhythmus einer Trommel tanzen, und der Schlichtheit einer Welt, in der materielle Werte nicht zählten und man einander ohne Worte verstand. In dunklen Momenten mußte ich mich nur an diese Abende erinnern, um sehr bald von Dankbarkeit erfüllt zu sein: für mein Leben und für die Gelegenheit, solch seltene, kostbare Augenblicke zu erleben. Das ist vermutlich der Schatz, den ich von meiner Reise durch Liberia mitgebracht habe.

Meine Aufzeichnungen über diese Reise waren nie zur Veröffentlichung bestimmt. Graham hatte sein *Der Weg nach Afrika* bereits publiziert, das ja kein reiner Reisebericht ist, sondern eher die abstrakte Schilderung einer Reise ins Innere des Lebens an sich, viel tiefgründiger und komplizierter als alles, was ich je zustande bringen konnte. Ich hatte auf unserer Reise lediglich ein Tagebuch geführt, in dem ich die Ereignisse eines jeden Tages, selbst wenn ich noch so erschöpft war, einigermaßen detailliert festhielt. Als ein paar Jahre nach unserer Rückkehr mein Vater ernsthaft erkrankte, schrieb ich meine Notizen um und formulierte sie, immer streng wahrheitsgemäß, so aus, daß ich sie ihm jeden Morgen vorlesen konnte, um ihn aufzuheitern und von seinen Sorgen abzulenken. Zufällig geriet das Manuskript einem Verleger in die

Hände, der darauf bestand, es genau so zu veröffentlichen, wie ich es geschrieben hatte. Die Fakten wurden nie recherchiert, ebensowenig die örtlichen Sitten und Gebräuche, die ich so unwissend und blauäugig festgehalten hatte.

Ein halbes Jahrhundert ist eine lange Zeit, und manche Ereignisse verändern die Welt so schnell, daß wenig bleibt von dem Leben, wie wir es zu meiner Jugendzeit kannten, weder materiell noch intellektuell, weder in Europa noch in Afrika. Vieles Schöne ist mittlerweile vernichtet worden, aber aus dem Aufruhr der heutigen Zeit wird eine neue, hoffentlich bessere und gerechtere Ordnung entstehen. Ich kann in meinem Alter nur noch Zuschauerin sein, hoffe aber lange genug zu leben, um noch zu sehen, wie die neue Welt Gestalt annimmt. Ich habe mich in diesen fünfzig Jahren natürlich auch verändert, und Liberia ist ganz sicher nicht mehr, was es in jener Zeit war. Zu gern würde ich noch einmal dorthin fahren und unserem Pfad von damals folgen – doch selbst wenn ich die Kraft dazu aufbringen könnte, so heißt es doch, man solle nie an den Ort zurückkehren, an dem man einmal sehr glücklich war.

Sollte dieses Buch je einem Liberianer in die Hände fallen, so bitte ich ihn herzlich, Gnade und Großmut walten zu lassen, alle Ungenauigkeiten und Unzulänglichkeiten zu übersehen und zu bedenken, daß es von einem sehr jungen Mädchen geschrieben wurde, das sich dennoch zu diesem späten Zeitpunkt für ein paar vollkommene Erinnerungen aufrichtig bedanken möchte.

Barbara Strachwitz
Juni 1981

Unsere Wäsche unterwegs

Der Markt in Bolahun

Die kleine Hure bei Bassa Town

Monrovia 1935

Die anderen Passagiere auf der David Livingstone

Graham geht voraus

Unser Koch

Grahams Boy Amadu

Erstes Kapitel

Angefangen hat alles auf einer Hochzeit. »Komm doch mit nach Liberia«, sagte mein Vetter Graham zu mir, und da ich schon ein paar Gläser Champagner getrunken hatte, kam mir die Sache denkbar einfach vor. Ich willigte sofort ein. Es klang nach einer spannenden Unternehmung. Liberia, wo immer das sein mochte, hatte einen beschwingten Beigeschmack. Liberia! Je öfter ich es mir vorsagte, desto besser gefiel es mir. Das Leben war heiter und unbeschwert. Selbstverständlich kam ich mit nach Liberia! Zu meiner Verblüffung und gelinden Bestürzung verpufften alle Schwierigkeiten im Nu. Ich fand heraus, daß Liberia eine schwarze Republik an der afrikanischen Westküste war. Ich erfuhr, daß seine Herrscher keinerlei Moral hätten und absolut nicht vertrauenswürdig seien. Ich ließ mir sagen, daß ein Treck durchs Hinterland gefährlich und extrem gesundheitsschädigend sei. Ich las, daß Liberia eines der wenigen immer noch unerforschten Länder der Welt sei. Nach einer Weile löste sich mein Hochgefühl in Luft auf. Ich liebte meine bequeme Existenz; ich hatte eigentlich keine Lust auf Abenteuer in der Wildnis, aber offensichtlich stand es in den Sternen geschrieben, daß ich fahren würde, und als mir klar wurde, worauf ich mich da eingelassen hatte, war es zum Umkehren zu spät. Man machte mir alles so einfach. Man sagte mir genau, was ich mitnehmen sollte, und ich stellte bei meiner Ankunft in Liberia sogar fest, daß ich mehr oder weniger die richtigen Sachen dabeihatte. Wobei sich ein paar Schnitzer natürlich nicht vermeiden ließen. Jemand, dem ich durchaus Sachverstand zutraute, hatte mir geraten, in Reitstiefeln zu laufen, wegen der Schlangen. Das hörte sich irgendwie heiß und unbequem an, aber was verstand ich schon davon? Also packte ich meine Reitstiefel mit ein. Das war natürlich nur ein kleiner Fauxpas und ist lediglich erwähnenswert, weil ich mir deswegen in Freetown in letzter Minute und in großer Hast ein paar Shorts nähen lassen mußte. Und diese Shorts waren seltsam geschnitten, sehr ballonartig und sehr kurz, so daß sie eigentlich mehr nach Ballettröckchen aussahen. Ich bin ziemlich groß und stämmig, und später, als wir gegen Ende unserer Reise müde und erschöpft waren, gingen meinem Vetter diese Shorts so sehr auf die Nerven, daß er jedesmal bei ihrem Anblick hätte schreien können.

Zeltausrüstung, Essen, Billets – alles wurde für mich beschafft, so daß ich Muße hatte, mich zurückzulehnen und in der *British Encyclopedia* zu schmökern, im Bericht des Völkerbundes – eine wenig beruhigende Lektüre – und in allen sonstigen Büchern und Zeitschriften, die ich in die Finger bekam.

Selbst besorgen mußte ich mir lediglich mein Visum auf dem liberianischen Konsulat in London. Und das gestaltete sich weniger einfach, als man meinen könnte. Da dem Telefonbuch nicht zu entnehmen war, wo sich das Konsulat befand, wandte ich mich an die Reiseagentur Thomas Cook. Nach langer Wartezeit nannte man mir eine Adresse in der City. Die Nummern in der wohl verlassensten Straße Londons hatten sich offenbar geändert, denn an der angegebenen Stelle befand sich mittlerweile eine Kirche. Es war alles sehr schwierig, aber ich sagte mir: »Bloß nicht aufgeben. Im Dschungel wird es sicher noch viel schwieriger.« Solchermaßen von neuem Durchhaltewillen beseelt gelang es mir schließlich, den Konsul in seinem Versteck aufzustöbern. Es war ein eigenartiges Büro: klein, schmutzig und sehr unordentlich. Offensichtlich hatte man gerade gespeist, denn im ganzen Zimmer lagen benutzte Teller herum. Weitere stapelten sich im Papierkorb. Ich hatte einen holländischen Freund als Begleiter dabei und war auf einmal froh, daß ich nicht allein dort stand, denn die Begrüßung fiel alles andere als herzlich aus. Vielleicht hatte ich die Herren bei ihrem Mittagsschlaf gestört oder sie waren keine Besucher gewohnt, jedenfalls wußten sie offenbar nicht, was sie mit mir anfangen sollten. Es waren zwei dunkelhäutige junge Männer, die Englisch mit starkem Akzent sprachen. »Liberianer«, dachte ich. »Etwas blasse Mischlinge.« Hätte ich vom tatenlosen Herumsitzen dort nicht allmählich genug gehabt, hätte ich diesen Gedanken aufregend gefunden. Sie verstanden nicht, was ich wollte, oder warum irgend jemand überhaupt nach Liberia zu reisen wünschte. Ich erklärte es noch einmal. Und wartete. Dann sagte der eine junge Mann zu dem anderen etwas in einer Fremdsprache. Zu meinem großen Erstaunen mischte sich nun mein Begleiter in das Gespräch ein. Die beiden interessant gefärbten Liberianer waren ebenfalls Holländer. Von da an waren wir plötzlich die besten Freunde. Ich zahlte meinen Obolus und bekam mein Visum: ein großes rotes Siegel, das in meinen Paß geklebt wurde.

Danach hatte ich nichts anderes mehr zu tun, als mich zu verabschieden. Meine Freunde und Freundinnen wurden gern rührselig, da sie es spannend fanden, nicht mit meiner Rückkehr zu rechnen. Sie hatten sich über Liberia informiert und schenkten, leider genau wie ich, nur allzu leicht den besonders reißerischen Berichten Glauben. Also weinte ich ein wenig und prahlte recht viel, besuchte zahlreiche Abschiedsfeste und bemühte mich redlich, bei meiner Abreise in einem dicken Regenmantel und einem »vernünftigen Hut« wie eine Afrikaforscherin auszusehen. Und dann hob sich plötzlich meine gedrückte Stimmung und machte einer überschäumenden Vorfreude Platz. Ich fühlte mich stark wie zehn. Ich hätte es mit hundert aufgebrachten Stämmen aufnehmen können, wäre spielend mit einem liebestollen Häuptling fertiggeworden. Noch einmal ging ich sämtliche Geschichten durch, die ich über Liberia gehört und in meiner Naivität nicht in Zweifel gezogen hatte, und stellte mir vor, wie ich sämtlichen Gefahren mit einem Lächeln trotzte.

Jetzt, wo ich zurück bin, kann ich mich kaum noch erinnern, was man mir alles erzählt hatte. Kannibalen kamen jedenfalls häufig vor, und Sklaverei. Vergewaltigung und die abscheulichsten tödlichen Krankheiten waren dort offenbar so alltäglich, daß man sie kaum für erwähnenswert hielt. Das gehörte eben einfach dazu. Wilde Tiere sollte es angeblich nur wenige geben, was uns doch ein wenig beruhigte, da keiner von uns beiden als erfahrener Schütze bezeichnet werden konnte. Zudem bestand die Gefahr, daß wir uns verlaufen würden. Der Gedanke, wir könnten womöglich verhungern, kam mir sehr weit hergeholt vor, denn für meine Begriffe nahmen wir Berge von Nahrungsmitteln mit. Konserven sehen erstaunlicherweise nach viel mehr aus, als sie enthalten, wie wir später zu unserem Leidwesen feststellen mußten.

Unsere Zeit an Bord des kleinen Frachters, der höchst passend *David Livingstone* hieß, verbrachten wir also damit, an Gefahren zu denken und von unseren fünf Mitpassagieren den Jargon der afrikanischen Westküste zu lernen. Wir tranken »*Coasters*» und nahmen in der stickigen kleinen Messe schwere Mahlzeiten zu uns. Ich schlief törichterweise sehr viel, statt, in weiser Voraussicht, meine Füße fürs Marschieren abzuhärten. Die Tage vergingen langsam, aber bei guter

Laune. Die Sonnenuntergänge waren so kitschig wie für ein zweitklassiges Musical gemalt, die Nächte waren warm und sternenklar und auf eine Art betörend, wie es nur tropische Nächte sein können.

Wir fuhren einige Häfen an, die allerdings keinen großen Eindruck bei mir hinterließen. Madeira im Regen war mir neu, das weiß ich noch. Dann, irgendwo anders, habe ich in der prallen Sonne süßen Weißwein getrunken, umgeben von blühenden Bougainvillea. Ein paar Tage später waren da die großen schwarzen Augen mit den künstlichen Wimpern, die drallen Figuren und verwuschelten blonden Locken der spanischen Prostituierten in einem Nachtclub, in den wir um drei Uhr morgens geraten waren. Es war eine üble Spelunke. Irgendwer spielte grauenhaft Gitarre, ein anderer sang dazu falsch und schrill. Ein betrunkener Verrückter, dessen Glieder sonderbar zuckten, wankte von Tisch zu Tisch und stieß wüste Verwünschungen aus.

Nach einer Weile bekam unsere Vorfreude neue Nahrung. An der Küste war das Gelbfieber ausgebrochen, so daß ein Hafen nach dem anderen uns keine Einlaufgenehmigung erteilte. »Alles klar«, dachte ich. »Das Grab des weißen Mannes, so nennt man diese Weltgegend doch bei uns zu Hause. Wie überaus charmant.«

Wir gingen also außerhalb der Häfen vor Anker. Aus der Entfernung sahen die kleinen Städte grün und friedlich aus. In einem dieser Häfen ließen wir unseren einzigen anderen weiblichen Passagier zurück, ein verzagtes und verhuschtes Frauchen, das bis dahin noch nie aus Liverpool herausgekommen war. Mit ängstlichem Blick verabschiedete sich von uns, um sich ihrem Mann anzuschließen, den sie seit den Flitterwochen nicht mehr gesehen hatte. Sie machte sich auf in ein neues Leben auf einem Kontinent, den sie wohl nie verstehen würde, wie sie in ihrer kleinen provinziellen Seele spürte, und der sie womöglich mit Gelbfieber willkommen hieß, oder gar mit dem Tod.

Zweites Kapitel

Endlich kamen wir in Freetown an.

Auch Graham hatte so ein Wagnis noch nie unternommen. Noch dazu sah es ihm überhaupt nicht ähnlich. Obwohl wir Vetter und Cousine waren, hatten wir nie viel miteinander zu tun gehabt, bis das Schicksal und der Champagner auf die Idee kamen, unsere Wege für drei Monate zusammenzulegen. Ich holte mein Tagebuch hervor und schrieb nieder, was mir zu ihm durch den Kopf ging. Sein Verstand schüchterte mich regelrecht ein; er war scharf, klar und gnadenlos. Ich bewunderte seine Nüchternheit, notierte aber: »Verlaß dich immer auf dich selbst. Wenn du in die Klemme gerätst, wird er es so interessant finden, deine Reaktionen zu beobachten, daß er wahrscheinlich vergißt, dich herauszuziehen.« Aus unerfindlichen Gründen zitterten seine Hände; hoffentlich begegneten wir auf unserer Reise also keinen wilden Tieren. Ich hatte nämlich in meinem Leben noch nichts geschossen, und mein Vetter würde garantiert danebentreffen. Er wirkte körperlich nicht besonders stark und hatte eine eher ausweichende, unpraktische Art an sich, so daß ich später immer wieder staunte, wie tüchtig er war und wieviel Aufmerksamkeit er noch dem kleinsten Detail zukommen ließ. Abgesehen von den drei oder vier Menschen, die ihm wirklich am Herzen lagen, waren wir übrigen für ihn wohl so etwas wie ein Insektenschwarm, den er gern beobachtete, etwa so, wie ein Wissenschaftler seine Versuchstiere beobachtet, mit kaltem, klarem Blick. Er war stets höflich; er hatte einen bemerkenswerten Humor, und ihm war fast nichts so heilig, als daß er nicht darüber lachen hätte können. Ich hatte damals wohl noch sehr konventionelle Einstellungen, denn ich erinnere mich, daß er ständig meine nie hinterfragten Ansichten erschütterte und ich sie mir alleine wieder zurechtbasteln mußte. Das war ebenso anregend wie aufregend, und ich schrieb nieder, er sei der beste Begleiter, den man sich für eine solche Reise nur wünschen konnte. Ich lernte wesentlich mehr von ihm, als ihm bewußt war.

Wir blieben nur ein paar Tage in Freetown. Man hatte uns dort eine Adresse gegeben, und wir hatten dem Herrn schon Wochen zuvor mit der Bitte geschrieben, er möge uns freundlicherweise Boys besorgen, die bereit wären, mit uns nach Liberia zu gehen. Er schrieb einen entzückenden Brief zurück: Er würde alles für uns vorbereitet haben, er würde sämtliche Bezirkskommissare auf unserer Route durch Sierra Leone über unsere geplante Reise informieren, er wäre uns nur zu gern auf alle erdenkliche Weise behilflich. Als wir ihn bald nach unserer Ankunft in Freetown aufsuchten, trafen wir auf einen äußerst liebenswerten jungen Mann. Nein, er habe uns noch keine Boys besorgt, auch nicht den Bezirkskommissaren Bescheid gesagt noch, genauer gesagt, überhaupt etwas unternommen. Aber er wäre uns nur zu gern behilflich. Ob wir vielleicht am Nachmittag zu einer Cocktailparty kommen wollten? Und wie wäre es mit einer Partie Golf? Oder wollten wir lieber baden gehen?

Wieder war uns das Schicksal gewogen. Auf der Cocktailparty lernten wir einen ausgesprochen reizenden Mann kennen, der sich in seiner spontanen Begeisterung bereit erklärte, zwei wildfremden Menschen Boys zu besorgen, und dieses

Versprechen freundlicherweise gleich am nächsten Tag in die Tat umsetzte. Noch dazu besorgte er uns nicht einfach ein paar Boys, sondern die besten in Freetown, außerdem einen Koch, der nicht nur mitten im Dschungel aus den einfachsten Zutaten ein Viergänge-Menü zaubern konnte, sondern auch noch jederzeit und unter den widrigsten Umständen einen malerischen Anblick bot. Da standen sie am nächsten Morgen vor unserem Hotel Spalier, in ihren langen weißen Gewändern, die Köpfe gesenkt, die Augen niedergeschlagen, die Mützen abgenommen und mit beiden Händen an die Brust gedrückt. Ihre Würde überwältigte uns. Ob wir es je mit ihnen würden aufnehmen können? Sie waren mucksmäuschenstill. Ein bißchen nervös und in ziemlich literarisch angehauchtem Englisch richtete mein Vetter ein paar Worte an sie. Man konnte beim besten Willen nicht erkennen, ob sie ihn verstanden hatten oder nicht. Sie verbeugten sich und verschwanden. Offenbar hatten sie die Situation akzeptiert, denn von da an wichen sie uns nicht mehr von der Seite. Der Chef-Boy Amadu kümmerte sich um meinen Vetter; ich bekam Laminah zugeteilt. Amadu verlor nie seine Würde. Er war die ganze Reise hindurch unser Vorbild. Wir hatten einfach nicht den Mut, uns vor diesem grauhaarigen kleinen Mann schlecht zu benehmen. Wegen Amadu durften wir nicht fluchen, wenn wir wütend waren, ich durfte nicht weinen, wenn ich mir weh getan hatte, und wir beide ließen untereinander immer die größte Höflichkeit walten.

Laminah war völlig anders. Ich verstand zwar bis zum Schluß nicht richtig, was er sagte, aber er legte seine würdevolle Maske bald ab und plapperte und witzelte den ganzen Tag herum. Mit seinem kecken Gesicht und seinem einfach gestrickten Humor kam er mir vor wie ein Londoner Gassenjunge. Fast immer trug er eine rote Wollmütze mit Bommel, die eigentlich besser auf eine Schweizer Skipiste gepaßt hätte. Er war ein ebenso liebevoller wie liebenswerter Mensch, und später, im tiefsten Urwald, dekorierte er gelegentlich mein Bett mit Blüten, damit mir der Schmutz in den Hütten nicht gar so deutlich auffiel.

Amadu und Laminah trugen auf unserem Treck kurze Hosen, der Koch dagegen behielt bis zuletzt seine wallenden weißen Gewänder an. Als wir in Monrovia ankamen, flatterten die ausgefransten Enden um ihn herum, daß er aussah wie eine phantastische Vogelscheuche im rauschenden Wind. Er war schon recht alt, aber das Kochen war seine Leidenschaft, sein Leben. Egal, wie lange und strapaziös der Tagesmarsch gewesen sein mochte, wie müde er war und wie sehr seine Füße schmerzten, sobald wir in das Dorf kamen, in dem wir übernachten wollten, rannte er los, meistens mit einem lebenden Huhn in der Hand, und fragte jeden, der ihm entgegenkam: »Wo wohnt der Koch? Wo wohnt der Koch?« Und dann machte er sich unverzüglich an die Arbeit, froh, endlich in seiner vertrauten Umgebung gelandet zu sein.

Bereits in Freetown hielten sich die drei Boys ständig in unserer Nähe. Stumm tauchten sie vor uns auf, die Köpfe gesenkt. Uns war das furchtbar peinlich. Mittlerweile wußten wir, daß sie uns genauso wenig verstanden wie wir sie. Sie standen einfach da und warteten. Solange wir im Hotel wohnten, gab es nichts, was sie für uns erledigen konnten. Was wollten sie also? Ständig standen sie da. Wie drei Gespenster verfolgten sie uns auf Schritt und Tritt. Doch langsam, ganz allmählich, wuchsen sie uns ans Herz. Wir wohnten in einem der beiden einzigen Hotels von Freetown. Angeblich war es das beste an der ganzen Küste, doch das war so schwer zu glauben, daß wir uns das andere kurzerhand ansahen, da wir dachten, wir hätten uns versehentlich im Falschen einquartiert. Wir sahen auf den ersten Blick, daß kein Versehen vorlag, und fuhren reumütig zurück. Das Hotel war eigentlich völlig in Ordnung. Sauber war es auf alle Fälle. Bei unserer Rückkehr aus Liberia kam es uns vor wie der Gipfel an Luxus. Doch zunächst kamen wir direkt aus London und waren wahrscheinlich verwöhnt. In meinem Zimmer standen so gut wie keine Möbel, und die paar, die es gab, hatten schon bessere Zeiten gesehen. Als ich die Tür meines Kleiderschranks öffnete, krachte das halbe Innenleben herunter. Als ich eine Schublade an der Kommode aufziehen wollte, hatte ich bald den Griff in der Hand, doch die Schublade blieb hartnäckig geschlossen. Die Farbe auf den Korridoren war abgeblättert, so daß es aussah, als litten die Wände an einer scheußlichen Krankheit. Draußen vor dem Fenster hüpften ein paar zerrupfte schwarze Geier unruhig auf und ab. Für meinen phantasiebegabten Kopf hätte das Hotel direkt aus einer Erzählung von Somerset Maugham stammen können. Doch irgendwie fühlte ich mich betrogen. Die Bühne war sozusagen bereitet für ein Komplott um Mord und Liebe; die Bar unten wirkte zwielichtig genug im schummerigen Abenddämmer. Alles hätte dort geschehen können. Bullige, wortkarge Männer traten ein, bestellten einen doppelten Whisky und stürzten ihn hinunter. Doch weiter passierte nichts. Der Vorhang war hochgegangen, das Publikum wartete – und die Schauspieler hatten ihren Text vergessen.

Während unserer wenigen Tage in Freetown unternahmen wir alles, was man dort anständigerweise unternimmt: Wir fuhren zum Lumley Beach und bestaunten ihn. Wir besuchten Hill Station, wohin sich mittlerweile die Weißen zurückgezogen hatten, und ließen uns darüber aus, wie hübsch es dort sei und wie schön für die Europäer, daß sie nicht direkt in der häßlichen Stadt wohnen müßten. Wir besuchten eine Gartenparty im Government House – hauptsächlich deswegen, weil man uns erzählt hatte, es sei so amüsant zu beobachten, wie die schwarzen Gäste sich geschlossen auf die Drinks stürzten, wenn diese um halb sechs gebracht würden – und waren dann etwas konsterniert und betreten, als die Europäer die einzigen waren, die sich stürzten. Wir machten Pläne und verwarfen sie wieder. Wir kauften Dinge, die wir nicht wollten, und andere, die wir für die Reise brauchten, und im letzten Moment ließen wir alles im Hotel liegen. Ich kaufte mir meine Shorts.

Zudem besuchten wir einen pechschwarzen Gentleman, der, aus Gründen, die nie ganz klar wurden, aus Liberia verbannt worden war. Außer ihm hatte kein Mensch in Freetown das Land je betreten. Es war eine Art Fabelland; man fragte sich allmählich, ob es überhaupt existierte. Allerlei Mythen und Geschichten rankten sich darum, und niemand wäre auf die Idee gekommen, es zu besuchen. Sir James Barrie hätte, wäre er bei uns gewesen, sicher ein hübsches Märchen darüber verfaßt. Da wir jedoch ein gutes Stück Weg hergekommen waren, um eben dieses Land zu bereisen, blieben wir bei unserem Plan, auch wenn uns die Leute in Freetown für noch so verrückt erklärten. Folglich statteten wir dem Liberianer einen Besuch ab.

Wir blieben lange bei ihm sitzen, ließen uns, über ungenaue Karten gebeugt, von Insekten zerstechen und diskutierten feierlich Dörfer und Routen durch. Namen, die wir nie wieder hörten, Dörfer, die wir nie zu Gesicht bekamen. Die englischen Karten von Liberia waren so ungenau, daß man uns riet, sie zu zerreißen. Die amerikanische Karte war noch schlechter, aber schön drastisch. Sie hatte drei oder vier Dörfer im Landesinneren eingezeichnet, ein paar gestrichelte Linien, über denen »wahrscheinlicher Verlauf der Flüsse« stand; ansonsten war sie leer, bis auf ein paar Gebiete, die großspurig Überschriften wie »Dschungel«, »wilde Tiere« oder »Kannibalen« abbekommen hatten. Das waren die einzigen Karten von Liberia, die man sich damals beschaffen konnte, und wir kamen bald dahinter, daß sie wenig Wert hatten. Wir mußten uns auf unser Glück verlassen. Man hat ja oft den Eindruck, daß es irgendwo einen Heiligen gibt, der über die Armen im Geiste seine Hand hält. Wir mußten uns einfach von Dorf zu Dorf durchschlagen und darauf vertrauen, daß wir uns im Endeffekt durch Liberia hindurchfinden würden. Ich machte mir überhaupt keine Sorgen deswegen. Ich hatte dieses Gefühl, das Laienspieler bei den Proben so gern beschleicht: »Na, wenn's drauf ankommt, wird's schon klappen.« Etwas Nützliches erfuhren wir von unserem schwarzen Freund aber doch: Er erzählte von einer amerikanischen Mission in Bolahun, einem liberianischen Dorf gleich hinter der Grenze. Wir beschlossen, diese Mission anzusteuern und dort das erste Mal auf der Strecke zu übernachten.

Der Zug nach Pendembu ging zweimal in der Woche, und irgendwann waren wir schließlich abreisebereit. Wir standen früh auf, und ich ging ziemlich verlegen in meinen wenig schmeichelhaften Shorts zum Bahnhof. Unser Gepäck lag in großen Stapeln auf dem Bahnsteig: Betten, Tische, Stühle, mehrere große hölzerne Vorratskisten, der Wasserfilter, die Geldkassette, zwei Koffer und allerlei Kleinzeug – alles, was uns eingefallen war, um Leib und Seele für die nächsten paar Wochen zusammenzuhalten. Auch ein paar Bücher: *The Anatomy of Melancholy* und Erzählungen von Saki und Somerset Maugham. Unsere Boys standen unschlüssig herum. Ich glaube, sie hatten nicht die geringste Ahnung, wohin sie gerade aufbrachen. Es gab ein großes Hallo und Gewinke, fast die gesamte schwarze Einwohnerschaft von Freetown hatte sich offenbar auf dem Bahnsteig versammelt, aus purer Freude daran, zu johlen und zu jubeln. Irgendwann hieß es, der Pfiff sei ertönt. Wir stiegen in unser Abteil, vertrauten auf die Vorsehung, daß die Boys auch in ihres gestiegen waren, und rukkelnd und schnaubend setzte sich der kleine Zug in Bewegung in Richtung Pendembu.

Bis Pendembu reicht die Bahnstrecke, 180 Meilen weit, eine Reise von zwei ganzen Tagen. Zwei sehr langen Tagen, denn die Reise war kein Vergnügen. Es war heiß und staubig, und wenn wir auch anfangs den Blick auf die Landschaft genossen, weil sie den Charme des Neuen für uns hatte, so war sie doch auf die Dauer nicht aufregend genug, um uns von unseren Unannehmlichkeiten abzulenken. Wenn wir die Fenster öffneten, wehte der Staub herein, legte sich auf unser Essen und kroch uns in Augen, Nasen und Kehlen, bis wir husteten und spuckten. Ließen wir sie geschlossen, bekamen wir keine Luft, der Schweiß rann uns übers Gesicht, und die Hemden klebten uns am Körper. Ich blickte faul aus dem Fenster auf die Dörfer, die an uns vorüberzogen. Die Eingeborenen kamen aus ihren Lehmhütten gelaufen, um uns zuzurufen und zu winken. Zum Zeitvertreib versuchte ich mir vorzustellen, wie es in den Hütten aussah, denn bald würde ich ja Nacht für Nacht in ähnlichen Hütten schlafen – wahrscheinlich auch nicht schlimmer als in diesem Zug, dachte ich. Es sah sogar recht malerisch aus, wie sie da so dicht gedrängt unter den Bäumen in der Sonne standen.

Hinauf in die Berge schnaufte der kleine Zug, immer höher und höher. Die Landschaft wurde immer uninteressanter: meilenweit struppiger grüner Busch, der sich ringsum über alle Hügel erstreckte. Also schliefen wir, aßen staubtrockene Sandwiches, die das Hotel mit viel Aufhebens fabriziert hatte, und versuchten, *The Anatomy of Melancholy* und die Erzählungen von Saki und Somerset Maugham zu lesen, bis wir zu guter Letzt unser Ziel erreichten.

Die Reise hatte wohl meinem Denkvermögen zugesetzt,

denn ich kann mich nicht mehr genau erinnern, was bei unserer Ankunft in Pendembu geschah. Mein Vetter kümmerte sich um alles. Ich weiß noch, daß wir eine ganze Weile auf einer holperigen Straße fuhren und irgendwann bei einem Gästehaus ankamen, in dem wir übernachten konnten. Nachdem wir uns gewaschen hatten, sprachen wir beim Bezirkskommissar vor und tranken mit ihm warme Cocktails. Er war mir auf Anhieb sympathisch, nicht zuletzt deshalb, weil in seinem Bücherregal feinsäuberlich aufgereiht sämtliche Bücher meines Vetters standen. Wir hätten uns keinen schöneren Empfang wünschen können. Während wir uns unterhielten, kam wortlos ein Weißer ins Zimmer geschlüpft, der mit seinem sorgfältig gestutzten Bart, den freundlichen Augen und dem sanftmütigen Gesicht den gängigen Abbildungen von Jesus frappierend ähnlich sah. Er blieb stumm an der Tür stehen. Der Bezirkskommissar fragte ihn, wer er sei und woher er komme. »Ich hätte gern ein Bett für die Nacht«, erwiderte der Mann ernst und würdevoll, ohne jede weitere Erklärung. Er hatte eine tiefe, kultivierte Stimme und sah seltsam aristokratisch aus. Graham, dem das Geheimnisumwitterte an ihm gefiel, lud ihn ein, am nächsten Morgen mit uns zu frühstücken. Der Fremde sagte zu.

Am nächsten Morgen tauchte er auf, ohne daß wir jedoch viel mehr über ihn erfahren hätten. Er mochte die Eingeborenen, und er war gern mit ihnen zusammen, obwohl man den Eindruck hatte, er sei ein wenig distanziert und erhebe sich über alles. Dieser Eindruck verstärkte sich vermutlich durch den Umstand, daß er sich ganz offensichtlich nicht für Menschen wie meinen Vetter und mich interessierte. Er war Deutscher und wanderte schon seit Jahren von Dorf zu Dorf, hatte sich in alte Bräuche einweisen lassen und die verschiedensten Dialekte gelernt. Immer wieder verfiel er in langes Schweigen, während dessen er unsere Anwesenheit völlig vergessen zu haben schien, ohne daß ihm das peinlich gewesen wäre, und hing seinen trüben, tiefsinnigen Gedanken nach. Er sei ebenfalls auf dem Weg nach Liberia, das er bereits ein wenig kenne. Zunächst wolle er nach Bolahun und dann weiter – wohin verriet er nicht. Er sei ein Lernender, sagte er. Mehr erfuhren wir über ihn nicht. Er war ein Lernender. Als wir ihn in Bolahun wiedertrafen, gingen wir auf ihn zu, um uns zu verabschieden. Ich hätte ihm gern noch viele Fragen gestellt. Meines Erachtens wußte er so viel, was ich gern gewußt hätte. Doch er schüttelte mir einfach die Hand, schenkte mir sein todernstes Lächeln und wanderte in den Urwald davon.

Eine neuerliche Lastwagenfahrt brachte uns bis vier Meilen an die Grenze heran. Von dort an gingen wir zu Fuß. Mein Vetter hatte Träger gemietet, die unsere Sachen bis nach Bolahun bringen würden; dort müßten wir uns dann neue Träger suchen, die uns durch Liberia begleiten würden. Der Lastwagen war morgens spät dran gewesen, und die Träger hatten sich untereinander gezankt, weshalb sich unser Aufbruch verzögerte. Aber Zeit spielte ohnehin keine Rolle mehr; unsere europäischen Vorstellungen von Hast und Eile konnten wir getrost hinter uns lassen. Es dauerte eine Weile, bis wir diese Lektion gelernt hatten. Als wollten sie uns diesen Sachverhalt nachdrücklich nahebringen, gingen alle unsere Uhren falsch und maßen die Zeit einfach nicht mehr. »Es ist sicher schon spät, es wird ja schon hell. Stellen wir die Uhren doch auf halb sechs«, sagten wir jeden Morgen zueinander. Und abends: »Es ist wohl nicht zu früh für einen Drink, oder? Stellen wir unsere Uhren doch auf sechs.«

Wir kamen an die Grenze. Unsere Sachen nach Liberia einzuführen, war eine langwierige und teure Angelegenheit, verlief aber ohne Zwischenfälle. Für fast jeden Gegenstand mußten wir eine deftige Gebühr bezahlen, nur der Revolver (für den wir keinen Waffenschein hatten) wurde sinnigerweise nicht entdeckt. Er lag ganz unten in der Geldkassette, wo er die ganze Reise hindurch auch unbenutzt liegen blieb. Anschließend erklärte man uns mit entwaffnender Offenheit, falls man noch mehr Geld von uns wolle, würde man uns einen Läufer nachschicken. Ein paar Tage später tauchte der Läufer tatsächlich auf und verlangte noch einmal sechs Pfund und zehn Shilling, die wir natürlich bezahlen mußten. Nach einigen Verzögerungen hatten wir endlich alles erledigt, und dann begann tatsächlich unser Fußmarsch durch Liberia.

Zu Fuß durch Liberia. Hunderte von Meilen war ich für dieses Vorhaben gereist. Und nun, da ich tatsächlich hier war, kam es mir ganz unwirklich vor. Jeden Moment, dachte ich, würde ich aufwachen und mich in London wiederfinden. Ich würde aus dem Fenster auf einen trüben, feuchten Januarmorgen hinausblicken. Gleich käme mein betagtes Dienstmädchen mit einer Tasse Tee herein, und wahrscheinlich wäre das Badewasser wieder einmal kalt. Ich würde die Zeitung aufschlagen und lesen, daß Europa schon wieder am Rande einer Krise stand, daß es einen neuerlichen Streik gegeben hatte, daß die Arbeitslosenzahlen in die Höhe schnellten und daß wieder ein paar garstige Morde passiert waren. Aber ganz sicher lief ich nicht zu Fuß durch Liberia – das war ganz unmöglich. Ich hatte nichts dafür getan. Ich hatte mich zurückgelehnt und die Dinge auf mich zukommen lassen. Die Landschaft ringsum war in den Farbtönen unserer Träume gehalten: grau und uninteressant. Und daß ich mit meinem Vetter unterwegs war, den ich eigentlich kaum kannte, machte alles noch unwirklicher. Na, bis zum Aufwachen konnte ich den Traum ja genießen.

Graham marschierte ungeheuer flott voraus, ich folgte in

meinem eigenen Tempo. Diese Gewohnheit etablierten wir gleich am ersten Tag, und wir behielten sie bei, bis mein Vetter viel später krank wurde. Von da an ging ich voraus. Zusammen liefen wir in all den Wochen kein einziges Mal. Zum einen hätten wir uns immer gefragt, ob der eine den anderen bremste oder ihm zu schnell ging, zum anderen war es einfach zu heiß. Wenn man nebeneinander geht, redet man auch miteinander oder hat zumindest das Gefühl, man sollte ab und zu ein Wort sagen. In dieser Hitze brauchte man jedoch seine ganze Energie für die schiere körperliche Anstrengung, stundenlang einen Fuß vor den anderen zu setzen.

Wir hatten die Grenze zwischen ein und zwei Uhr nachmittags passiert, also zur heißesten Tageszeit. Zunächst war die Landschaft reizlos, und es gab keine Bäume, die Schatten gespendet hätten. Wir machten bald Mittagsrast. Obwohl es genügend Steine zum Sitzen gegeben hätte, stellten unsere Boys formvollendet unsere beiden Stühle und den Tisch auf, dann deckten sie unsere beiden Blechteller und das Besteck und öffneten feierlich eine Dose Corned Beef. Wir waren hungrig. Unsere Männer aßen nichts. Sie aßen tagsüber nie, höchstens ein paar im Vorbeigehen gepflückte Früchte oder Kolanüsse. Wir saßen an einem Fluß, umgeben von unseren Trägern, die jeden Bissen, den wir zu uns nahmen, jede Bewegung, die wir machten, wie gebannt verfolgten, während unsere Boys uns schweigend bedienten. Etwa hier begann der große Urwald, der sich fast durch ganz Liberia zieht. Bald würden wir die verbrannten Pflanzen, die hohen, grauen Gräser und die braunen Felsbrocken hinter uns lassen und ins dämmerige Grün des Urwalds eintauchen. Die Boys räumten ab. Die Träger wuchteten sich ihre schweren Lasten auf den Kopf, und wir brachen wieder auf. Wenn wir flott marschierten, müßten wir gegen fünf in Bolahun sein, dachten wir.

Die Straße war holperig und ungemein hügelig. Es ging bergauf und bergab; manchmal kletterten wir auf allen Vieren. Eine Hängematte hatten wir immerhin dabei; die konnte ich ab und zu benutzen, vielleicht alle zwei Stunden für fünf oder zehn Minuten. Da wir diese Reise mit sehr wenig Geld bestritten, wollten wir nicht zu viel für Hängemattenträger ausgeben, denn hier ließ sich am leichtesten sparen. Außerdem war die Straße ohnehin zu steil und uneben, als daß man die Hängematte oft hätte benutzen können. Ich mochte das Laufen, aber es tat auch wohl, bisweilen die Beine zu schonen. Die Hängematte war eine eigenwillige Konstruktion mit einem längs durchgezogenen Tragestab, der einem bei jeder Unebenheit auf die Nase schlug. Da sie außerdem recht schwungvoll schaukelte, wurde man leicht etwas seekrank. Fünf bis zehn Minuten genügten vollauf.

Um fünf Uhr nachmittags marschierten wir immer noch bergauf und bergab, im selben flotten Tempo. Meine Wasserflasche war schon einige Zeit leer. »Wasser«, dachte ich, »nur einen großen Schluck Wasser, dann bin ich wunschlos glücklich.« Ein bescheidener Wunsch, möchte man meinen, aber ich hätte genausogut nach Champagner verlangen können. Es gab kein Wasser. Ich hätte mir meine Ration besser einteilen sollen. Die Luft stand. Ich hatte keine Augen mehr für die Bäume und Pflanzen des Urwalds; wenn wir durch Dörfer kamen, würdigte ich sie keines Blickes. Ich hatte Durst, und zwar großen.

Mit der Zeit verflog das Hochgefühl, das ich den ganzen Nachmittag hindurch verspürt hatte. Der Weg war viel weiter, als wir gedacht hatten. Stunde um Stunde marschierten wir voran. Zu beiden Seiten von uns war Busch, nicht so dicht, wie wir ihn später kennenlernen sollten, aber dicht genug, um uns jede Sicht zu versperren. In meinem Kopf herrschte Leere. Aus dem Traum wurde ein Alptraum. Die Sonne ging unter, allmählich kamen die Sterne zum Vorschein. Mit einem letzten aufflackernden Funken Leben in mir stellte ich belustigt fest, daß der Dschungel in der Abenddämmerung für eine Weile lebendig wird. Affen schnatterten und fluchten, Vögel riefen, es summte wie von tausend Insekten, und aus jedem Fluß quakten die Frösche. Wir marschierten weiter, erschöpft und mit schmerzenden Füßen, bis plötzlich hoch auf einem Hügel unser Dorf auftauchte. Todmüde stolperte ich die letzten zwei Meilen hinauf.

Als wir ankamen, waren die Patres der Mission gerade beim Abendgottesdienst. Ich sank auf die Stufen und lauschte ihren melancholischen Gesängen. Nicht lange, und sie kamen heraus, hießen uns herzlich willkommen und brachten uns zu ihrem Gästehaus. Unsere Boys, die fast genau so müde waren wie wir, packten unsere Sachen aus und förderten zu unserer großen Freude eine Flasche Wasser zutage. Wir tranken fieberhaft.

Das Gästehaus war groß; es hatte mehrere Zimmer. Die natürlich kahl und leer waren, da jeder Besucher der Mission alles dabei hat, was er braucht. Noch bevor sich unsere Boys ausruhten, bauten sie unsere Betten auf und drapierten die langen Moskitonetze darum herum. In dem Raum, den sie zu unserem Wohnzimmer erkoren hatten, stellten sie den Holztisch und die Stühle auf. Weiter konnten wir das Haus nicht möblieren. Selbst mit all meiner lebhaften Phantasie konnte ich mir nicht einreden, es gemütlich zu finden. Während wir unser Chinin einnahmen, öffnete der Koch für unser Abendessen ein paar Dosen.

Stumm setzten wir uns zu Tisch. Wir waren sehr, sehr müde. Beim Essen beobachteten wir die seltsamen Insekten, die im Zimmer umherflogen und über die Wände krochen, und das stetige Tropfen des Wasserfilters klang dazu wie die monotonen Einschübe des Chors in einer antiken Tragödie. Unser Abenteuer hatte begonnen. Hatten wir eine Chance, es lebendig und gesund zu überstehen? Unser Medikamentenvorrat war leider zum Großteil in Freetown liegengeblieben. Ich war so erschöpft wie noch nie im Leben. Zwei Minuten, nachdem ich mich in mein hartes Feldbett verkrochen hatte, war ich schon eingeschlafen.

Am nächsten Morgen wachte ich frisch und munter wieder auf. Und blieb noch eine ganze Weile liegen, bevor ich aufstand. Mein Zimmer war groß und hatte weißgetünchte Wände; bis auf mein Bett und meinen Koffer war es leer. Es verströmte eine ruhige, friedliche Atmosphäre. Vor meinem Fenster saß ein Mann auf einem Stein und hütete ein paar Ziegen; in der Ferne läutete eine Kirchenglocke. Kein Zweifel, es war Sonntag. Ein Grüppchen von Nonnen in schwarzen, wollenen Gewändern ging auf die Kirche zu, andächtig schweigend, das Gebetbuch in der Hand. Die Sonne tauchte alles in goldenes Licht. Die Glocke verstummte. Nun war kein Geräusch mehr zu hören, und ein tiefer Friede breitete sich aus.

Ich rief nach Laminah und bat ihn, mir ein Bad zu bereiten. Ein paar Minuten später erschien er mit der Blechschüssel, die wir als Wanne bezeichneten, und goß ein paar Fingerbreit lauwarmes Wasser hinein. Ich wusch mir den Staub von gestern so gründlich wie möglich ab und zog frische Kleider an. Dann setzte ich mich zu meinem Vetter an den Frühstückstisch. Wir gönnten uns Würstchen. Da wir nur ein paar kostbare Dosen Würstchen besaßen, hatten wir beschlossen, sie für besondere Gelegenheiten aufzusparen, und irgendwie waren wir übereingekommen, daß dieser Sonntagmorgen als solch eine besondere Gelegenheit galt.

Ich hatte ein Empfehlungsschreiben für einen Gold- und Diamantenschürfer dabei. Dieser Mann, ein Holländer, hatte sein Lager in Bolahun aufgeschlagen, und wir dachten, die Patres könnten uns vielleicht etwas über ihn erzählen. Trotz unserer leisen Skrupel, möglicherweise ihre Sonntagsruhe zu stören, machten wir uns auf den Weg zu ihrem Wohnhaus. Wir störten gar nicht, sagten sie und baten uns herein. Sie vertrieben sich gerade die Zeit zwischen Gottesdienst und Mittagessen auf angenehmste Weise mit einer Partie Bridge. Die Patres strotzten nur so vor Leben und Lebensfreude; sie benahmen sich absolut natürlich und waren keine Spur von scheinheilig. Ich fand sie sogar sehr klug. Sie richteten sich ihr Leben so bequem ein, wie es in dieser Gegend möglich war, ließen sich ihre Nahrungsmittel von *Fortnum and Mason* in London schicken und hielten sich nach Möglichkeit leistungsfähig, indem sie fast jeden Abend auf einem provisorischen Platz, den sie selbst angelegt hatten, Tennis spielten. Sie erzählten uns ein wenig von der Arbeit, die sie bei den Eingeborenen leisteten. Vor allem konzentrierten sie sich aufs Heilen, sagten sie, denn die liberianischen Eingeborenen hätten mit vielen Krankheiten zu kämpfen. Davon hatten wir uns am Tag zuvor bereits überzeugen können. Überall liefen die Eingeborenen mit Pocken, Himbeerseuche, Elephantiasis und Syphilisgeschwüren herum. Ein scheußlicher Anblick, der uns in jedem Dorf begegnete, in dem wir übernachteten. Es sei schwierig, den Eingeborenen zu helfen, sagten die Patres, da sie so eng zusammengepfercht in ihren schmutzigen Hütten schliefen. Die Patres bemühten sich, der Bevölkerung von Bolahun die elementarsten Hygieneregeln beizubringen. Die Kinder lernten in der Schule, daß Reinlichkeit noch über der Frömmigkeit stehe. Die Patres versuchten auch nicht, den Eingeborenen ihre Tänze auszureden oder sie zu zwingen, Kleider zu tragen. Die westafrikanischen Eingeborenen seien ohnehin sehr eitel, – wenn sie Geld übrig hätten, dann gäben sie es mit

Vorliebe für Stoffe aus, um sich auszustaffieren. Die Patres gingen offenbar ohne viel Aufhebens ihren Weg, hielten Schule und heilten Krankheiten, und gewannen damit allmählich das Vertrauen der Menschen. Ein Kloster mit englischen Nonnen befand sich ebenfalls im Dorf; ich habe später noch einige von ihnen kennengelernt. Es waren die großartigsten, menschlichsten und liebenswertesten Lehrerinnen Christi, die man sich vorstellen kann.

Zuletzt erkundigten wir uns nach dem Holländer, doch der war nach ein paar Monaten im Lande schon wieder nach Europa zurückgekehrt – krank, vom Klima zermürbt. Sein Partner sei aber noch da, hieß es, er lebe in einem Zelt nicht weit von unserem Gästehaus.

Auf dem Nachhauseweg kamen wir an dem Zelt vorbei. Mein Vetter steckte den Kopf hinein; es war heiß und stickig drinnen, und ein Mann lag stöhnend und mit hohem Fieber im Bett. Er habe sein ganzes Leben in den Tropen gelebt, meinte er, aber Liberia würde ihm schon nach ein paar Monaten schwer zusetzen. Später wurden wir Zeugen, wie er auf einer Trage ins Missionskrankenhaus gebracht wurde. Er lag ganz still und murmelte vor sich hin.

Nach dem Mittagessen kam Amadu, um sich krank zu melden. Er hatte schlimmen Schüttelfrost und war ganz verängstigt. Wir brachten ihm zum Missionsarzt, der ihn sofort in das kleine behelfsmäßige Krankenhaus schleppte. Das bedeutete, daß wir eine Weile in Bolahun bleiben mußten, denn Amadu hatte sich bereits als zu wertvoll erwiesen, als daß wir leichtfertig auf ihn verzichtet hätten.

Der Missionsarzt war Deutscher, sehr blond, mit blauen Augen. Wenn man sein Haus betrat, fiel einem als erstes ein großes Porträt von Hitler auf, der einen mit stechendem Blick vorwurfsvoll musterte.

»Was unterstehst du dich, zum puren Zeitvertreib und ohne Not durch fremde Länder zu ziehen? Weißt du nicht, daß das Leben eine ernste Angelegenheit ist?« schien er mir zuzurufen. Es brachte mich ziemlich durcheinander, dieses Bild dort zu sehen. Plötzlich war Europa wieder ganz nahe da – zu nahe. All das kleinliche Gezänk, all die Probleme, die Hektik und das Gefühl, all das, was man haßt, überwältigt einen … Ich wünschte mir, wir könnten uns endlich auf die Reise machen und Europa hinter uns lassen. Daß es uns ausgerechnet in Bolahun einholen würde, hatte ich nicht erwartet.

Der Arzt war jung und dynamisch und lebte erst seit zwei Jahren in Bolahun. Seine Frau hatte vor kurzem ein Kind bekommen. Sie hatte dort entbunden, denn beide waren überzeugt, daß das Klima gesund sei, sofern man vernünftige Vorkehrungen treffe. Sie lief herum wie ein kleines Gespenst. Der Arzt arbeitete hart und hatte den Eingeborenen schon viel Gutes getan. Wir waren traurig, als wir uns von ihm verabschiedeten, denn es schien unwahrscheinlich, daß wir ihn je wiedersehen würden. Ein paar Wochen später sahen wir ihn allerdings doch wieder. Auf unserem Rückweg nach England trafen wir die beiden zufällig in Freetown in unserem Hotel. Er hatte den Kopf verbunden, und die beiden wollten nicht mit uns sprechen. Später hörten wir, daß er aus Überarbeitung und wegen der Hitze den Verstand verloren habe und, da er dachte, mit seinem Hals sei etwas nicht in Ordnung, eines Tages versucht hatte, sich vor dem Spiegel selbst zu operieren. Er kam nur knapp mit dem Leben davon.

Ich machte ausgedehnte Spaziergänge durch Bolahun. Es war anders als die Dörfer, durch die wir später kamen. Die Patres hatten es in eine Art liberianische Gartenstadt verwandelt, man kam sich manchmal fast vor wie auf dem Land in England. Die runden Lehmhütten waren frisch getüncht, ihre

Dächer aus Palmwedeln ordentlich und gepflegt. Fast alle hatten ein schmuckes Gärtchen ringsherum. Die Straßen waren breit und sauber. Es sah wunderschön aus. Überall blühte die Baumwolle gelb und rosa, und in der Dorfmitte stand ein riesiger Baum mit roséfarbenen Blüten, der sich gegen das reine Blau des Himmels besonders gut machte. Wie überall, wo wir hinkamen, stellten der Anbau von Reis und Baumwolle die beiden Haupteinnahmequellen für die Dorfbewohner dar. Die Eingeborenen haben sehr einfache Bedürfnisse: eine Hütte, die sie sich mit der ganzen Familie teilen, ein Stückchen Stoff als Bekleidung und jeden Tag eine Handvoll Reis. Ihre einzige Sorge ist, alljährlich die fünf Shilling für die Hüttensteuer aufzubringen. Ansonsten waren sie glücklich und zufrieden. Die Frauen saßen in der Sonne und spielten mit ihren Kleinkindern. Nie habe ich ein Kind weinen hören, es sei denn aus Angst, wenn es meinen Vetter oder mich zu Gesicht bekam. Gereiztheit und schlechte Laune gehörten zur Hektik Europas. Die Menschen, die wir hier kennenlernten – und zwar alle, die wir auf unserer Reise trafen –, zeichneten sich durch eine natürliche Höflichkeit und eine selbstverständliche Gastfreundschaft aus.

Bolahun ist auch ein Markt, und hin und wieder, wenn Markttag war, kamen die Leute aus dem weiten Umkreis und trafen sich etwas außerhalb des Dorfes, um ihre Waren feilzubieten. Das wollte ich mir natürlich ansehen. Das Gedränge und der Gestank dort waren überwältigend, und der Anblick der vielen kranken Menschen ging mir ziemlich nahe. Ich erstand einen Teppich und ein paar Silbersachen. Als ich unseren Koch traf, der gerade ein paar Seltsamkeiten für unser Abendessen einkaufte, wandte ich mich schnell ab, um sie möglichst nicht in ihrem natürlichen Zustand zu Gesicht zu bekommen. Je eher ich lernte zu essen, ohne zu wissen, was ich da aß, desto besser. Was immer uns der Koch übrigens an diesem Abend auftischte, es schmeckte sehr gut. Viel später, als unsere Vorräte allmählich knapp wurden, rebellierte ich zum ersten und einzigen Mal. Unsere Boys ermunterten uns, doch mal einen Bissen Affenfleisch zu probieren, doch da ich das Tier gerade noch hatte herumliegen sehen und es fatal an ein verschrumpeltes, vertrocknetes schwarzes Baby erinnerte, brachte ich das nicht übers Herz.

Solange Amadu krank war, brauchten wir einen Ersatz für ihn, weshalb uns die Patres Mark schickten, einen Jungen, der bei ihnen zur Schule ging. Er war schüchtern und linkisch wie die meisten Vierzehnjährigen in England, hatte aber Sinn für Humor und eine große Vorliebe für Situationskomik. Zu seinen Lieblingsbeschäftigungen gehörte es, in der Abenddämmerung plötzlich in unsere Hütte zu schlüpfen und reglos in einer Ecke zu verharren – mucksmäuschenstill, bis wir vergaßen, daß er überhaupt da war. Und dann machte er sich plötzlich bemerkbar. Kaum blickten wir uns verwirrt um, rannte er kichernd davon. Er war stolz darauf, Christ zu sein, und erzählte uns mit Begeisterung von seinen Schulstunden. Einmal fragte er, ob König Georg V. noch lebe. Wir versicherten es ihm und wollten wissen, was er in der Schule über ihn gelernt habe. »Alles mögliche«, erwiderte er. »Alles mögliche. Darf ich nicht sagen. Und über den Grünprinzen auch.«

Bald wurde uns klar, daß Mark sich nichts inständiger wünschte, als mit uns nach Monrovia zu trecken. In seiner Phantasie erzählte er seinen Mitschülern bereits davon, und nach seiner Rückkehr würde er wochenlang als Held gefeiert. Eines Morgens erhielten wir folgenden Brief von ihm:

»Lieber Herr,
habe die Ehre zu fragen ob Sie und Miss oder Madam mich

bitte weil ich so gerne nach Monrovia mitzunehmen imstande sind bitte sehr.
Weil Sie mich so gern mögen. Ich möchte nicht daß Sie mich weglassen müssen. Außerdem bin ich zu klein für Lasten tragen. Ich helfe mit Hängematte bis wir da sind. Der Anführer und ich. Bitte Herr, lassen Sie mich nicht wieder hier. Gestern abend habe ich mir nicht getraut zu sagen. Bitte Master, guter Master, und guter Diener.
Ihr Freund immer der Ihre Freund
Mark«

Wir entschlossen uns, Mark mitzunehmen und beruhigten unser Gewissen bezüglich der Extraausgaben, indem wir uns vorsagten, er wäre schließlich als Dolmetscher nützlich, da er mehrere Dialekte sprach. Unsere Boys konnten ja keine der liberianischen Stammessprachen, und unsere Träger wiederum sprachen so gut wie kein Englisch. Tatsächlich wurde Mark jedoch noch wichtiger als eine Art Hofnarr, denn er war immer bereit, den Witzbold zu spielen, wenn die Stimmung sich trübte. Und wie jeder Schuljunge auf der Welt begeisterte er sich für alles Ungewöhnliche, was auf unserer Reise auftauchte. Wir haben es nie bereut, Mark mitgenommen zu haben.

Abends unterhielt man uns mit Musik. Wir bekamen zwei afrikanische Harfen geschenkt, die man extra für uns gebaut hatte, und einer der Eingeborenen gab mir Unterricht. Die Noten waren zwar nicht schwer, und derselbe Akkord wurde sechzig oder siebzig Mal hintereinander wiederholt, aber den Rhythmus begriff ich bis zum Schluß nicht. Er klang so ungewohnt für meine Ohren, daß ich nicht einmal hörte, was ich falsch machte. Sehr weit kam ich auf dem Instrument also nicht. Zusätzlich bestand ja die Schwierigkeit, daß wir uns nur durch Lächeln und Zeichen verständigen konnten. Nach der

Stunde setzte sich der Harfenspieler jedoch auf der Veranda in eine Ecke, blickte träumerisch in unsere Sturmlaternen und ließ stundenlang sein Instrument erklingen. Er gehörte zum Stamm der Buzi, dem einzigen liberianischen Stamm, der künstlerisch veranlagt ist, wie man mir sagte. Er hatte ein sensibles Gesicht und spielte ohne Unterlaß, bis man der Eindruck bekam, sein Körper sei fortgeflogen und nur sein Geist sei noch da. Das Instrument hatte einen ansprechenden Klimperklang, fast wie eine Spieldose, und allmählich traten dann dunkle Gestalten aus dem Schatten der Häuser, kamen näher und fingen an zu tanzen. Einer nach dem anderen gesellte sich dazu – stumm, ohne ein Wort. Sie ließen die Arme hängen und die Köpfe auf die Brust sinken. Mit winzigen Schritten schlurften sie über die Veranda, immer im Kreis, fast ohne die Füße anzuheben. Es war ein trostloses Schauspiel. Nur ein kleiner, vielleicht zehnjähriger Junge zeigte mehr Temperament. Er sprang hierhin und dorthin, mit äußerster Eleganz, kauerte sich zusammen, die Hände vors Gesicht geschlagen, um sich im nächsten Moment so hoch aufzurichten wie möglich. Die tranigen Gestalten hinter ihm schlurften weiter vor sich hin, ohne ihn zu beachten. Der Tanz des Jungen hatte dramatischen Gehalt, und es war das einzige Mal auf unserer Reise, daß ich halbwegs verstand, was ein liberianischer Tänzer ausdrücken wollte.

Die Tage verstrichen. Amadu war immer noch krank, aber wir fanden das gar nicht schlimm. Ich wollte, daß die Zeit langsam verging. Ich wollte mir jeden Ort einprägen, jeden Augenblick. Noch dazu hatten wir es in Bolahun sehr bequem, und mir wurde allmählich mulmig, wenn ich an unser Vorhaben dachte. Stück für Stück rückte Europa in den Hintergrund. Und ich verlor mein Zeitgefühl. Die Stunden und Tage glitten ineinander. Allmählich mochte ich die schweren, süßen Düfte Afrikas. Ich mochte es, zu jeder Mahlzeit Reis zu essen. Und ich mochte es, abends durchs Dorf zu gehen, in die Hütten zu blicken und die Eingeborenen ums offene Feuer sitzen zu sehen. Die meisten Hütten bestanden aus einem runden Raum. Das Feuer in der Mitte sollte wenigstens notdürftig die Insekten abhalten. Hier in Bolahun brauchte man das Feuer aber auch wegen der Wärme, denn da das Dorf so hoch lag, wurde es nachts kalt, auch wenn es tagsüber sehr heiß war. Ich gewöhnte mich sogar an unsere primitive Toilette in einem Blechverschlag neben dem Gästehaus, deren Sitz immer von Ameisen wimmelte. Wenig später erschien mir diese Toilette im Rückblick als Luxus, den ich zu seiner Zeit nicht zu schätzen gewußt hatte.

Einmal wanderten wir ins Nachbardorf hinüber. Dessen Häuptling war gestorben, und wir hörten in der Ferne die Trommel schlagen. Wenn ein Häuptling stirbt, begeht das Dorf immer den dritten, siebten und vierzigsten Tag danach mit Tänzen und einem Festmahl. Als wir ankamen, wurden wir vom neuen Häuptling mit dem üblichen Handschlag begrüßt: Händedruck, dann sanftes Zurückziehen der Hände, bis sich zum Abschluß die Finger ineinander haken. Der Häuptling führte uns in eine äußerst stickige Hütte und unterhielt uns mit Trommel- und Rasselmusik. In der Mittagshitze fühlte sich das an, als trommle uns jemand mit Stöcken auf den Kopf. Kleine Insekten hüpften auf meinen nackten Knien herum und versteckten sich schnell in meinen Kleidern, wenn ich sie fangen wollte. Es rasselte und trommelte und rasselte und trommelte. Nichts als Lärm und Rhythmus, und immer mehr Menschen strömten herein, um uns zu bestaunen. Auf Graham hüpften keine Insekten herum, er mußte sich auch nicht ständig an Armen und Beinen und am Rücken kratzen, so wie ich mittlerweile. Ich fand es ziemlich herzlos von ihm, immun zu sein, während ich so fürchterlich litt, und zeigte ihm meine Knie, die übersät waren von roten, entzündeten Pusteln. Er lächelte ebenso mitleidig wie erschöpft. Ihm machten die Hitze und die stickige Luft in der Hütte mehr zu schaffen als mir, also waren wir quitt.

Ein Mann mit einer großen Trommel trat ein, hinter ihm mehrere Frauen mit weiteren Rasseln. Noch mehr Lärm. Alle begannen sich zu wiegen und mit den Füßen zu stampfen. Allmählich spürte ich die Erregung selber und vergaß für ein paar Sekunden meine Stiche. Doch es ging immer so weiter; es gab keine Steigerung. Der Rhythmus hielt einfach an, und man konnte sich nicht vorstellen, warum er je aufhören sollte.

Irgendwann rief der Häuptling jedoch unvermittelt den Teufel, damit der für uns tanzte. Wir krochen aus der stickigen Hütte und stellten uns davor. Damals kannten wir die wahre Bedeutung des westafrikanischen Teufels noch nicht, freuten uns aber an seiner seltsamen Aufmachung und seinem schwungvollen Tanz. Er trug mehrere lange, weite Baströcke, einen gefiederten Kopfschmuck und eine eigenartige Maske mit einer Art Schnabel, den er mit einer Schnur auf- und zuklappen konnte. Er rannte kreuz und quer über die staubige Erde, schwenkte den Oberkörper und beugte sich nach rechts und nach links. Nach gut zwanzig Minuten hörte er auf, und wir verdrückten uns, um einen Rundgang durchs Dorf zu machen. Dabei stießen wir auf eine große Grube, in der die Witwen des toten Häuptlings saßen. Sie trugen nur ein spärliches Höschen und waren von Kopf bis Fuß, bis über die Haare, mit grauem Lehm bemalt. Den ganzen Tag mußten sie dort hokken, während die jüngste Mutter auf dem nahegelegenen Grab des Häuptlings saß. Sie war mit einem Tuch bekleidet und nicht mit Lehm bemalt. Am nächsten Tag würden sie alle gewaschen und eingeölt, erfuhren wir, und dann an den nächsten Häuptling weitergereicht.

Das Eherecht des liberianischen Hinterlandes ist denkbar einfach. Ein Mann darf sich so viele Frauen nehmen, wie er bezahlen kann. Eine richtig gute junge Jungfrau kostet zwischen zehn und zwanzig englische Pfund, aber natürlich sind auch wesentlich billigere im Angebot. Einer der Häuptlinge, die wir kennenlernten, hatte 230 Frauen; er war allerdings schon alt, und mittlerweile wurden ihm einige seiner Gattinnen immer wieder verkauft, was er aufgrund seiner Blindheit nicht merkte. Wenn ein Mann sehr viele Frauen hat, kann er sich für jede einzelne nicht so viel Zeit nehmen, und dann dürfen die Frauen sich einen Liebhaber nehmen. Solange eine Frau nicht versucht, ihren Liebhaber zu verstecken, hält keiner sie davon ab, ja, man kann sogar sagen, sie wird ermuntert, denn der Mann darf von jedem Liebhaber ein gewisses Sümmchen kassieren, so daß dieser ihm ein laufendes Einkommen garantiert. Außerdem gehören dem Mann alle Kinder, das heißt, sie kümmern sich im Alter um ihn. Wenn eine Frau unglücklich ist, kann sie in ihre Familie zurückgehen, worauf diese dem Mann das Geld zurückzahlen muß, das er bei der Hochzeit für sie bezahlt hat. Es ist alles ganz klar geregelt, und ich kann mir nicht vorstellen, daß es oft Komplikationen gibt. Die Frauen scheinen auch nicht eifersüchtig aufeinander zu sein; jede wird im Familienkreis willkommengeheißen, denn gemeinsam geht die Arbeit leichter von der Hand. Auf mich wirkten die Frauen jedenfalls sehr zufrieden, wenn sie so zusammensaßen, Reis stampften, ihre Kinder stillten und sich gegenseitig die Köpfe entlausten.

Drittes Kapitel

Schließlich war es so weit, daß wir von Bolahun aufbrechen konnten. Amadu war aus dem Krankenhaus entlassen worden und wieder ganz der Alte. Vor lauter guter Laune bat er uns sogar um einen Vorschuß auf seinen Lohn, um sich eine »feine Bauerntracht« zu kaufen, eine Art lockeres Gewand aus blauweiß gestreiftem Stoff. Die Patres hatten uns sechsundzwanzig Lastenträger besorgt, die uns die ganze Strecke bis zur Küste begleiten sollten, bis in die liberianische Hauptstadt Monrovia, und sie halfen uns beim Planen einer Route durch die unerforschten Landesteile. Was sich allerdings als schwieriges Unterfangen erwies, denn da die Landkarten unbrauchbar waren, konnten die Patres uns nur die Namen und die grobe Richtung von ein paar Dörfern nennen, die wir ansteuern sollten. Damit mußten wir uns zufriedengeben, und wir machten uns einfach in der angegebenen Richtung auf den Weg. Wir waren hoffnungslos naiv. Weder Graham noch ich waren je zuvor in Afrika gewesen – wir hatten keine Ahnung. Mark und unsere Boys aus Freetown sprachen ein eigentümliches Englisch, das wir nach einiger Zeit bis zu einem gewissen Grad verstanden, mit den Trägern dagegen konnten wir bis zum Schluß kein Wort wechseln. Die einzigen englischen Wörter, die sie kannten, waren »*too far*«. Wenn wir zum Beispiel vorschlugen, ins nächste Dorf weiterzuziehen, schrien sie auf – »*too far, too far*« – und pflanzten sich einfach ungerührt auf den Boden. Das war ihr ärgerlichstes Spielchen. Fast immer protestierten sie aus purer Faulheit; ein paar Mal, als wir darauf bestanden hatten weiterzugehen, stellte sich allerdings nachträglich heraus, daß wir besser auf sie gehört hätten. Mark fungierte als unser Dolmetscher. Wenn er aufgeregt war, überschlug sich nur leider seine Stimme zu einem kieksenden Falsett, was ihn so verlegen machte, daß er in wirklich kritischen Momenten ziemlich nutzlos war.

Eines Morgens zogen wir also munter los – ein langer Troß von Menschen, der sich die Landstraße entlang wand. Unsere Träger waren eine eigentümliche Mannschaft. Der Anführer war immer flott herausgeputzt, meistens in Hemd und Hose, das Hemd locker hängend. Als Anführer taugte er wenig, da er nicht das geringste Organisationstalent besaß, aber er war gutmütig und bei den Männern beliebt. Die anderen kamen eher zerlumpt daher; die meisten waren bis auf den Lendenschurz nackt, so daß man sehen konnte, wie ihnen der Schweiß in Strömen den Rücken hinunterlief. Sie trugen ihre schweren Lasten auf dem Kopf und leisteten für ihre drei Shilling pro Woche harte Arbeit.

Da wir nicht riskieren wollten, urplötzlich im Stich gelassen zu werden, sollten sie ihren Lohn am Ende der Reise bekommen, aber gelegentlich durften sie sich drei oder sechs Pence Vorschuß abholen. Manche von ihnen waren faul, und alle trieben uns bisweilen zur Verzweiflung, andererseits wuchsen sie uns wirklich ans Herz. Sie legten uns oft gerade dann ihre läppischen Zankereien zum Schlichten vor, wenn wir todmüde waren; sie rochen grauenhaft; sie kauten Kola-Nüsse, die sie im Vorbeigehen vom Boden aufgelesen hatten. Aber sie hatten ein kindliches Gemüt, lachten gern, lebten im Augenblick, und zu Anfang der Reise, als wir alle noch nicht erschöpft waren, brachen sie oft mitten im Gehen unvermittelt in Gesänge aus, in eigenartige, monotone Gesänge. Einer fing an, die anderen fielen ein, und dann sangen sie dasselbe immer wieder von vorn. Mark erklärte mir auf meine Frage, worum es im Text gehe, sie erzählten vor unserer Ankunft in einem Dorf den Dorfbewohnern von uns, und zwar alles, was sie über uns wüßten – was das war, verriet er mir nicht –, und fügten hinzu, daß man vor den zwei weißen Menschen keine Angst zu haben brauche. Sie waren bemerkenswert ehrlich; obwohl wir unsere persönliche Habe offen in den von uns bewohnten Hütten herumliegen ließen, kam uns nie auch nur eine Nagelfeile abhanden. Am Ende der Reise versuchten sie zwar, uns unsere Habseligkeiten mit allen Mitteln abzuluchsen, aber gestohlen haben sie nie. Unsere Kassette enthielt so viel Geld, daß sie allesamt bis auf weiteres im Luxus hätten schwelgen können, doch wir spürten sofort, daß ihnen der Gedanke, damit durchzubrennen, niemals gekommen wäre.

Nach gut zwei Stunden Fußmarsch erreichten wir Kulahun, den Standort des Bezirkskommissars. Wir schuldeten ihm zwei Pfund pro Person für die Aufenthaltsgenehmigung, die jeder Besucher von Liberia zu entrichten hat. Der Tribut war längst fällig gewesen, und wir hatten beschlossen, dem Mann einen Besuch abzustatten, um ihn zu bezahlen. Und wie so oft auf der Reise hatten wir Glück: Der Präsident von Liberia hielt sich gerade in Kulahun auf und ließ uns bestellen, er wünsche uns zu sehen.

Von Mr Reeves, dem Bezirkskommissar, hatten wir bereits gehört. Er war in der ganzen Region gefürchtet. Mr Reeves war Mohammedaner, eine massige, wabbelige Gestalt in knallbunter Kleidung mit einem roten Turban auf dem Kopf und einem fettigen schwarzen Gesicht. Es war ein grausames, lüsternes Gesicht. Allerlei Geschichten kursierten über ihn.

Gerüchte entstehen natürlich schnell, aber Mark zufolge gehörte das Verbrennen von Eingeborenen in ihren Hütten bei lebendigem Leib zu den Strafmaßnahmen, die die Welt seinem Genie zu verdanken hatte. Er ließ sich jegliche gewünschten Arbeiten unentgeltlich ausführen und die Arbeiter von Aufsehern mit langen Peitschen antreiben. Er war verhaßt und gefürchtet. Da er mit dem Präsidenten verwandt war, mußte man allerdings davon ausgehen, daß er nie abgesetzt werden würde. Die Gerüchte hatten sich jedoch so hartnäckig gehalten, daß Monrovia sie nicht länger ignorieren konnte, und nun war der Präsident gekommen, um sich die Klagen der Häuptlinge persönlich anzuhören. Der Präsident kam zwar, doch bis er eintraf, waren die Häuptlinge bedroht und bestochen worden und hatten keine Klagen mehr. Mr Reeves blieb im Amt.

Während wir auf den Präsidenten warteten, kümmerte sich einer seiner Adjutanten um uns, ein höflicher junger Mann, schneidig gekleidet in einer braunen Uniform, die der eines SA-Mannes nicht unähnlich war. Wir setzten uns manierlich, als seien wir am Stadtrand zum Tee eingeladen, und der Adjutant machte Bemerkungen übers Wetter. »Sehr heiß für die Jahreszeit, nicht wahr?«

»Oh ja. Vermutlich läßt die Regenzeit nicht mehr lange auf sich warten.«

»Ganz recht. Ziemlich staubig, nicht wahr?«

»In der Tat«, erwiderten wir im Gedanken an unsere wenig schmeichelhafte Aufmachung. Danach erstarb die Konversation, und wir saßen in feierlicher Sprachlosigkeit da, während der Adjutant eine Schallplatte aufs Grammophon legte: Josephine Baker mit *J'ai deux amours*, und zwar immer wieder von vorn.

Nach einer Weile kam ein europäisch gekleidetes, bildhübsches schwarzes Mädchen herein und setzte sich still in eine Ecke. Ohne ein Wort zu sagen mischte sie immer wieder ihre mitgebrachten Spielkarten und beobachtete uns gelangweilt. Mit ihrer fülligen Figur und den verträumten schwarzen Augen ließ sie einen unwillkürlich an die Märchen aus Tausend und einer Nacht denken. Sie sei eine der »engsten Freundinnen« des Präsidenten, erklärte man uns hinterher, ihr Vater sei von diesem kürzlich zum Obersten Bundesrichter ernannt worden.

Plötzlich war die Atmosphäre wie ausgewechselt. Der Präsident rauschte im eleganten Maßanzug herein, und im Nu erfüllten seine enorme Vitalität und sein Geist den Raum. Er war jovial und sprudelte vor Energie. Er lachte sein breites Lachen, wurde ernst, wehmütig, sentimental, sogar traurig, um plötzlich wieder vor Frohsinn zu sprühen. Er kam mir vor wie ein erfolgreicher Schauspieler, der seine ganze Palette an Tricks vorführt. Tatsächlich war er jedoch ein mutiger Charakter: Die Präsidentschaftswahlen standen bevor, und er unternahm, was noch kein liberianischer Staatspräsident unternommen hatte: eine Reise durch sein Land. Der letzte Staatspräsident war einmal, unter dem Begleitschutz von 200 Soldaten, von Sierra Leone nach Monrovia gereist, doch dieser Mann schlug sich tatsächlich durchs Hinterland, und das mit einem nur dreißig Mann starken Trüppchen. Dadurch war er natürlich beweglich, außerdem hatte man die Eingeborenen inzwischen entwaffnet; ihre Schwerter und primitiven Waffen besaßen sie aber noch. Er trug seine Beliebtheit vor sich her, als sei er wirklich davon überzeugt.

Die Verfassung von Liberia beruht auf der von Amerika. Als vor knapp hundert Jahren die amerikanischen Sklaven ihre Freiheit erlangten, schickte man sie scharenweise nach Liberia, da man nicht genau wußte, was man um Himmels Willen mit ihnen anfangen sollte. Liberia war damals von der Zivilisation noch völlig unberührt und bis auf die Eingeborenenstämme im Busch auch unbesiedelt. Die amerikanischen Sklaven gaben sich englische Namen oder nannten sich nach ihren ehemaligen Herrn, ließen sich nieder und wurden die Herrscher von Liberia. Die Nachkommen dieser Sklaven stellen nun die Upper Class und die Regierenden in Liberia und sprechen Englisch immer noch mit stark amerikanischem Einschlag.

Mein Vetter fragte den Staatspräsidenten, ob seine Position innerhalb Liberias mit der des Präsidenten von Amerika vergleichbar wäre. Fast beleidigt erwiderte er, seine Befugnisse reichten viel weiter.

»Sobald ich gewählt bin und den Apparat unter Kontrolle gebracht habe, bin ich der Boss der ganzen Show.«

Er war seit vier Jahren Präsident und machte sich Hoffnungen auf eine Wiederwahl. Wir erfuhren, was er in seiner letzten Amtsperiode alles in die Wege geleitet hatte: von den Straßen, mit deren Bau er begonnen habe und die hoffentlich in ein paar Jahren für Kraftfahrzeuge befahrbar seien; er erwähnte sogar etwas von Flugzeugen in naher Zukunft. Als wir am Ende unserer Reise in Monrovia ankamen, begegneten uns an allen Ecken und Enden sichtbare Zeichen seiner Ideen: Straßen, die angelegt, aber dann nicht weitergebaut worden waren und auch nie weitergebaut würden, halbfertige Häuser, im ehrgeizigsten Maßstab geplant, die bereits wieder verfielen. Er hatte phantastische Ideen, aber davon zu viele. Bevor er die eine verwirklicht hatte, wurde mit der nächsten begonnen, und sein Interesse an der ersten war erlahmt.

Ich mochte den Präsidenten. Er war kein Gauner, kein kleiner Ganove, man hatte den Eindruck, er machte alles im großen Stil. Wenn er irgendwelche krummen Dinger drehen wollte, dann würde er das so tun, daß kein Auge trocken blieb.

Es tat mir leid, als wir ihm nach einer Stunde die mächtige schwarze Pranke schütteln und uns verabschieden mußten.

Wir traten wieder hinaus in die Sonne und setzten unseren Marsch fort. Die Schönheit rings um uns war atemberaubend. Mein Geist war frisch, trotz der Hitze, bei der mir in Sekundenschnelle die Bluse am Körper und die Haare im Gesicht klebten. Ich registrierte alles, und jedes Bild prägte sich mir tief ins Gedächtnis. Kleine Flüsse, die wir überqueren mußten, waren mit Schmetterlingen in allen Farben bedeckt, die in einer Wolke aufstoben und um uns her flatterten, wenn wir vorüberkamen; fremdartige Pflanzen im Unterholz; kleine, leuchtend pinkfarbene Blumen überall; die eigenartige Gestalt der Baumriesen mit ihrem hängenden Bewuchs, die langen schwarzen Ameisenstraßen, die sich durch den Regenwald wanden. Wenn man denen aus Versehen zu nahe kam, krochen die Ameisen einem das Bein hoch und zwickten sich mit ihren scharfen kleinen Zangen in der Haut fest. Man wurde sie dann aus eigener Kraft nicht mehr los, sondern mußte wohl oder übel seinen Boy rufen, damit er sie einzeln herauszupfte – eine langwierige und ziemlich schmerzhafte Prozedur.

Hoch über unseren Köpfen turnten die Affen locker von Ast zu Ast wie Trapezkünstler, wirbelten um die eigene Achse und übersprangen ungeheure Distanzen, als wollten sie uns ihre besten Tricks vorführen.

Ab und zu raschelte es leise, und eine Schlange glitt neben mir ins Gestrüpp davon. Kuriose schwarze Vögel, deren Flügelschlag ein scharrendes, weithin durch den Urwald tönendes Geräusch erzeugte, umflatterten unsere Karawane. Der köstliche Geschmack des warmen, abgekochten Wassers aus der Feldflasche liegt mir noch jetzt auf der Zunge. Es war eine aufregende, herrliche Wegstrecke. Alles war noch neu und faszinierend. Es war amüsant, auf dem Rücken eines der verschwitzten, streng riechenden Träger über die Flüsse getragen zu werden, im Bewußtsein, daß ich keinen Tropfen des kühl aussehenden Wassers an meine Haut kommen lassen durfte. Der Fluß, der so appetitlich aussah, war nämlich in Wirklichkeit voller Tücke. Lauter kleine Guineawürmer wimmelten darin herum, gemeines Getier, das sich einem durch die kleinste Hautabschürfung, den kleinsten Kratzer unter die Haut bohren konnte. Hatte sich so ein kleines Biest erst wohnlich eingerichtet, wuchs es mit der Zeit die ganze Länge der Beinadern hoch, und dann blieb einem nichts anderes übrig, als das Ende zu suchen, es vorsichtig, damit es nicht abriß, um ein Streichholz zu wickeln und allmählich herauszuziehen. Wir waren nicht zimperlich, aber diese Operation reizte mich wenig, und ich war wild entschlossen aufzupassen.

Mir wurde vor lauter Begeisterung über all das Neue und Aufregende ganz schwindelig. Die Champagnerlaune, mit der ich dieses Abenteuer eingegangen war, hielt immer noch vor. Erst allmählich sollte ich begreifen, was hinter der aufregenden Fassade alles steckte, erst als ich die Schönheit dieses fremden Landes zu entdecken begann: die Frauen, die rhythmisch den Reis zerstießen, die nackten Kinder, die im Staub spielten, die kleinen Dörfer mit ihren weißgetünchten, palmwedelgedeckten Lehmhütten, die auf Hügelkämmen thronten wie eine mittelalterliche Burganlage, die verzauberten Mondnächte und die eigentümliche Musik.

An diesem ersten Tag jedoch war alles der pure Genuß. Der Fußmarsch dauerte nicht lange; schon nachmittags war das Dorf erreicht, in dem wir übernachten wollten. Hier spürte man den Einfluß der amerikanischen Mission noch ganz deutlich. Der Sohn des Dorfältesten hatte die Missionsschule besucht und sprach Englisch, und das ganze Dorf wirkte sauber und geschäftig.

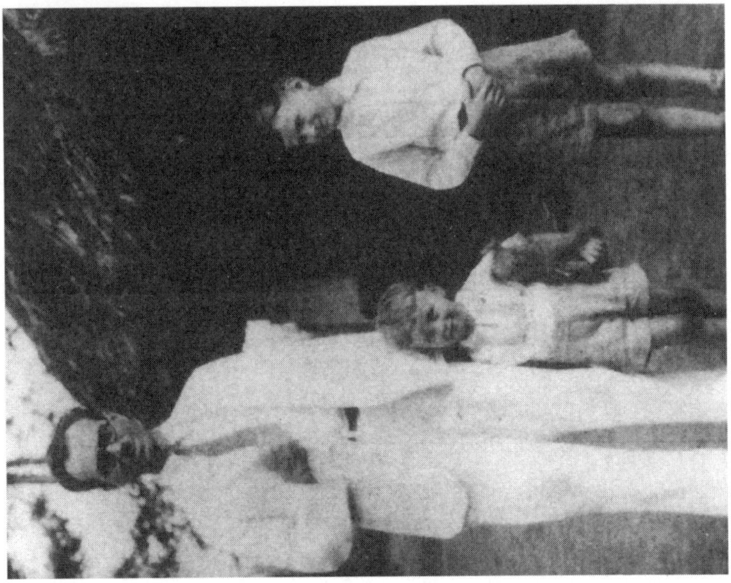

2

1

1 Reisen in der Hängematte (Foto: Crommelin)
2 Dr. Harley (Foto: Greene)
3 Weiblicher Teufel (Foto: Myring)
4 Männliche Teufel (Foto: Firmin)

3

4

Graham spricht zu Stammesführern (Foto: Greene)

Duogobmai – das schreckliche Dorf (Foto: Greene)

Freundlicher Empfang (Foto: Greene)

Harfe, Schwert und Holzschalen der Mandingo (Foto: Firmin)

Als wir näherkamen, wurde mir plötzlich sehr unwohl. Die letzte halbe Meile konnte ich vor Bauchschmerzen kaum mehr gehen. Ich erschrak. Hatte ich mir schon irgendeine Krankheit eingefangen? Mit kranken Menschen war ich ja mehr als genügend in Berührung gekommen. Ich hatte solche Freude an unserer Reise und ertrug nicht einmal den Gedanken, daß sie womöglich schon wieder zu Ende sein sollte. Wir waren der gierig ausgestreckten Hand der Zivilisation doch noch nicht einmal entronnen – ich durfte jetzt nicht krank werden. Zuvor mußte ich unbedingt noch erleben, was die unberührte, unverdorbene Natur zu bieten hatte, schließlich war ich einen weiten Weg hergereist und wollte nicht im letzten Moment darum gebracht werden, sie mit den zivilisierten Verhältnissen des London und Paris meiner Herkunft zu vergleichen. Ich hatte Kontraste schon immer gemocht und wurde hoffentlich jetzt nicht darum betrogen, den schärfsten Kontrast zu erkunden, der mir je begegnet war. Ein Gebet fiel mir ein, an das ich nicht mehr gedacht hatte, seit mir früher auf Kindergeburtstagen immer übel wurde. »Bitte, lieber Gott, laß es mir noch nicht schlecht werden. Gleich, aber noch nicht sofort.« Als ich ins Dorf wankte, fiel mir auf, daß es Graham genauso miserabel ging.

»Verflixt«, dachte ich. »Wir haben uns tatsächlich was eingefangen.«

Am liebsten hätte ich mir einfach den Staub aus dem Gesicht gewaschen und mich hingelegt, doch das ließen unsere gesellschaftlichen Verpflichtungen nicht zu. Mithilfe der Dolmetscherdienste seines Sohnes hieß uns der Dorfälteste willkommen. Er war ein gastfreundlicher Mensch und stolz auf sein Dorf; man veranstaltete also eine Besichtigungstour. Wie einem Königspaar auf Besuch – für uns allerdings zu Besuch in einem Alptraum – wurde uns die Schmiede gezeigt sowie die

Verarbeitung der Baumwolle in sämtlichen Stadien bis hin zum Färbevorgang. Und schließlich tanzte auch noch der Teufel für uns. Er trug eine prachtvolle Maske, die einen ziemlich grausamen Ausdruck hatte, und dazu einen langen Bastrock. Er tanzte vor uns auf und ab und verlangte immer mehr Geld, was wir Unschuldslämmer ihm gaben. Zu meinen Magenkrämpfen hatten sich noch Blasen an den Füßen gesellt, so daß mir jeder Schritt die Tränen in die Augen trieb.

Endlich war es vorbei. Der Häuptling zeigte uns unsere Hütte; es war eine große, mit zwei Zimmern, und man ließ uns Zeit, uns zu waschen. Jeder einzelne Wassertropfen mußte abgekocht werden, und die kleine Schüssel voll bekam uns zwar beim besten Willen nicht sauber, erfrischte uns aber immerhin. Ich badete meine geschundenen Füße und zog meine unförmigen, herrlich bequemen Moskitostiefel an. Halbwegs wieder hergestellt setzten wir uns vor die Hütte und schenkten uns einen Whisky ein, um unsere Lebensgeister zu wekken. Kaum saßen wir dort, kam der Häuptling mit einer Reihe von Geschenken vorbei. Diesmal erhielten wir eine Ziege, Reis, Palmwein, um die sechzig Orangen, ein paar magere Hühner und einen Korb fauler Eier. Die Landessitte verlangte, daß man sich für Gastgeschenke im entsprechenden Wert revanchierte. Geld war unseren Gastgebern am liebsten, denn damit konnten sie ihre Steuern bezahlen, aber wir hatten natürlich auch Geschenke dabei. Da man uns in England erklärt hatte, die Welt stelle inzwischen solche Ansprüche, daß Woolworthware nicht mehr genüge, hatten wir uns bemüht, originell zu sein. Zum Beispiel hatten wir einen ganzen Schwung Messer gekauft, die sich allerdings als völlig unbrauchbar entpuppten, da die Liberianer selbst viel bessere machten. Außerdem hatten wir dutzendweise Nähtäschchen im Gepäck, hübsch sortiert mit Fäden in allen Farben und Nadeln in allen

Größen. Diese Nähtäschchen waren unser ganzer Stolz, und wir hatten beschlossen, sie aufzuheben, bis wir in die wirklich primitiven Gegenden kämen. Dort wären die Eingeborenen sicher hellauf begeistert. Als wir die primitiven Gegenden dann tatsächlich erreichten, dämmerte uns allmählich, daß die Eingeborenen dort nichts besaßen, was sie hätten zusammennähen können. Es war einer dieser Schnitzer, über die man im Nachhinein nur den Kopf schütteln kann. Unsere bildschönen Nähtäschchen reisten samt und sonders mit zurück nach England.

Als die Boys das Abendessen auftrugen, begriff ich mit einem Mal, was mit uns los war. Der Koch hatte am Vortag Brot gebacken, und da wir keine Hefe dabei hatten, wollte er Palmwein nehmen, wie er uns erklärt hatte. Das Experiment war gründlich mißglückt. Trotz der verheerenden Folgen freute ich mich aber wie ein Kind, daß wir uns nichts Ernsteres eingefangen hatten.

Aufs Abendessen mußte ich allerdings verzichten. Mir blieb nichts anderes übrig, als ins Bett zu gehen, bevor der Dorfälteste noch auf die Idee kam, uns mit weiteren Zerstreuungen zu beglücken. Es war meine erste Nacht in einer Eingeborenenhütte, aber die Bleibe war sauber, und für Zimperlichkeiten war ich ohnehin viel zu müde. Mit den lachenden Stimmen im Ohr und zum leisen Geklimper der afrikanischen Harfe draußen vor der Hütte schlief ich ein.

Als wir am nächsten Morgen um kurz nach fünf aufstanden, fühlten wir uns schon viel besser; nur meinen Füßen ging es noch viel schlechter. Dagegen gab es jedoch kein Mittel außer so zu tun, als machte mir das nichts aus. Um nichts in der Welt hätte ich zugegeben, wie schlimm die Schmerzen waren. Die hämischen Bemerkungen, als ich verkündet hatte, ich wolle zu Fuß Liberia durchqueren, waren mir noch frisch im Gedächtnis. »Barbara stakst mit Stöckelschuhen durch den Urwald, wir sehen es vor uns!« Tja, hier stand ich nun, und meine Füße brannten wie Feuer. Ich ärgerte mich, denn in den nächsten paar Tagen verdrängten die Schmerzen jeden anderen Gedanken aus meinem Sinn.

Der Häuptling brachte noch mehr Geschenke. Zum Gaudium unserer Boys schenkte er uns einen Affen, der sich Marks Haarschopf als Wohnstatt auserkor, bis er uns ein paar Wochen später abhanden kam. Laminah benahm sich schändlich gegenüber dem Affen. Bis zum Überdruß neckte und quälte er das arme Wesen, piekte es mit Stöcken, ohrfeigte es, schleuderte es durch die Gegend, zerrte es an seiner Leine durch den Staub, wie sehr der Affe auch fauchte und nach ihm schnappte. Ein paar Tage lang lachte er sich darüber kaputt und konnte sich nicht genug freuen. Später wuchs ihm das Tier so ans Herz, daß er es sogar von seinem Teller fütterte. Außerdem überreichte der Häuptling uns ein weiteres Huhn, drei Messer und ein rotes Ledertäschchen, verbunden mit der Bitte, wir möchten ihm aus einen England einen Hut schicken.

Um acht Uhr zog unsere skurrile Karawane schließlich los: vier Boys und sechsundzwanzig Lastenträger, die Ziege, der Affe und fünf lebende Hühner. Das Schlußlicht bildete der Koch in seinem langen weißen Gewand, in der Hand ein offenes Messer. Schon bald kam weiteres Gepäck hinzu: Wir begegneten nämlich einem schwarzen Missionar, der uns in seine Hütte bat, um uns mit sechzig unreifen Bananen sowie, gewiß ohne Absicht, mit allerlei Flöhen und sonstigem Ungeziefer zu bedenken.

Der Fußmarsch verlief ähnlich wie am Tag zuvor. Allmählich verspürte ich den Wunsch, ein bißchen mehr von der Gegend zu sehen. Der Weg war eher ein Pfad, den die Einheimischen von Dorf zu Dorf freigeschlagen hatten. Er war sehr schmal, und wir gingen im Gänsemarsch. Meistens mußte man auf den Boden blicken, um nicht über Baumwurzeln und hängende Äste zu stolpern. Dicht und undurchdringlich schloß uns der Urwald von beiden Seiten ein. Als langweilig empfand ich das monotone Wandern durch den dichten Wald ohne Blick, ohne Sonne, ohne Abwechslung allerdings noch nicht. Das sollte erst später kommen. Noch machte mir einfach Spaß, über Stock und Stein die unwegsamen Pfade entlangzustapfen und nach Möglichkeit den Anschluß zu Graham nicht zu verlieren, der so rasant vorausging.

Mittags machten wir kurz Rast, aber anschließend schritten wir wieder schnell und gleichmäßig voran. Endlich war ich fort von Europa und all den Dingen, die wir Zivilisation nennen. Jetzt konnte ein Krieg ausbrechen, und ich würde erst Wochen später davon erfahren. Wir konnten sterben, und kein Mensch würde uns finden. Nicht einmal Briefe erreichten uns hier. Niemand hatte die leiseste Ahnung, wo wir uns befanden. Mindestens einen Monat lang würden wir nicht das Geringste vom Rest der Welt erfahren, nichts von unseren Freunden und nichts von unseren Verwandten. Was mich insgeheim diebisch freute. Ich hatte das Gefühl, etwas zu leisten, obwohl ich nur zu gut wußte, daß ich nicht mehr leistete, als wenn ich zu Hause im Lehnstuhl sitzengeblieben wäre. Eigentlich schämte ich mich bei dem Gedanken, daß wir nun durch Teile der Welt wandern würden, durch die Weiße vermutlich noch nie gewandert waren. Doch, ich schämte mich dieser eitlen Gedanken, aber trotzdem war ich einfach in Hochstimmung. Ich wußte sehr wohl, daß meine Reise durch Liberia der Menschheit keinerlei Nutzen bringen würde und daß wir ganz sicher der Wissenschaft keine neuen Erkenntnisse vermitteln würden – wir konnten ja nicht einmal die Vögel und Pflanzen um uns herum beschreiben, und hatten keine Ahnung, ob sie tatsächlich selten oder nur für uns fremdartig waren. Aber es war wie beim Schmökern von Abenteuergeschichten in früher Schulzeit, als man sich unweigerlich mit dem Helden identifizierte. »Leise durch den Dschungel pirschend, spürte er tausend unsichtbare Augenpaare auf sich. Er packte das Gewehr fester und hielt den Atem an. War das ein Löwe, der da hinter ihm brüllte?« Und so weiter und so fort. Daß ich keine tausend Augenpaare auf mir spürte und daß da keine brüllenden Löwen waren, schmälerte meine Begeisterung nicht im Geringsten. Schließlich wußte ich tatsächlich nicht, was auf mich zukam. Ich erwartete zwar nicht, einem Löwen zu begegnen, aber falls mir einer über den Weg lief, hatte ich nicht einmal ein Gewehr, das ich fester hätte packen können.

An dieser Stelle muß ich innehalten und eine Warnung aussprechen. Sollte der Leser dieses Buches sich ein Abenteuer mit brüllenden Löwen erhoffen, möge er den Band sogleich wieder weglegen. Die wilden Tiere des Urwalds hielten sich von uns fern, die Eingeborenen begegneten uns freundlich, unsere Abenteuer waren eher amüsant denn Furcht einflößend, und meistens war uns das Glück hold. Der alte Typus des Abenteurers in der Wildnis hat sich anscheinend überlebt. Schwer zu sagen, was aus ihm geworden ist. Vielleicht sind wir inzwischen alle zu prosaisch, zu phantasielos. Es stößt uns nicht mehr so viel zu wie noch den alten Forschungsreisenden. Dennoch bin ich überzeugt, daß die alten Forscher die Wahrheit sagten. Vielleicht haben wir unseren Forschergeist verloren; vielleicht sehen wir das Abenteuer nicht mehr und lassen eine Begebenheit nach der anderen mit einem amüsierten Augenzwinkern an uns vorüberziehen. Das Kino hat ja manches Geheimnis entzaubert. Bei all meiner Begeisterung, all meiner Glückseligkeit, kam mir vieles bekannt vor, als hätte ich es schon hundertmal in Reisefilmen gesehen und in Reisemagazinen gelesen. Wenn wir heutzutage noch erleben wollen, wie jemand mit knapper Not davonkommt, müssen wir wohl Abenteuerbücher für Schuljungen lesen, die aller Wahrscheinlichkeit nach von Männern geschrieben wurden, die ihr ganzes Leben bequem in England gelebt haben.

Auch wißbegierige Leser, die sich von diesem Buch lehrreiche Erkenntnisse versprechen, mögen es unbesehen wieder weglegen. Sie werden nichts Neues erfahren. Ich gestehe, daß ich, die ich diese Reise so impulsiv unternommen habe, zwar mit einer tiefen Liebe im Herzen für die Schönheit der primitiven Dörfer zurückgekehrt bin, gleichzeitig aber bis zum Schluß nichts über die wilde, unberührte Natur um mich gelernt habe. Obendrein habe ich mich mehr für die Eingeborenen interessiert als für die Politik der jungen Regierung. Am meisten Freude machten mir die kleinen Begebenheiten des Alltags.

Wir marschierten und marschierten. Nach ein paar Stunden wurde klar, daß wir uns verlaufen hatten. Mein Vetter verkündete mit bewundernswertem Optimismus von Zeit zu Zeit, daß wir nur noch zwei Stunden vor uns hätten, doch als Stunde um Stunde verstrich, war nicht mehr zu leugnen, daß er hier einer gewissen Täuschung unterlag. Wieder waren wir noch unterwegs, als die Sonne schon untergegangen war und die Sterne herauskamen. Der Weg war uneben und schlecht zu gehen, und wir waren seit acht Uhr morgens auf den Beinen. Jede Stunde kam mir vor wie eine Ewigkeit. Wieder hatte ich meine Wasserflasche nicht klug rationiert. Meine Füße waren durchgelaufener denn je, und jeder Schritt bedeutete die reinste Tortur. Wir kamen an einen breiten Fluß, den man nur per Hängebrücke überqueren konnte, was im Dunkeln wahrlich kein leichtes Unterfangen war. Die Brücke bestand aus zusammengebundenen Holzplanken und hing an den hohen

Bäumen zu beiden Seiten des Flusses. Sie schwankte, als wir sie überquerten, und vor Müdigkeit stolperten wir über unsere eigenen Füße.

Nach einer weiteren Stunde kamen wir schließlich in ein Dorf. Selbst in der Dunkelheit erkannte man, daß es dort unsauber war und daß da kein guter, ehrlicher Schmutz lag, sondern abgestandener, alter, fauliger Dreck. Kranke, abstoßende Menschen saßen herum und starrten uns an. Kein Weißer hatte hier je Halt gemacht. Ich setzte mich kurzerhand hin und zog meine Schuhe aus. Meine Füße bluteten. Für Graham dagegen begann nun die eigentliche Arbeit. Mithilfe von Dolmetschern, die sich untereinander nicht verstanden, mußte er Hütten für uns alle und Essen für die Männer auftreiben. Es war eine langwierige, nervenaufreibende Angelegenheit, und wenn mich etwas auf unserer Reise bis zum Schluß immer wieder verblüffte, dann war es die Bravour, mit der mein Vetter diese Aufgabe jedes Mal geduldig meisterte.

Endlich waren alle Hütten gefunden, und ich dankte dem Himmel, daß man in der Dunkelheit die Familien nicht erkennen konnte, die auszogen, um uns Platz zu machen. Die Boys fegten unsere Hütte aus, doch da man kaum etwas sah und sie müde waren, schafften sie nur den gröbsten Dreck beiseite. Es war offensichtlich, daß sie nicht mehr konnten, denn plötzlich verlor Amadu die Nerven, schnappte sich einen Stock und hieb mit aller Kraft auf alle Träger ein, die ihm in die Quere kamen. Erstaunlicherweise protestierten diese nicht, sondern gingen ihm mit einem gutmütigen Lachen aus dem Weg. Die Träger mit unseren Betten seien nicht über die Brücke gekommen, hatte es zunächst geheißen. Da uns eine Nacht ohne Moskitonetz in diesem Dorf garantiert Fieberattacken beschert hätte, waren wir ausgesprochen erleichtert, als sie doch auftauchten.

Zu müde zum Essen, zu müde zum Ausziehen, sogar zu müde zum Waschen sank ich auf mein Bett. Wir mußten an die dreißig Meilen gelaufen sein – in dieser Hitze und in diesem unwegsamen Gelände. Sicherlich schlief ich sofort ein. Ich blies meine Lampe aus.

Sofort machte sich ein Rascheln und Scharren bemerkbar, und plötzlich jagten Heerscharen von Ratten kreuz und quer über die Wände. Man sah ihre schwarzen Schatten und hörte sie umherhuschen. Über mir flogen schemenhaft die Fledermäuse, und das Moskitonetz konnte gegen die Flöhe und das Ungeziefer nichts ausrichten. Vorsichtig langte ich darunter hervor, packte einen Schuh und warf ihn auf ein Knäuel Ratten. Sie nahmen es kaum wahr. Ich zündete meine Lampe wieder an, doch das kümmerte sie genauso wenig, also blies ich sie wieder aus, damit ich das Treiben der Biester wenigstens nicht sah. Ich setzte mich auf. In Sekundenschnelle war ich von Kopf bis Fuß zerstochen worden, und meine Füße brannten. Vor der Hütte war der Affe angebunden; er kratzte die ganze Nacht rastlos an der Wand herum. In den frühen Morgenstunden versuchten die im Dorf gehaltenen Tiere sich Zugang zu unserer Hütte zu verschaffen, und die Ratten veranstalteten die ganze Nacht ihre lärmenden Spiele rings um mein Bett.

Viertes Kapitel

Um fünf Uhr morgens erwachte das Dorf. Die Dunkelheit verwandelte sich allmählich in ein dunstiges Grau, und die Ratten huschten in ihre Verstecke. Die Nacht war mir endlos vorgekommen. Angeblich gab es zwar auch in London so viele Ratten wie Einwohner, aber zu Gesicht bekommen hatte ich dort noch keine. Es sind unsaubere Gesellen, und es mag ja sein, daß hier und da eine zahme Ratte einem lebenslänglich eingesperrten armen Tropf ein Quell der Freude und des Trostes ist – aber freiwillig freundete sich sicher kein Mensch mit diesem Tier an. Meine Abscheu vor Ratten hatte sich während unserer Anreise noch verstärkt, falls das überhaupt möglich war, da ich mir die langen Tage an Bord mit dem Lesen von E. Arnot Robertsons *Four Frightened People* vertrieben hatte. Als ich mich dort in meiner Hütte im Bett aufsetzte, fiel mir diese Geschichte in allen Einzelheiten wieder ein. An einer Stelle wird sehr realistisch beschrieben, wie eine Ratte einen Korridor entlang huscht. Plötzlich fällt sie um und bleibt reglos liegen – tot. Worauf dem Betrachter die grauenhafte Erkenntnis dämmert, daß an Bord die Beulenpest ausgebrochen ist.

Ich hatte mir von offizieller Stelle eine Liste mit den Krankheiten besorgt, die im Landesinneren von Liberia grassierten, und ging sie im Geiste durch: Malaria, Elephantiasis, Himbeerseuche, Hakenwurmkrankheit, Pocken, Ruhr. War die

Pest auch dabei gewesen? Ich überlegte fieberhaft, rief mir das Druckbild ins Gedächtnis. Die Ratten von Monrovia waren jedenfalls erwähnt worden. Genau. Und natürlich, gegen die Pest würde nichts unternommen, hatte es geheißen, man treffe keine Vorkehrungen, um ihre Ausbreitung zu verhindern. Schiffe, die die liberianische Küste erreichten, unterlägen keinerlei medizinischer Kontrolle. Während ich also horchte, wie die Ratten in meiner Hütte herumhuschten, ging mir durch den Kopf, daß die Pest von Ratten übertragen wird.

Ehrlich gesagt saß ich die ganze Nacht aufrecht im Bett, wie gelähmt vor Entsetzen. Ständig tastete ich rings die Bettkante ab, um das Moskitonetz zurechtzustopfen. Wenn die Ratten hungrig wären, könnten sich aber auch durch das Netz nagen und an meinen Zehen knabbern, befürchtete ich. Eine Nonne in Bolahun hatte uns lebhaft beschrieben, wie sie eines Nachts aufgewacht sei und eine Ratte quer über Mund und Nase vorgefunden hätte – ein äußerst unersprießliches Erlebnis. Im Dunkel der Nacht ging meine Phantasie mit mir durch. Wie viele wohl im Zimmer waren? Dabei war meine Angst ganz unbegründet. Die Ratten waren dick und rund und gut gefüttert, und abgesehen von dem Lärm, den sie verursachten, ließen sie mich in Ruhe. Zwei oder drei Nächte lang war mir bange, doch dann hatte ich mich so an sie gewöhnt, daß ich sie kaum noch bemerkte; jedenfalls ließ ich mich nicht mehr von ihnen stören.

Es ist eigenartig und wahrscheinlich recht schlimm, wie schnell wir uns an unsere Umgebung anpassen. In England hatte ich ein so bequemes Leben geführt – das Los war mir wahrlich gefallen auf liebliches Land. Ich war eine gute Küche und schöne Kleider gewohnt, und ein gemütliches Zuhause mit lieben Menschen, die mir die rauhen Stellen auf meinen Lebensweg nach Möglichkeit ebneten. Ich wurde von meiner

Familie und meinen Freunden umsorgt und verwöhnt, und alle lästigen Alltagspflichten wurden automatisch für mich erledigt. Ich hatte es gern, wenn ich meine Kleider für den Abend frisch gebügelt auf dem Bett vorfand und die Badewanne bereits eingelassen, um anschließend zu einem Dinner bei Kerzenlicht nach unten zu kommen. Schönheit, Komfort, und ein gewisser Luxus hatten ganz selbstverständlich zu meinem Leben gehört. Ich kannte es nicht anders, und es war klar, daß sich mein Leben nach meiner Rückkehr nach England sofort wieder so abspielen würde. In Liberia dagegen umgaben mich Ratten, Krankheit, Schmutz und Gestank, und trotzdem war ich innerhalb von ein paar Tagen auf dieses Niveau gesunken, ohne daß es mich im Geringsten störte.

Wir hatten nie genügend abgekochtes Wasser, um uns richtig zu waschen. Unsere Kleidung war nie sauber. Die Borsten meiner Haarbürste hatten die Ratten in diesem schmuddeligen Dorf vollkommen abgefressen. Ich war selber schuld, weil ich die Bürste nicht wieder in den Koffer gesteckt hatte, aber es bedeutete, daß ich sie nur noch wegwerfen konnte, folglich bürstete ich mir die nächsten zwei Monate, bis ich wieder in England war, kein einziges Mal mehr die Haare. Sie wurden steif vor Dreck und umrahmten meinen Kopf wie ein verstaubter Glorienschein. Graham sah eigentlich immer unrasiert aus. Nach kürzester Zeit gab er seine Rasierversuche ganz auf und versuchte, sich einen Bart wachsen zu lassen. Der spießte allerdings nur langsam, so daß mein Vetter über das ungepflegte Aussehen eines Herumtreibers nicht hinauskam. Mein Gesicht war sonnenverbrannt, und der Staub grub sich so fest in die Haut, daß es in England Wochen dauerte, bis ich wieder normal aussah. Die Nägel schnitt ich mir kurz, aber trotzdem wurden die Ränder brüchig. Ich war beileibe kein erfreulicher Anblick, kein *thing of beauty* wie bei Keats, doch das kümmerte mich wenig. Es gehörte einfach dazu und kam mir völlig natürlich vor.

Während wir uns anzogen, versuchte ich herauszufinden, wo diese Scharen von Ratten sich jetzt versteckt hielten. Aber es war keine Spur mehr von ihnen zu sehen. Man mußte sehr vorsichtig sein und durfte nur mit sehr dicken Schuhsohlen überhaupt den Boden betreten, sonst bohrten sich einem garstige kleine Sandflöhe unter die Zehennägel, um sich dort wohnlich einzurichten. Man konnte sie sich zwar ziemlich leicht herausschneiden lassen, und die Prozedur tat nicht einmal besonders weh, aber es war doch ärgerlich, wenn man es nicht sofort bemerkte und den Tagesmarsch antrat, denn dann wurde der Sandfloh dicker und bescherte einem brennende Nadelstiche im Fuß. Trotz all unserer Vorsicht schafften es die Biester allerdings immer wieder, und wir gewöhnten uns bald an, einfach unseren Boy fürs Herausschneiden zu rufen.

Ich trat ins Tageslicht hinaus. Das Dorf war noch verwahrloster, als wir am Vorabend bemerkt hatten. Die heruntergekommenen Hütten standen eng beieinander, so daß man sich dazwischen kaum bewegen konnte. Die weiße Farbe am Sokkel war längst abgeblättert, jetzt sahen sie grau und schmuddelig aus. Eine häßliche Frau wanderte umher und klaubte mit bloßen Händen Ziegendung vom Boden auf, obwohl sie an der einen Hand eine offene Wunde hatte. Hühner, räudige Hunde, Ziegen und Kühe, denen unschön die Rippen heraus standen, strichen herum. Es stank erbärmlich, und der leichte Wind blies uns den Staub und Schmutz in Augen und Münder.

Unsere Träger machten keine Anstalten, unsere Sachen zu packen, sondern saßen matt und faul in der Sonne. Zum Schlafen hatten sie sich übers ganze Dorf verteilt, waren in jede Hütte gekrochen, in die ein zusätzlicher Bewohner paßte. Selbst in diesem Dorf wurde Gastfreundschaft nämlich großgeschrieben. Der Anführer lief wie üblich verträumt durch die Gegend, in der Rechten eine Rassel, die er rhythmisch schüttelte. So spazierte er zwischen den anderen Männern herum und lächelte unbestimmt in die Gegend – gutmütig, charmant und vollkommen nutzlos.

Das Dorf hieß Duogobmai, und als mein Vetter fragte, wie weit es nach Nicoboozu sei, einem der Dörfer, die wir ansteuerten, erhob sich der Schrei, den wir von unseren Trägern während dieser Reise noch so oft hören sollten. »*Too far, too far*«, schallte es laut und vernehmlich in den Morgen.

»Hier können wir aber nicht bleiben«, erwiderten wir. »Hier ist es doch grauenhaft. Wie weit ist es bis zum nächsten Dorf?«

»*Too far, too far.*« Die Träger setzten sich auf den Boden und rührten sich nicht mehr von der Stelle.

Wir konnten es ihnen nicht verdenken. Der Marsch am Vortag war wirklich hart gewesen, und sie hatten sich eine Ruhepause verdient. Amadus Füße waren wund und sahen an diesem Morgen fast so schlimm aus wie meine, allerdings heilte bei ihm alles schneller. Auch hörten wir kein Wort der Klage von ihm. Die Boys hatten in Freetown den Auftrag bekommen, auf uns aufzupassen, und ihre Loyalität war unverbrüchlich. Sie hielten uns unter allen Umständen gegen die Träger die Stange. Unser Wort war ihnen Gesetz. Sie verneigten sich einfach und gehorchten.

Trotz des Drecks war ich insgeheim erleichtert, als mein Vetter sich entschloß, wohl oder übel einen Tag Rast einzulegen, bevor es weiterging. Ich hatte mich nicht gerade auf einen erneuten Fußmarsch gefreut und ging erst einmal zurück in meine Hütte, um mir ein warmes Fußbad mit Bittersalz zu machen. Danach setzten wir uns auf unsere Feldstühle vor die Hütte und holten unsere Bücher hervor. Als Kind mußte ich immer ein kompliziertes Spiel spielen, bei dem es alle möglichen Fragen zu beantworten galt. Ich hatte dieses Spiel nie gemocht, die Fragen waren mir zu trocken und zu nutzlos für den Alltag. Eine allerdings lautete: »Wenn du für den Rest deines Lebens auf einer einsamen Insel leben müßtest, welche zwei Bücher würdest du mitnehmen, und warum?« Ein Vetter würzte das dröge Spiel einmal mit einem Hauch von Witz, indem er »Lamb und Bacon« angab, während mir über die alleroffensichtlichsten Antworten hinaus nie etwas einfiel. Es war vergebliche Liebesmüh gewesen; offensichtlich hatte ich nichts aus dem Spiel gelernt. Saki oder Somerset Maugham hatte jedenfalls nie einer vorgeschlagen. Trotzdem lag ich meines Erachtens mit meiner Wahl nicht völlig daneben, denn ich fand die beiden Bücher interessant, ohne daß sie mein müdes Hirn überstrapazierten. Ein Nachteil ließ sich allerdings nicht verleugnen: Man hatte sie zu schnell ausgelesen. Hätte ich ein anspruchsvolleres Werk mitgenommen, dann hätte ich mich, solange ich noch frisch war, damit auseinandersetzen und mir die Geschichten für später aufheben können. Aber ich hatte keine anderen Bücher dabei. Graham war bald völlig in seine *Anatomy of Melancholy* vertieft. Ich hatte die Erzählungen von Saki und Somerset Maugham bereits einmal durchgelesen und begann nun gelangweilt und lustlos noch einmal von vorn.

Die Dorfbewohner scharten sich um uns, kniffen mich in den Arm, um zu spüren, wie sich meine weiße Haut anfühlt, und verfolgten jede unserer Bewegungen mit großen Augen. Sie starrten mich an, wenn ich Tagebuch schrieb, wenn ich mich bückte, um mir den Schnürsenkel zuzubinden, oder wenn ich vor lauter Staub husten mußte. Und als die Natur mir nahelegte, für ein paar Minuten allein in die Büsche zu verschwinden, standen sie alle geschlossen auf. Obwohl der Pfad in den Wald ziemlich lang war, kamen sie stumm und neugierig hinter mir hergetappt. Ich drehte mich um. »Kscht! Weg mit euch!« sagte ich ärgerlich und wedelte mit den Armen. Sie starrten unverwandt, und die Kinder schlichen näher. Ich rief meinem Vetter zu, er solle mit dem Photoapparat kommen, und dann hielt Graham Wache, während ich im Gebüsch verschwand. Die Kinder beobachteten fasziniert, wie er den kleinen schwarzen Kasten hob, und rannten dann kreischend davon.

Ich blickte von meinem Buch auf. Schließlich war ich nicht so weit gereist, um ein paar Kurzgeschichten immer wieder von vorn zu lesen. Irgend etwas Unterhaltsames oder Amüsantes mußte es in diesem gottverlassenen Dorf doch geben, irgend etwas, das nicht nur abstoßend war.

Unser Koch bereitete Fische zu, die er irgendwo für unser Mittagessen ergattert hatte. Vertieft in seine Arbeit saß er auf der Straße wie ein Priester, der ein Opfer zelebriert, mit aufmerksamer, stolzer Miene. Er ließ sich nicht stören von den mageren, räudigen Hunden, die an dem Fisch schnüffeln wollten, sondern scheuchte sie einfach mit erhobener Hand nonchalant fort. Auch die mageren Hühner, die im Staub herumscharrten, brachten ihn nicht aus der Ruhe, genausowenig wie die Ziegen, die ihn immer wieder anstupsten und ihm im Weg umgingen. Rings um ihn blies der Wind kleine Staubwolken durchs Dorf. Wir konnten unsere Bedenken nicht verhehlen, daß dieser ausgesprochen unerfreuliche Anblick wo möglich unseren Appetit auf das Mahl beeinträchtigte, das er mit solcher Sorgfalt zubereitete, weshalb wir ihn baten, an eine Stelle umzuziehen, wo wir ihn nicht sehen konnten. Er packte feierlich seine Sachen zusammen und schlurfte in seinem langen weißen Gewand davon, gefolgt von einer trippelnden Schar von Ziegen und Hunden.

Unsere Träger fühlten sich wohl in dem Dorf, da sie den

ganzen Tag nichts zu tun hatten und der Häuptling sie mit gutem Essen versorgt hatte. Ich beneidete sie um ihre Fähigkeit, faul zu sein, ohne sich zu langweilen. Sie konnten stundenlang an die Hütten gelehnt am Boden sitzen, ohne etwas zu tun, zu sagen oder – davon bin ich überzeugt – zu denken. Sie waren zufrieden, denn sie lebten im Augenblick, und dieser Augenblick bot ihnen alles, was sie sich wünschten: die heiße Sonne auf der Haut, genügend zu essen und lauter nette Gefährten um sich. Außerdem hatten sie zur Unterhaltung den Affen. Der saß den ganzen Tag auf Marks Kopf und fauchte und spuckte, wenn Laminah mit seiner Triezerei ihm zu nahe kam. Dann funkelten seine roten Äuglein haßerfüllt, bis Mark ihn herunternahm, streichelte und ihm eine Banane gab.

Mir wurde der Tag lang, weil nichts passierte. Hin und wieder rückten wir unsere Stühle ein bißchen weiter, um vor der gleißenden Sonne in den Schatten zu auszuweichen – und wenn wir weiterrückten, rückte unser Publikum mit. Graham hielt einem alten Mann eine Zigarette hin. Der verschluckte sich hustend und die Tränen rannen ihm die Wangen hinunter, als er versuchte, sie zu rauchen, und dann reichte er sie weiter. So lange die Zigarette glomm, ging eine Welle der Lebendigkeit durch die Anwesenden, die sich anschließend wieder legte wie ein Windhauch an einem Sommertag. Es war sehr heiß, und ich war den Geruch schwarzer Leiber noch nicht gewohnt.

Der Häuptling kam und setzte sich zu uns. Als er die Whiskyflasche entdeckte, trat ein gieriges Glitzern in seine Augen. Mein Vetter, der wohl daran dachte, wie gut er unsere Träger gefüttert hatte, schenkte ihm zum Zeichen seiner Dankbarkeit ein Glas ein. Der Häuptling stürzte es in einem Zug hinunter und war Minuten später völlig betrunken. Unsicher stand er wieder auf, um sabbernd und brabbelnd durchs Dorf zu torkeln. Irgendwann trollte er sich in seine Hütte, und wir waren darüber nicht traurig. Er war ein verwahrloster, unappetitlicher Alter mit einem verschlagenen Blick, der offensichtlich irgendwann mit der Zivilisation an der Küste in Berührung gekommen war. Nichts an diesem Dorf war einfach oder unberührt. Es war verlottert und verkommen. Überall herrschte der Verfall. Man spürte ihn, sah ihn und roch ihn. Selbst die Kinder kamen uns vor wie geifernde alte Männer, wenn sie uns mit ihren kleinen Fratzen angrinsten. Wenn wir noch lange in diesem Dorf blieben, dann würden wir ebenfalls verlottern, dachte ich, so intensiv war dieser allgegenwärtige Verfall. Er war überall und kroch einem in die Knochen. Er lag in der Luft, die wir atmeten, und in der Nahrung, die wir uns zu uns nahmen. Wie diese scheußlich ungesunde Atmosphäre sich eingeschlichen hatte, weiß ich nicht, ich konnte nur vermuten, daß sie sich irgendwie von den halbzivilisierten Verhältnissen an der Küste her verbreitet hatte. Immer wieder warf ich Graham einen Blick zu, ob sich bei ihm schon die ersten Anzeichen einer Veränderung zeigten, denn daß dieser Verfall nicht auf uns beide abfärben würde, schien mir schwer vorstellbar. Wahrscheinlich schlich sich bald dieser beschämend unverschämte Blick in seine Augen, und womöglich verfielen gleich sein Gesicht und sein Körper, bis er den kranken, abstoßenden Menschen um uns herum glich. Die unschöne Nacktheit, die sich uns so aufdrängte, ekelte mich an. Ich fand sie abscheulich. Nirgendwo in diesem Dorf gab es so etwas wie Schönheit oder Frische.

Endlich wurde es dunkel. Wir aßen vor der gaffenden Menge zu Abend und tranken dazu Whisky. Gern wären wir ins süße Vergessen abgetaucht, hätten gespürt, wie der Weichzeichner die Konturen verwischt. Es wäre zu schön gewesen, wenn wir für den Rest des Abends diesen kaum zu bändigenden Ekel vor den schwärenden Leibern um uns hätten ablegen können – wenn wir sie irgendwie hätten transzendieren können oder wenigstens Mitleid mit ihnen empfinden. Aber der Whisky schien überhaupt nicht zu wirken. Wir tranken noch einen und dachten an unsere Freunde in London – was sie wohl machten und wo sie waren. Ich sah alles wie von außen, beobachtete aus der Ferne zwei kleine weiße Gestalten mitten in Liberia, im Staub und Kot und Dreck. Zwei kleine weiße Marionetten, an ihren Schnüren aus der gewohnten Bahn gezogen, hierhin und dorthin gezerrt, und überall fehl am Platz. Zwei kleine weiße Marionetten, die steif auf ihren lächerlichen grünen Feldstühlen saßen, Whisky schlürften und sich fragten, wohin die Schnüre sie als nächstes ziehen würden. Völlig nutzlos, völlig entbehrlich – die reinsten Pappkameraden, die bald wieder aufbrechen und das Dorf seinem Verfall überlassen würden.

Die Stunden krochen dahin, bis es schließlich Zeit war, zu Bett zu gehen. Und dann verbrachte ich wieder eine schlaflose Nacht in Angst und Schrecken mit den Ratten um mich her. Todmüde, aber schlaflos lag ich da und wünschte mir nur, daß das Morgengrauen endlich in meine Hütte dringen möge.

Am nächsten Morgen brachen wir so früh wie möglich auf und ließen Duogobmai ohne jedes Bedauern hinter uns. Es war ein wunderschöner Morgen, auch wenn es bald sehr heiß wurde, und die Strecke war angenehm zu laufen. Graham rannte wie üblich voraus, ich dagegen schlenderte vor mich hin. Die Männer waren guter Laune und sangen immerzu ihre seltsamen Lieder. Wir durchquerten zwar dichten Urwald, aber der Weg war leicht zu gehen und die Etappe viel kürzer, als ich gedacht hatte. Wir konnten höchstens acht oder neun Meilen gelaufen sein, als wir Nicoboozu erreichten, und ich fühlte mich bei unserer Ankunft noch ganz frisch.

Nicoboozu war ein hübsches Dorf und wunderbar sauber.

Die Hütten standen ein gutes Stück voneinander entfernt, die Erde dazwischen war ordentlich gefegt. Fröhliches Gelächter schallte durchs ganze Dorf. Wir befanden uns mitten in Buzi-Land, und die Buzi sind ja angeblich der einzige künstlerisch veranlagte Stamm in Liberia, auch wenn wir vor unserer Ankunft in diesem Dorf keinerlei Hinweise auf ihre Kultur entdeckt hatten. In Nicoboozu war alles ästhetisch. Die Sockel der Hütten waren mit eigentümlichen Mustern verziert; der Dorfschmied fertigte Ringe und Armreife aus alten Napoleons, die es in Französisch-Guinea noch gab und die von den Mandingo, einem Händlervolk, nach Liberia gebracht wurden. Außerdem schmückten die Frauen ihr schwarzes Kraushaar mit wunderhübschen kleinen Ornamenten. Einige Männer saßen an primitiven Webstühlen und webten Stoffe in schlichten, wirkungsvollen Mustern. Sie webten den Stoff in langen Streifen, indem sie das eine Ende mit einem Stein beschwerten und diesen mit der Zeit immer weiter vom Webstuhl wegzogen. Diese Menschen, die so künstlerisch veranlagt waren, schienen einfach nicht imstande, etwas Häßliches zu produzieren. Auch ihre Schwerter und Speerspitzen waren ausgesprochen anmutig verziert.

Man mußte sich dort einfach wohlfühlen. Der eine schlechtgelaunte Träger hatte uns verlassen, und der Neue, den wir eingestellt hatten, sang für sein Leben gern. Es quälte ihn regelrecht, stumm zu bleiben. Er gehörte auch zu den Buzi, und seine eigentümlichen, monotonen Gesänge begleiteten uns tagein tagaus.

Das Dorf war ein wunderbarer Kontrast zu Duogobmai. Die Männer und Frauen hießen uns begeistert willkommen und umringten uns gutgelaunt, durcheinanderzwitschernd wie Vögel am frühen Morgen. Die Frauen befühlten den Stoff meiner Shorts und rieben ihn zwischen den Fingern wie bei einem Sonderangebot. Die Männer standen lachend daneben. Mit ganz wenigen Ausnahmen betrachteten mich liberianischen Männer nicht als Frau, jedenfalls nicht als Objekt ihres Interesses. Für sie war ich einfach ein weißes Wesen, ein kurioses Wesen vermutlich, aber keines, das man sexuell anziehend fand. Ich hätte mich allein im Land bewegen können und mich dabei vollkommen sicher gefühlt.

Im Grunde waren mein Vetter und ich wohl so etwas wie ein Zirkus für die Eingeborenen, eine Abwechslung, die unverhofft für ein, zwei Tage in ihr Leben trat. Die wenigen Male, in denen ich eine Hütte für mich allein hatte, brauchte ich nicht zu befürchten, daß mein Schlummer durch den Don Juan des Dorfes gestört wird. Beim ersten Mal hatte ich zugegebenermaßen noch überlegt, ob ich nicht den Revolver in Reichweite legen soll, aber da ich manchmal schlafwandle oder im Schlaf sonstige Seltsamkeiten unternehme, fand ich es besser, ihn in unserer Geldkassette unter Schloß und Riegel zu behalten. Ich merkte jedoch schnell, daß meine Attraktivität so gut wie nicht vorhanden war, und während mich das andernorts durchaus ein bißchen gekränkt hätte, war ich in Liberia zutiefst dankbar dafür.

Die Dorfmädchen kamen mit in meine Hütte und beobachteten mit großem Interesse, wie ich mich wusch und meine Bluse wechselte. Ich fühlte mich durch sie überhaupt nicht gestört. Sie waren hinreißend und lächelten mich ganz schüchtern und gespannt an. Wozu die Seife gut sein sollte, begriffen sie nicht genau, aber daß sie das Wasser so aufschäumte, fanden sie wunderbar. Als ich mit dem Waschen fertig war, stippten sie ihre Finger ins Wasser und sahen fasziniert zu, wie die Schaumblasen allmählich vergingen. Ich brach ein Stück von meiner Seife ab und gab es ihnen. Sie reichten es eifrig von Hand zu Hand weiter, bis eines der Mädchen hineinbeißen wollte. Sie strichen mir über die Arme, aber nicht rüde und forschend wie ihm vorigen Dorf, sondern sanft – ein Zeichen der Anerkennung, sollte ich später erfahren. Obwohl wir kein Wort miteinander wechseln konnten, freuten wir uns gemeinsam, lachten zusammen und fühlten uns miteinander wohl.

Den Frauen wurden während der Initiationszeit auffallende Muster in die Brüste und manchmal in den ganzen Oberkörper geritzt. Die ganz jungen Mädchen in diesem Dorf waren recht hübsch; sie bewegten sich graziös und gingen mit hocherhobenem Kopf. Bald würden jedoch wohl auch ihre Körper von Krankheiten gezeichnet. Die älteren Frauen sahen ausgezehrt und verwelkt aus und waren in ihrer Nacktheit unattraktiv. Trotz aller Anzeichen von Krankheit herrschten in diesem Dorf aber eine Frische, eine Reinheit des Geistes und ein Charme, die direkt von Herzen kamen. Die Menschen hatten Würde und gute Manieren. Die Frauen spürten sofort, wenn ich sie nicht mehr bei mir haben wollte, zogen sich formvollendet zurück und ließen mich allein. Irgendwie verstanden wir uns ohne Worte, und ich hatte das Gefühl, unter Menschen zu sein, die ich mag.

Ich trat vor die Hütte und schlenderte durchs Dorf. Es war so angelegt wie alle Dörfer, an einer Lichtung auf einem Hügel, und drunten sah man den Fluß vorbeifließen. In der Dorfmitte stand die sogenannte Palaverhütte, eine Hütte mit offenen Seiten, in der Versammlungen und Besprechungen abgehalten werden konnten. Der Schmied arbeitete gerade in seiner Schmiede. Zu dem Zeitpunkt wußte ich noch nicht, welche Rolle der Schmied spielt, daß er nämlich noch wichtiger ist als der Häuptling, mir fiel aber auf, daß Männer wie Frauen sich auf ein Schwätzchen an seinem Feuer trafen.

Ein eigenartiger Gestank waberte durchs Dorf. Ich konnte ihn nicht einordnen, aus Europa kannte ich ihn jedenfalls nicht: ein schwerer Geruch, von dem einem übel wurde. Er war mir auf unserer Reise schon öfters aufgefallen, aber erst in Nicoboozu kam ich dahinter, daß ausgerechnet das Essen für unsere Männer so unappetitlich roch.

Der Dorfälteste beendete sein Nickerchen und lud uns ein mitzukommen, um das Essen selbst in Augenschein zu nehmen. Acht riesige Reisschüsseln standen da, bedeckt mit einer leuchtend gelben, übelriechenden Soße und einzelnen Fleisch- oder Fischbrocken obendrauf. Ich fand den Anblick ausgesprochen abstoßend, aber unsere Männer bekamen leuchtende Augen. Für sie war es die einzige Mahlzeit des Tages. Zu Anfang hatten wir ihnen in unserer Unwissenheit erlaubt, morgens zu essen, bevor wir aufbrachen. Bald stellte sich jedoch heraus, daß das unweigerlich einen schlechten Tag zur Folge hatte. Die Männer waren es nicht gewohnt, zweimal am Tag zu essen, und prompt wurden sie davon faul und unleidlich. An diesem Abend freuten sie sich sichtlich über das, was man ihnen anbot. »Ham ham«, machte Mark gierig, während er sich mit den Ellbogen einen Platz an einer der Schüsseln sicherte. Die Männer hockten sich vor ihre Mahlzeit, formten aus der hohlen rechten Hand eine Art Löffel, mischten die Speisen in der Schüssel und packten sie sich in den Mund. Dabei wurde weder gesprochen noch gelacht. Es war eine ausgesprochen ernste Angelegenheit. Sie stopften sich die Münder voll, kauten zügig und schluckten; dann standen sie langsam wieder auf und waren satt und bester Dinge.

Graham und ich aßen ebenfalls zu Abend. Es war einer unserer glücklichsten Abende auf dieser Reise, eine der letzten Gelegenheiten, bei der wir ganz natürlich miteinander reden konnten, ohne zu überlegen, ob ein Wort von uns den anderen womöglich irgendwie verletzen könnte. Bald danach gaben wir es nämlich auf, über Themen zu sprechen, zu denen wir unterschiedlicher Meinung waren. Von heute aus gesehen klingt das unglaublich kindisch, aber vor lauter Erschöpfung wurden wir sehr ungeduldig, was Streits und Diskussionen betraf. Ich war meistens so müde, daß mein Verstand noch langsamer arbeitete als sonst, so daß ich vergeblich nach den richtigen Worten suchte. Manchmal verließen mich mitten im Satz die Kräfte, und ich murmelte nur noch schwach: »Ach, wahrscheinlich hast du recht«, – was meinen Vetter sicher sehr geärgert hat. Graham wurde seinerseits oft ziemlich stur und ritt auf Kleinigkeiten herum, bis er sie zu Tode geritten hatte. Aber gezankt haben wir uns nie, kein einziges Mal. Wir wußten beide, daß diese grauenhafte schwüle Hitze unseren Lebensgeistern schwer zu schaffen machte, deshalb lächelten wir uns einfach zu und dachten insgeheim: »Dieses Thema wird von der Liste gestrichen.« Politik wurde als erstes abgeschafft. Manchmal hörte ich mich die sonderbarsten Ideen äußern und die abwegigsten Standpunkte vertreten; Worte kamen mir über die Lippen, die nicht das Geringste mit meinen Gedanken zu tun hatten. Noch während ich dieser müden Stimme zuhörte, dachte ich: »Wie kann man nur so etwas Komisches sagen.« Manchmal klang das, was ich sagte, so uninteressant, daß ich es selber kaum ertragen konnte, und ich ließ den Satz einfach halb stehen. Unzählige Wörter, unzählige nicht zu Ende gebrachte Sätze – Klänge, ins Nichts geschickt, in die heiße, feuchte Luft entschwebend. Ein Thema nach dem anderen wurde ausgesondert, beiseitegelegt und sorgfältig mit der Aufschrift: »Auf dieser Reise nicht erwünscht« versehen, bis in den letzten Tagen praktisch nichts mehr übrig war – bis auf das spannende Thema Essen. Das war das einzige, was uns überhaupt noch interessierte, außerdem stellten wir fest, daß wir auf unterschiedliche Speisen Gelüste haben konnten, ohne uns damit gegenseitig zu ärgern. Aber noch war es nicht so weit. In Nicoboozu deutete noch nichts darauf hin, daß es jemals so weit kommen würde. Wir fühlten uns hellwach und in jeder Hinsicht voll bei Sinnen. Beide waren wir wie verzaubert von dem Dorf, rundum glücklich und im Bann der afrikanischen Nacht gefangen.

Wir drückten mit der Hand ein paar Limonen aus, was eine ziemliche Ferkelei war, gossen Whisky darauf und taten so, als tränken wir eiskalte Cocktails. Mit dem Essen ließen wir uns Zeit. Der Koch hatte ein riesengroßes Omelett gemacht, dann für die Hauptspeise irgendeine Dose geöffnet und mit für ihn ganz untypischer Phantasielosigkeit noch ein Omelett gebraten, das er jedoch als Pfannkuchen bezeichnete. Amadu, Laminah und Mark bedienten uns mit größter Würde und Sorgfalt, als säßen wir in London bei einem hochoffiziellen Souper. Sie hätten uns ebensogut die erlesensten, ausgefallensten Speisen servieren können. Meine Shorts fühlten sich kürzer an denn je; ein Abendkleid und Orchideen hätten zu ihrem Gebaren viel besser gepaßt.

Wir saßen vor unserer Hütte, und noch bevor wir mit dem Essen fertig waren, ging mit tropischer Plötzlichkeit die Sonne unter. Es war ein warmer, nicht zu heißer Abend. Ein kleiner Mond erschien am Himmel, und die weißen Hütten leuchteten in seinem silbrigen Licht. Unwirklich war das Licht, wie im Theater. Mit einemmal spürte ich den überwältigenden Zauber von Afrika. Sein rauher Charme kroch mir unter die Haut; ein Charme, der einem den Verstand besetzt und ihn einschläfert, so daß nichts mehr lebendig bleibt als die Sinne. Die Wärme fließt einem in die Glieder, das Harfengeklimper in die Seele, die Zeitlosigkeit in den Geist – und übrig bleiben reines Wohlgefühl und tiefer Friede. Ich hätte am liebsten die Zeit stillstehen lassen. Es war einer jeder Momente im Leben, in denen man auf Zehenspitzen steht und nicht wagt, sich zu bewegen oder zu atmen, damit nur ja der Zauber nicht vergeht – einer der kostbaren Momente, in denen man spürt: »Ich bin wunschlos glücklich.« Noch während ich dort im Dunkeln saß, war mir bewußt: an diesem Moment gab es nichts auszusetzen, und nichts fehlte mir zu meinem Glück.

Die Frauen liefen mit glühenden Holzscheiten aus der Schmiede durchs Dorf, um die Feuer anzuzünden, die sie nachts in den Hütten brennen ließen, und allmählich wurden durch die Tür jeder Hütte kleine lodernde Flammen sichtbar. Von überallher klang das Geklimper der Harfen. Unsere Träger saßen zufrieden beisammen, lachten miteinander und tranken Palmwein.

Ein atemloses Zögern lag in der Luft, als stünde mit einemmal die Zeit still, damit wir den Augenblick in uns aufsaugen konnten, damit wir die einmalige Gelegenheit nutzten, uns satt zu trinken an Schönheit und Frieden.

Ein paar Frauen kamen herbei und begannen, vor uns zu tanzen. Eine häßliche Alte führte sie an, verrenkte sich kichernd und schüttelte die vertrockneten Glieder im Rhythmus der Rasseln. Für unsere Begriffe war es ein häßlicher Tanz, selbst die jüngste der Frauen sah alles andere als elegant dabei aus, wie sie ihr Hinterteil hervorstreckte und die Beine fliegen ließ. Aber die Frauen waren fröhlich und ausgelassen. Sie tanzten in einem kleinen Kreis, die Finger waagerecht nach vorn gestreckt, und klatschten sich rhythmisch auf die Schenkel. Ihre Bewegungen waren eckig, aber sie hatten ihre Freude dabei und lachten und witzelten während des Tanzens miteinander herum.

So ging es weiter und weiter. Der Mond steigt den Eingeborenen zu Kopf wie schwerer Wein. Die ganze Nacht hindurch wurde getanzt. Als die Männer einsetzten, rückten die Frauen beiseite und sahen zu. Die freudige Spannung war mit

Händen zu greifen; ab und zu stießen sie kleine Schreie aus. Sie stampften mit den Füßen und klatschten sich mit den Händen auf den Körper. Selbst die Kleinen spüren den Einfluß des Mondes, und nackte schwarze Kinder hüpften ausgelassen zwischen den Hütten herum. Später, als der Mond abnahm, wurde in den Dörfern immer weniger getanzt, aber an jenem Abend machte das Mondlicht alle trunken.

Ich würde mich gern noch länger bei diesem Abend aufhalten, doch es gibt nichts weiter darüber zu berichten. Es passierte nichts. Es kam keine Ernüchterung. Der Abend war vollkommen. Da waren der Mond und ein Eingeborenendorf, da waren Tänze und lachende nackte schwarze Kinder. Da waren zwei weiße Beobachter, denen man bisweilen über die Arme strich. Da waren Freundlichkeit und Fröhlichkeit, die von Herzen kamen. Und – oh Wunder – da war, später nachts, eine Hütte ohne Ratten!

Fünftes Kapitel

Am nächsten Tag ging es nach Zigiter. Stetig wand sich der Weg nach oben in die Berge. Praktisch auf allen Vieren kletterten wir über Felsbrocken und Geröll, immer höher und höher hinauf. Der enge, unwegsame Pfad war rutschig, wir stolperten über Wurzeln und Schlingpflanzen, sie verfingen sich in unseren Kleidern und hinderten uns am Vorankommen. Links und rechts stand dichter, chaotischer Urwald, dessen Bäume hoch über unseren Köpfen eine Art Bogen bildeten. Es war feucht und heiß, und keine Brise schaffte es bis zu uns her. Ich hechelte, denn das Atmen fiel schwer, und es kam mir vor, als hämmere mir jemand eiserne Nägel in die Kehle. Da ich nicht wußte, wie weit es bis nach Zigiter noch war, wagte ich nicht, sonderlich viel aus meiner Feldflasche zu trinken. Kein einziges Mal nahm ich mir die Zeit, in den Urwald rechts und links zu blicken, ich hielt den Blick auf den Weg vor mir gerichtet und konzentrierte mich voll und ganz auf das, was ich tat. Meine Hände waren schon wund davon, daß ich mich an den steilsten Stellen festhielt.

Ich kam mir vor wie eine arme Kreatur in einem Walt-Disney-Film, die sich auf einem überaus tückischen Weg zum bösen Königsschloß hoch droben in den Bergen durchschlagen muß. Die arglistigen Pflanzen faßten mich mit ihren langen, dünnen schwarzen Fingern an, bisweilen glitt im Zickzack eine Schlange über den Weg. Die boshaften Felsen lokkerten sich, sobald sie mein Gewicht auf sich spürten. Sie bröckelten und fielen mit Getöse abwärts, um Haaresbreite mich mitnehmend, und wenn ich lauschte, würde ich wohl ihr hämisches Gelächter hören können. Bisweilen warf ein Affe von hoch oben etwas herunter, das mich nur knapp verfehlte, und wenn ich dann wütend hinaufsah, um ihn auszuschimpfen, turnte er fröhlich außer Sichtweite. Und unterdessen seufzten die braven Pflanzen leise, und die hübschen kleinen Schmetterlinge flatterten hilflos umher. Was konnte Unschuld denn schon ausrichten gegen diese erdrückenden bösen Mächte? Was Schwäche gegen so viel Kraft?

Immer höher kletterten wir die Disneystraße hinauf, ins Zentrum, ins Herz der bösen Geister. Und plötzlich tauchte Zigiter über uns auf, nicht wie ein Märchenschloß, aber dennoch unwirklich mit dem überirdischen Charme der Eingeborenendörfer. Es lag auf der Kuppe eines großen Felsenberges, einer der höchsten Erhebungen Liberias. Als wir oben ankamen, breiteten sich um uns bis zum Horizont noch weitere Hügel aus, durchschnitten von tiefen, dicht bewaldeten Tälern und bizarr gezackten, grauen Felsformationen, wie sie El Greco gern gemalt hat. Der Blick reichte meilenweit in die Ferne. Es war eine der seltenen Gelegenheiten, bei der wir eine gute Aussicht hatten. Ich ließ meine Augen über die Täler schweifen und schüttelte das dumpfe Gefühl ab, das einem im Wald allmählich die Luft abdrückt. Ein Wald, schon gar ein Urwald, ist viel zu groß und überwältigend, um darin froh zu sein. Er zeigt einem zu deutlich, was man in der Welt ist: ein Nichts, ein Stäubchen von einem Nichts. Inmitten von unseren Männern hob ich den Blick, richtete ihn auf die Hügel und fühlte mich endlich wieder als Mensch, mit einem wenn auch noch so obskuren Platz in der Ordnung der Dinge. Noch sahen die Hügel friedlich aus; später jedoch sollten wir ein Unwetter darüber erleben, in dem die grellen tropischen Blitze hin und her zuckten, von Felszacke zu Hügel und von Hügel zu Felszacke – eine erhabene, aufwühlende Zurschaustellung der ungezähmten Leidenschaft der Götter.

Zigiter war die größte Siedlung des Buzi-Stammes, ihr Zentrum – allerdings nicht der Buzi-Kultur, sondern der Buzi-Hexerei; ein Ort, an dem man zwielichtige Künste übte und der schwärzesten Medizin kundig war. Wo die Frauen während der Initiationszeit in die dunklen Geheimnisse der Gifte eingeweiht wurden, wo man sich angeblich auf die Kunst des Blitzeschleuderns verstand, und wo alle Menschen im Schatten rätselhafter, grauenerregender Einflüsse standen.

Auch in Zigiter war ein liberianischer Bezirkskommissar stationiert. Er befand sich allerdings auf Reisen, und als ich schließlich eintraf, war Graham schon beim Dorfältesten vorstellig geworden und hatte mit ihm arrangiert, daß wir beide ein Haus in seinem Gehöft bewohnen durften. Es war ein großes Haus mit zwei Zimmern, die durch eine Art Eingangsbereich voneinander getrennt waren. Unsere Träger bekamen eine Hütte weiter hinten; dort schliefen sie und dort bereitete der Koch unsere Mahlzeiten zu. Unmittelbar bei unserer Ankunft ließen sie sich allerdings einfach rings um uns fallen und ruhten sich in unserem Haus aus.

Gegen den Rat aller Europäer in Freetown hatte Graham seine eigene Methode entwickelt, um mit den Männern umzugehen. Sie funktionierte ausgezeichnet. Gehorsamkeit oder Ehrlichkeit zu erwarten sei zwecklos, sofern wir nicht mit den primitivsten Mitteln unsere Stärke bewiesen, hatte man uns erklärt. Schwarze, so hieß es, hätten nur vor einer erhobenen Stimme und vor Schlägen Respekt, und sobald sie den Respekt vor uns verlören, wäre es um uns geschehen. Sie würden uns bestehlen, sie würden meutern, sie würden versuchen, uns in Geldangelegenheiten zu betrügen. Sie würden uns seelenruhig im Urwald stehenlassen, wenn sie die Lust dazu überkäme. Ja, sobald sie keine Angst mehr vor uns hätten, würden sie vor überhaupt nichts Halt machen. Graham behandelte sie hingegen von Anfang an einfach so, als wären sie Weiße aus unserem Heimatland. Er ging ganz natürlich mit ihnen um, und sie mochten ihn. Sie wußten, woran sie bei ihm waren, und abgesehen von ihrem ständigen »zu weit, zu weit« taten sie alles, was er von ihnen verlangte. Dabei gab er ihnen nicht etwa einfache Anweisungen, im Gegenteil, er baute ausgesprochen lange, verdrechselte Sätze. Ich glaube nicht, daß die Männer je verstanden haben, was er sagte, aber irgendwann erahnten sie dunkel, worauf er hinauswollte. Wenn die Tagesstrecke absolviert war, lagerten sie gern um ihn herum und scherzten und witzelten, während er wie ein Vater gütig auf sie herablächelte. Die Männer waren ja auch von uns abhängig, schließlich waren sie weit weg von zu Hause. Sie wußten zwar, daß sie nach Monrovia marschierten, aber wo das lag und was das sein sollte, war ihnen nicht wirklich klar. Mit kindlicher Selbstverständlichkeit legten sie sämtliche Verantwortung in die Hände meines Vetters, darauf vertrauend, daß er sich um sie kümmerte und jeglichen Schaden von ihnen abwendete. Ihre Naivität nahm mich am meisten für sie ein. Sie gingen davon aus, daß wir uns jederzeit über ihre Anwesenheit freuten. Selbst beim Essen kamen sie mit einer kleinen Schnittwunde oder mit Schmerzen zu uns, und wenn wir ihre kleinen Kabbeleien schlichten sollten, unterbrachen sie ohne Scheu unsere Gespräche. Der häßlichste unserer Träger, ein herzzerreißend unansehnlicher Mensch, brachte mir jeden Morgen ein paar Blumen, seit er einmal beobachtet hatte, wie ich mir ein Sträußchen an die Bluse steckte. Er hielt sie mir mit einem scheuen Lächeln hin, worauf ich mich mehrfach verneigte und lächelnd bedankte. Die Männer waren reizend zu uns, und wir lernten sie im Lauf der Zeit richtig gut kennen.

Nachdem wir uns ausgeruht hatten, verbreiteten unsere Trager die Kunde, daß wir Interesse daran hätten, Schmuck, Schwerter und Messer zu kaufen, so lange wir uns noch in Buzi-Land befänden, und bald kamen sämtliche Männer aus dem Dorf zu uns her, die etwas zu verkaufen hatten. Graham und ich saßen auf unseren Stühlen vor dem Haus, während die Eingeborenen ihre Waren vor uns ausbreiteten. Mein Boy, Laminah, stellte sich neben mich und half mir beim Feilschen. Zunächst brachten die Eingeborenen nur wertloses Zeug, da man uns unsere Ahnungslosigkeit natürlich anmerkte, aber unsere Boys hatten entschlossen ein Auge darauf, daß wir vor den Trägern nicht unser Gesicht verloren. »Nix kaufen, Missis«, flüsterte Laminah mir zu. »Große Schwindler, diese Mann. Schwert nix gut.« Worauf ich verächtlich abwinkte, scheinbar verblüfft, daß man mir solchen Plunder überhaupt anbot.

Allmählich dämmerte den Eingeborenen, daß wir ihnen keinen Ramsch abkaufen würden, also verzogen sie sich – um postwendend wiederzukommen, diesmal mit ihren wirklichen Schätzen: Schwertern, von Generation zu Generation in der Familie weitergereicht, Dolchen, die wertvolle Erbstücke waren. Außer dem ideellen Wert hatten die Dolche und Schwerter aber auch materiellen Wert für die Eingeborenen, denn neben Speeren und Pfeil und Bogen waren es die einzigen Waffen, die sie besitzen durften. Doch das Geld lockte, und als ihnen die Versuchung so dicht unter die Nase gehalten wurde, erlagen sie ihr. Das Feilschen begann, und Laminah war voll in seinem Element. Diese unzivilisierten Eingeborenen sollten ihn ganz sicher nicht übers Ohr hauen. Er lachte höhnisch über die verlangten Preise, setzte einen winzigen Betrag dagegen, und wenn sie den schließlich akzeptierten, halbierte er ihn noch einmal. Ein grimmig aussehender Kerl wurde böse und warf Laminah seine Neunmalklugheit vor, doch auch den feilschte Laminah nieder: Er luchste ihm sein Schwert zu seinem, Laminahs, Preis für uns ab. Am nächsten Tag kam er allerdings heillos erschrocken zu uns. Der wütende Mann, mit dem er gestritten hatte, sei die rechte Hand des Teufels, und in diesem Dorf solle man tunlichst vermeiden, sich gegen den Teufel zu stellen. Irgendwann standen die Eingeborenen auf und ließen die verkauften Waren auf einem Haufen liegen. Wir gingen alles einzeln durch und brachten die nächste halbe Stunde höchst vergnüglich damit zu, um jeden Gegenstand zu würfeln. Unsere Boys waren froh, daß wir Schwerter gekauft hatten, denn ab jetzt würden wir durch rauhere Gegenden kommen, und die Schwerter wären unser einziger Schutz, sollte irgend etwas passieren. Ich war inzwischen recht zuversichtlich, daß uns nichts Unvorhergesehenes zustoßen würde, das uns zum Ziehen unserer Schwerter hätte nötigen können, aber es war ein schönes Gefühl, daß wir unsere Boys so leicht glücklich machen konnten. Ich hatte irgendwann ein paar Fechtstunden gehabt, traute mir allerdings nicht zu, daß ich im Ernstfall meine dürftigen Kenntnisse in dieser Kunst gewinnbringend einsetzen könnte. Und meinen Vetter konnte ich mir beim besten Willen nicht als Douglas Fairbanks vorstellen, der schneidig den Degen gegen zwanzig zürnende Eingeborene führt. Amadu stünde uns sicherlich bei bis zum Tod, während Laminah im Zweifelsfall wegrennen würde und erst wiederkommen, wenn alle Gefahr für Leib und Leben gebannt wäre. Dann allerdings würde er bereitwillig von all den imaginären Schwierigkeiten prahlen, die er angeblich überwunden hatte, was natürlich wenig hilfreich wäre.

Der Koch würde einfach unbeirrt weiterkochen. Nein, ich war mir ziemlich sicher, daß die Schwerter nicht mit Blut besudelt würden. Und ich würde bei meiner Rückkehr nach England nicht auf grausige dunkle Flecken zeigen und meinen kleinen Neffen Gruselgeschichten über den tragischen Tod manch eines Negerhäuptlings erzählen können. Unsere Boys waren jedoch glücklich, schulterten die Schwerter, und Mark und Laminah schnitzten mit unendlicher Begeisterung kleine Bogen, während wir weiter durch den Busch stapften.

Jeden Abend kamen unsere Männer mit all ihren Wehwehchen zu uns, und wir mußten uns um sie kümmern. Wie die Kinder kamen sie und zeigten uns, wo es weh tat, mit dem unerschütterlichen Vertrauen, daß wir alles heil machen könnten. Unsere Reiseapotheke war in der Aufbruchshektik zum größten Teil in Freetown liegengeblieben, aber immerhin hatten wir größere Vorräte an Bittersalz, mit dem wir die meisten Blessuren kurierten, ein paar Borsäuretabletten und etwas Jod. Chinin hatten wir in nicht unerheblichen Mengen dabei, doch das behielten wir für uns, denn davon mußten wir täglich eine hohe Dosis einnehmen. Unsere Männer kamen mit Halsschmerzen zu uns, einer hatte üble Syphilisgeschwüre, ein anderer Himbeerseuche; eines Tages kam einer mit einem halb durchtrennten Zeh. Da unsere Bandagen nicht mitgekommen waren, zerriß ich ein Taschentuch, wickelte es um den Zeh und krönte den Verband mit einer Schleife. Er freute sich wie ein Kind, zeigte den Zeh überall herum und behielt den Verband, der schwarz wurde vor Dreck, noch um, als der Zeh längst verheilt war. Die Dorfbewohner kamen ebenfalls zu uns, einer nach dem anderem, mit einem rührenden Glauben an die Medizin der Weißen. Meistens verabreichten wir ihnen ein paar Körnchen Bittersalz, verbunden mit einer gehörigen Portion Hokuspokus, was sie damit anstellen sollten.

In Zigiter kam damals ein Mann, der sich vor Graham hinstellte und stumm die Hände ausstreckte. Ich sah ihm zuerst nur ins Gesicht und bemerkte seine verängstigten Augen, die matt um einen Hoffnungsschimmer flehten. Er starrte meinen Vetter an, als wollte er ihn mit aller Kraft dazu bewegen, ihm irgendwie zu helfen. Dann fiel mein Blick auf seine Hände. Es waren die halb abgefaulten Hände eines Aussätzigen mit fortgeschrittener Lepra. Mein Vetter gab ihm feierlich und ohne mit einem Wimpernzucken zu verraten, wie ihm gewiß zumute war, eine heilende Arznei. Der Mann nahm sie mit leuchtenden Augen entgegen, drehte sich um und ging mit festem Schritt davon. Wenigstens ein glücklicher Tag war für ihn also herausgesprungen.

Wir gingen in unsere Hütte, setzten uns, während wir aufs Abendessen warteten, zusammen in den Eingangsbereich und unterhielten uns leise. Plötzlich raschelte es, die vor der Tür hängende Matte wurde weggeschoben, und ein Mann trat ein. Er glitt herein wie eine Schlange und stellte sich wortlos in eine Ecke. Mein Vetter fragte ihn scharf, woher er käme. In so gut wie unverständlichem Englisch antwortete er, daß wir in der kommenden Nacht das Haus nicht verlassen dürften. Der große Buschteufel, den kein Mensch zu Gesicht bekommen dürfe, würde in der Nacht durchs Dorf tanzen. Wir dürften weder das Haus verlassen noch aus dem Fenster sehen. Sobald wir die große Trommel hörten, müßten wir im Haus bleiben. Er sah erst mich an, richtete den Blick dann auf Graham und schlüpfte wieder hinaus, mit derselben schlangenartigen Glätte, mit der er hereingeschlüpft war.

Es war heiß und stickig. Das Unwetter, das sich am nächsten Tag mit großer Gewalt entladen sollte, lag schwül und drückend in der Luft. Obwohl wir nur dasaßen, mußten wir uns alle paar Sekunden den Schweiß von der Stirn wischen. Es herrschte eine Atmosphäre, in der man nichts für unmöglich halten mochte.

Ich spürte plötzlich ein Stechen im Fuß. Da ich mir wieder mal einen Sandfloh zugezogen hatte und mein Fuß höllisch brannte, rief ich meinen Boy, damit er mir das lästige Insekt herausschnitt.

Gedrückter Stimmung kniete Laminah sich vor mich hin und begann, auf meinen Zeh einzuhacken, um den Sandfloh unschädlich zu machen. Zigiter jagte ihm eine Heidenangst ein. Er hatte schon gehört, daß der Teufel, den niemand zu Gesicht bekommen durfte, am Abend durchs Dorf tanzen wollte, und er befürchtete, wir würden uns leichtsinnigerweise den Anordnungen nicht fügen.

»Meinst du wirklich, uns könnte was passieren?« fragten wir ihn. »Der Teufel hat doch tüchtig Angst vorm weißen Mann.«

»Der Massa wird blind. Die Missis wird blind. Alle werden blind.« Schlotternd vor Angst operierte er weiter an meinem Fuß herum, das scharfe Messerchen in der zitternden Hand.

Wir riefen Amadu. Es war eigenartig, daß Laminah, der doch sein ganzes Leben in Freetown gelebt hatte, so rasch genauso abergläubisch werden, eine genauso primitive Weltsicht einnehmen konnte wie unser einfachster Träger. Er versuchte nicht einmal, seine Angst zu verbergen. Er schämte sich auch nicht dafür. In diesem Dorf konnte sich allerlei Schlimmes zutragen, das stand für ihn felsenfest.

Amadu wirkte noch ernster als sonst. Im Flüsterton legte er uns auseinander, wie einfach es wäre, das Essen für die Träger zu vergiften, falls uns jemand beim heimlichen Lugen aus dem Fenster beobachtete. Wenn wir dem Teufel nicht gehorchten, würde er uns bestrafen müssen, denn wie sonst sollte er seine Macht erhalten? Urplötzlich und ohne Vorwarnung verlor Amadu seine Selbstbeherrschung, und es sprudelte nur so aus ihm heraus, was der Teufel uns alles antun könne, wenn er wütend sei. Es war eine lange, verworrene Geschichte, aber eine wahre, wie er beteuerte; sie sei 1923 passiert: Der Teufel hatte sich unsichtbar gemacht und war durch einen Tisch gefahren, so daß der mittendurch brach und die Menschen zu beiden Seiten erblindeten.

Das Abendessen kam. Wir spürten, wie man uns stumm anflehte, schneller zu essen und nicht nachlegen zu lassen, und wie man betete, daß wir den Nachtisch dankend ablehnten. Die Boys ließen die Moskitonetze vor den Fenstern herunter und zogen die Matte sorgfältig vor die Tür, damit es keine Ritzen gab, durch die wir durchlugen könnten. Kaum waren wir mit dem Essen fertig, verzogen sich die Boys zu den anderen Männern in die Hütte. Wir warfen einen Blick nach hinten hinaus. Die Träger hatten ihr Fenster verhängt und saßen mucksmäuschenstill im Dunkeln. Keine Bewegung, kein Laut drangen aus der Hütte, nur ihre Nervosität und ihre Angst hingen unheimlich in der reglosen Luft.

Doch Teufel hin oder her, wir mußten noch einmal in den Wald, bevor wir uns schlafen legten. Falls die große Trommel ausgerechnet in diesem Augenblick zu schlagen begann – tja, dann hätte eben irgend jemand Pech. Die Natur führt ein strenges Regiment und verlangt Gehorsam, also trabten wir los.

Bewaffnet mit einer Taschenlampe machten wir uns auf den Weg. Kein Licht war im Dorf zu sehen, kein flackernder Feuerschein drang aus den Hütten, alle Türen waren verhängt. Wir kamen uns vor wie in einem Totendorf. Alles war still, kein Geschwätz war zu hören, kein Gelächter. Drückend lastete die schwüle Nacht auf uns. Plötzlich bemerkten wir leise Schritte hinter uns. Wir drehten uns um und leuchteten mit der Taschenlampe, sahen aber nichts. Einen unsichtbaren Verfolger zu haben, hat etwas Nervenaufreibendes an sich. Ich habe mich einmal sogar mitten in einer kultivierten Stadt in Deutschland in eine Panik gesteigert, als ich Schritte hinter mir hörte, die gingen, wenn ich ging, stehenblieben, wenn ich stehenblieb, und schließlich rannten, als ich rannte. Dort mochten sie ein Echo gewesen sein, hier waren sie echt. Irgend jemand schlich, im Schatten verborgen, hinter uns her. Wir waren furchtbar hilflos. Auf dem Rückweg durchquerten wir wieder das menschenleere Dorf. Man sah kaum die Hand vor Augen, und die Schritte verfolgten uns bis zu unserem Haus.

Es fiel schwer, nicht kribbelig zu werden. Irgend etwas war im Gange, das wir nicht verstanden und das wir nicht ergründen konnten. Wir konnten diesem Etwas nicht ins Auge blikken. Es lebte im Schatten, verbreitete dort Angst und Schrekken. Dadurch, daß es unseren Männern etwas antun konnte, beherrschte es auch uns, und wir mußten uns seinen Regeln beugen und gehorchen. Nervosität ist die ansteckendste Krankheit der Welt. Gegen alle Vernunft, gegen den eigenen Willen pirscht sie sich an und packt einen an der Gurgel. Die Schritte schlichen nun auch ums Haus herum, leise und langsam.

Plötzlich hob die Musik des Teufels an. Leises Getrommel zuerst, dann immer lauter. Rhythmisch. Eindringlich.

Graham und ich saßen in unserem kleinen Haus. Es kam uns unwürdig vor, solch primitiven Ordern gehorchen zu müssen, und wir waren trotz allem äußerst neugierig auf das, was da vor sich ging. Wir löschten das Licht, schlichen uns ans Fenster, hoben das Moskitonetz an einer Ecke an und spähten hinaus. Mein Herz klopfte. Obwohl sie uns empfindlichst treffen konnten, war ich rasend gespannt auf das, was draußen lossein mochte. Wir blickten zum Haus des Teufels hinüber. Nichts war zu erkennen. Im ganzen Dorf war es stockdunkel. Wir ließen das Netz wieder herunter. Ein paar Sekunden später schlichen die Schritte wieder am Fenster vorbei.

Bevor ich schließlich zu Bett ging, suchte ich das Zimmer bis in den letzten Winkel ab, ob sich nicht irgendwer in einer dunklen Ecke verbarg. Der Teufel hatte uns sicher einen Aufpasser geschickt, denn im ganzen Dorf waren wir die einzigen, die sich erdreisten mochten, nachzuforschen, was da vor sich ging. Ich fand zwar nichts, doch da es denkbar einfach war, an der Matte vor unserer Haustür vorbei herein- und wieder hinauszuschlüpfen, schlief ich mit dem Gefühl ein, daß da irgendwo jemand war, der mich beobachtete.

Als wir am nächsten Morgen den Männern sagten, daß wir in Zigiter noch einen Tag rasten würden, machte sich Unruhe breit. Sie waren kleinlauter Stimmung, und ausnahmsweise waren sie einmal bereit weiterzuziehen, während wir noch bleiben wollten.

Die scharfen Kontraste zwischen den Dörfern, die wir bisher auf unserer Reise durch Liberia kennengelernt hatten, waren frappierend. In Duogobmai hatte eine schäbige, degenerierte Atmosphäre geherrscht, in Nicoboozu war alles heiter und hübsch, und Zigiter nun war – selbst in der Morgensonne – böse. Noch wußten wir nicht, welches Dorf am charakteristischsten sein mochte, im Lauf der Zeit sollten wir aber herausfinden, daß außer in der Küstenregion die Dörfer mit dem Geist von Nicoboozu vorherrschten. Duogobmai war von seinem richtigen Platz sozusagen versehentlich ins Landesinnere von Liberia geraten. Und Zigiter war einzigartig, als Kulminationspunkt des Aberglaubens von Buzi-Land. Der Teufel hier war ein böser Teufel und hatte das ganze Dorf unter seiner Fuchtel. Statt Helfer und Lehrer zu sein, eine Art wohlmeinender Schulmeister, war er ein Tyrann, und die Eingeborenen lebten in ständiger Furcht vor ihm. Die rechte Hand des Teufels und der Medizinmann hatten mächtige Kräfte, die sie für ihre Zwecke einsetzten. Man konnte sich gut vorstellen, daß jeder, der sich ihren Anordnungen widersetzte, ganz leicht auf Nimmerwiedersehen im Busch verschwinden mochte. Die künstlerische Veranlagung der Buzi macht sie zugleich besonders abergläubisch. Dabei hatte Zigiter einen Bezirkskommissar aus Monrovia, doch auch ohne diesem Mann persönlich begegnet zu sein, stand für uns fest, daß er nicht besonders einflußreich war und hier der Teufel das Sagen hatte.

Dem Teufel wurde gerade ein neues Haus gebaut. Es war ein großes, prächtiges Haus, und das gesamte Dorf war damit beschäftigt, eimerweise Wasser vom Fluß heraufzuschaffen, um die Lehmmauern zu errichten. Ich ging mit meinem Photoapparat hin, um ein paar Bilder zu machen, aber schon war Mark zur Stelle.

»Weg da, Missis. Weg«, sagte er mit weitaufgerissenen Augen. »Hier schlechte Ort. Hier nicht kämpfen mit Schwert, hier nicht kämpfen mit Messer, hier kämpfen mit sehr schlimme Medizin. Hier alle süchtig nach schlimme Medizin.«

Er bestand darauf, daß ich mit ihm zu unserem Haus zurück ging, wo er sich mit seinem typischen schüchternen Lachen verabschiedete und dann verschwand.

Amadu flehte uns an, uns nicht über den Teufel lächerlich zu machen, da er sich unsichtbar machen könne und alles hören würde, was wir sagten. Wir fragten ihn, wieso er sich denn fürchte, er als Mohammedaner habe doch einen Gott. »Massa hat Gott und keinen Teufel«, gab er zur Antwort. »Ich habe Gott, aber auch viele Teufel.«

Den ganzen Vormittag grollte der Donner durch die Landschaft. Vor dem Haus des Teufels stand ein Mann und wedelte mit einem langen Besen aus Elefantenhaar, um das heraufziehende Gewitter vom Haus fernzuhalten. Plötzlich brach das Unwetter los. Der Himmel öffnete sich, und der Regen stürzte wie ein Klumpen fester Materie auf uns herab. Eigentlich sollte die Regenzeit noch nicht beginnen, aber vielleicht war sie diesmal früher dran. Der Mann vor dem Haus des Teufels rührte sich nicht vom Fleck. Mit bewundernswertem Optimismus stand er im Platzregen und wedelte das Unwetter weg – stundenlang. Wir beobachteten von der Veranda aus die Blitze und hörten dem Donner zu, der in den Bergen brüllte wie ein wütender Löwe. Es dauerte den ganzen Tag und bis in die Nacht hinein. Im Dunkeln flammten die Felszacken in phantastischen Blitzlichtern auf.

Die rechte Hand des Teufels kam zu uns und verlangte Petroleum. Es war die reinste Erpressung, denn durch seine ganze Haltung machte er deutlich, daß wir uns aus Rücksicht auf unsere Männer sowieso nicht widersetzen konnten und daß er das sehr wohl wußte. Laminah, der immer noch furchtbar verängstigt war, hätte ihm am liebsten alles gegeben, was wir hatten. Wie ein eingeschüchterter Schuljunge wollte er den Klassenrowdy mit Geschenken und schönen Worten besänftigen. Doch Graham mischte sich ein, gab dem Mann ein paar Tropfen Petroleum und fügte hinzu, mehr könnten wir nicht entbehren. Laminah beobachtete diese Zurschaustellung von Tapferkeit mit einer Mischung aus Angst und Respekt.

Wieder erklärte man uns, daß der Teufel des nachts durchs Dorf zu tanzen wünsche und wir das Haus nicht verlassen dürften. Doch inzwischen war das Unwetter losgebrochen, und die nervöse Spannung hatte sich gelöst. Normale Reaktionen rührten sich wieder, gemischte Gefühle und dumpfe Ahnungen verflogen. Wir waren nicht mehr so nervös. Und dennoch blieb ein letztes Quentchen Aberglaube hartnäckig haften. Eine ganze Zeitlang hatten wir uns anstecken lassen und schon fast selbst an übernatürliche Phänomene geglaubt. Wir waren so nahe dran gewesen, daß wir uns auch jetzt noch gegenseitig fragten: »Woher wollen wir wissen, daß man Blitze nicht auf Menschen schleudern kann, nur weil wir das in England nicht können?« »Wieso sollte sich der Teufel nicht unsichtbar machen können oder jedenfalls durch eine Art Gedankenlesen herausfinden können, was wir sagen und denken?« »Wer ist uberhaupt der Teufel? Ist das ein echter Mensch? Und wenn ja, wissen dann nur seine rechte Hand und der Medizinmann, wer es ist? Oder ist er nur eine Vorstellung, eine Macht, die nicht wirklich existiert, sondern den Eingeborenen von Dorfobersten vorgegaukelt wird, um sie einzuschüchtern?« Es gab so viel, was wir nicht verstanden und was uns auch die Boys nicht erklären wollten. So viele Rätsel ohne Lösung. So vieles, was wir wissen wollten, was uns aber erst viel später von dem müden, nervösen und resignierten Dr. Harley in Ganta erklärt wurde.

Da unsere Angst verflogen war, spähten wir an diesem Abend noch eine ganze Weile aus dem Fenster. Doch es blieb alles dunkel. Das Unwetter wütete immer noch, und in den aufflammenden Blitzen tauchte in der Ferne immer wieder das Haus des Teufels auf. Wir ließen es nicht aus den Augen. Die Trommeln fingen monoton an zu dröhnen; Rasseln kamen dazu, vereinzelt Rufe. Doch im Haus blieb alles ruhig. Wir sahen niemanden. Es goß in Strömen. Die kleinen weißen Hütten blieben fest verschlossen. Niemand tanzte, niemand sang. Unsere Männer hockten stumm in ihrer Hütte – einer winzigen Hütte übrigens; wie dreißig Männer sich dort hineinpferchen konnten, war mir schleierhaft. Sie mußten zum Schlafen übereinanderliegen, und wahrscheinlich traute sich keiner, sich zu rühren oder zu beschweren, obwohl allen heiß war und sie unbequem lagen. Ich ging zu Bett. Vor dem Einschlafen hörte ich noch Schritte ums Haus herumschleichen. Meine Nervosität hatte sich zwar gelegt, aber ein Gedanke sollte für den Rest der Reise unaufhörlich an mir nagen: War es richtig gewesen, aus dem Fenster zu spähen? Hatte uns jemand dabei beobachtet? Denn von diesem Tag an fühlte Graham sich nie wieder ganz wohl. Ob es die Macht des Geistes über den Körper war oder schon die ersten Anzeichen seiner Krankheit, vermag ich nicht zu sagen. Doch von unserem letzten Abend in Zigiter an war seine Gesundheit angegriffen, und für den Rest der Reise, sogar noch eine ganze Zeitlang nach unserer Rückkehr nach England, ging es ihm nicht gut.

Ich fiel in einen schweren Schlaf, und immer wenn ich aufwachte, vermischte sich das Geraschel der Ratten rings um mein Bett mit meinen Träumen von Hexen und Dämonen.

Sechstes Kapitel

Sie wartete schon auf uns, als wir Zorzor erreichten, denn wir hatten einen Boten vorausgeschickt, um uns anzukündigen. Sie sah aus wie ein dicker, bleicher Klumpen Teig – wie ein Laib Brot vor dem Backen. Wenn man mit dem Finger hineinstupste, gab die Masse vermutlich nach und die Kuhle blieb. Irgendwer hatte zwei schwarze Johannisbeeren in den Teig gedrückt, als Augen; ein Streifen vertrockneter Orangenschale ergab den Mund. Selbst durchgebacken wäre das Ganze wohl noch schwer verdaulich. Die grauen Haare standen ihr wirr um den Kopf wie eine alte Perücke, die man aus der Theaterkiste gezogen hat, um die Kinder an einem verregneten Nachmittag zu beschäftigen, und ihr zeltartiges, verwaschenes Baumwollkleid wurde ebenso züchtig wie schlampig mit einer großen Sicherheitsnadel am Hals zusammengehalten. Die plumpen Hände begleiteten alles, was sie sagte, mit nervösen, fahrigen Gesten, zupften an ihrem Rock, fuhren an den nicht vorhandenen Ausschnitt oder fuchtelten einfach ziellos herum.

Sie war die Missionarin von Zorzor. Sie lebte allein, Meilen weit vom nächsten menschlichen Wesen mit weißer Hautfarbe. Ihr Mann war irgendwann in Monrovia ertrunken, und der andere Missionar, der mit den beiden zusammengearbeitet hatte, war schon vor langer Zeit übergeschnappt und aus dem Verkehr gezogen worden. Sie blieb. Sie hatte keine andere Wahl, sie hatte ja schon so lange hier gelebt. Ihren Broterwerb aufgeben und nach Amerika zurückgehen konnte sie nicht – was hätte sie dort schon anfangen sollen? Sie hatte in Amerika keine Freunde mehr, und kein Geld. Das hier war ihre Arbeit, ihr Leben. Sie mußte bleiben.

Da stand sie vor uns, dieser bleiche Klumpen leblosen Menschentums, und hieß uns auf ihre Weise willkommen. Ihre Stimme kam wie von weit her, driftete unsicher auf uns zu und dann auf einem hohen Wimmerton wieder weg:

»Ich hätte Sie ja gern zum Abendessen eingeladen, aber ich reise in einem halben Jahr wieder nach Hause ...« Der Satz verläpperte, begleitet von unbestimmtem Armrudern.

Wir gingen zu einem großen, verstaubten Holzschuppen – unserem »Blockhaus«, wie sie sagte. Beim Gehen stieß sie tiefe, offenbar ganz unbewußte Seufzer aus, und mit ihrer Konzentration stand es auch nicht zum Besten. Als sie merkte, daß sie den Schlüssel vergessen hatte, blickte sie sich zerstreut um und streckte nach hierhin und dorthin die Hände aus, wie in der Erwartung, daß er vom Himmel fiel.

»Leben Sie hier wirklich ganz allein?« fragte mein Vetter. Sie starrte ihn an. Er war staubig und unrasiert, sah nach einem ungehobelten Gesellen aus. Ihr Blick wurde noch leerer als zuvor, und sie drehte sich wortlos weg, offenbar vage beunruhigt, er könnte etwas im Schilde führen.

Wir schleppten uns durch die Hütte. Inzwischen wimmerten wir selber. Vielleicht hatten Graham und ich schon seit Tagen gewimmert, nur war es uns erst aufgefallen, als wir ihre Stimme hörten. Es lag an der Hitze. Unsere Energie verdorrte einfach, verschrumpelte und verdorrte wie ein zartes Pflänzchen ohne Wasser.

Ein muffiger, unaufgeräumter Raum. Sie deutete unbestimmt auf einen alten Tisch, einen kaputten Stuhl, ein Fenster mit einem löcherigen Moskitodraht, und schien fast verblüfft, daß wir nicht sofort Reißaus nahmen. »Wir tun, was wir können, um das Ungeziefer abzuhalten«, wimmerte sie. Und damit schlich sie weg, zurück in ihr eigenes Haus, ein bleicher, todernster Trauerkloß.

Ich hatte jedoch etwas entdeckt, das mich innerlich aufjubeln ließ. Von einer Sekunde auf die andere stieg Besitzgier in mir auf, und ich war entschlossen, kein Wort von meiner Entdeckung preiszugeben, bevor ich nicht wußte, ob es für zwei reichte. Wenn nicht genug davon da war, würde ich alles selbst aufbrauchen und keinen Tropfen davon hergeben.

Ich konnte es kaum erwarten, in unserem Haus allein zu sein, doch vorerst ging das nicht, denn einer unserer Träger war krank. Ich hatte ein schlechtes Gewissen und machte mir Vorwürfe, weil ich am Abend zuvor aus dem Fenster gespäht hatte. Der Junge war so schwach, daß er darum bat, nach Hause gehen zu dürfen. Es war ein stiller, braver Kerl, dem es sichtlich schwerfiel, uns zu verlassen. Wir zahlten ihm betrübt seinen Lohn aus und wagten dabei nicht einmal, ihm ein Trinkgeld zu geben, denn wir hatten, um für Loyalität zu sorgen, all denen eine kleine Belohnung versprochen, die uns bis zum Schluß die Treue halten würden. Graham war ebenfalls angeschlagen.

Endlich war ich allein. Zielstrebig marschierte ich in die Ecke, wo ich sie hatte stehen sehen. Ich freute mich, als hätte ich einen verborgenen Schatz entdeckt: Es war eine große Flasche Lysol, und sie war halb voll. Ich kippte sie verschwenderisch in mein Waschwasser und wusch mich, bis ich roch wie ein ganzes Krankenhaus, mich aber so sauber fühlte wie seit Ewigkeiten nicht mehr. Die exotischsten Badesalze hätten mich nicht glücklicher machen können. Was ich nicht verbraucht hatte, gab ich mit großzügiger Geste an Graham weiter. Ich fühlte mich pudelwohl. Meine Füße waren fast verheilt und bekamen herrliche Schwielen. Die langen Märsche taten mir offenbar gut, und die Hitze, die eigentlich des Guten zu viel war, ermüdete mich inzwischen nur noch geistig, aber nicht mehr körperlich. Ich hatte mich längst daran gewöhnt, am ganzen Körper zerstochen zu werden, und kratzte mich einfach automatisch, dankbar dafür, daß die Biester immerhin mein Gesicht verschonten.

In unserem Haus lagen allerlei Traktate, Pamphlete und sentimentale Kindergeschichten herum – Geschichten, die für die Eingeborenen mitten in der Wildnis vollkommen unverständlich gewesen sein mußten, da sie sich ausschließlich um das Alltagsleben in Amerika drehten. Die meisten Hefte sahen ohnehin völlig unangetastet aus. Sie lagen in verstaubten Stapeln auf dem Boden herum; wahrscheinlich stammten sie aus der Zeit, als die drei hierhergekommen waren. Eigentlich waren es tragische Erinnerungsstücke an die guten Absichten dieser braven, wohlmeinenden Missionare. Die Geschichten waren so grauenhaft süßlich, daß mir schlecht wurde. Ich schob sie von mir. Sie waren nicht einmal zum Lachen.

Später schaute ich noch ein paarmal bei der Missionarin vorbei. Sie hatte ein schwarzes Kleinkind zu sich genommen, um das sie sich ziemlich inkompetent, aber mit rührender Fürsorge kümmerte. Allmählich begriff ich, daß unter der massigen, verwahrlosten Hülle eigentlich ein großes Herz wohnte. Doch die Hitze und die Einsamkeit machten ihr fürchterlich zu schaffen. In ihrem Garten hielt sie sich eine Kobra, die sie jeden Tag mit einem Huhn fütterte. Sie hatte es sich als unterhaltsam vorgestellt, der Kobra einmal beim Verschlingen des Huhns zuzusehen, aber bisher hatte sie nie den richtigen Moment erwischt. Was sie ansonsten den ganzen Tag machte, entzieht sich meiner Kenntnis. Wahrscheinlich hielt sie irgendwo Gottesdienste; vielleicht betrieb sie auch eine kleine Schule. Oder sie schlurfte einfach mit ihrer abwesenden Miene in der Gegend herum und fuchtelte mit den Händen.

Am Abend ging Graham zu ihr hinüber, um sich nach einer geeigneten Marschroute zu erkundigen. Er nahm ein paar Träger mit, damit sie vielleicht einmal Anweisungen bekämen, die sie auch verstanden. Man setzte sich in ihrem stickigen Wohnzimmer um ein großes Feuer. Natürlich wußte sie gar nichts, hatte schon vor langer Zeit vergessen, was sie je gewußt hatte, und konnte sich an keinen einzigen Dorfnamen erinnern. Sie ließ jedoch einen Führer kommen, und Graham beschloß, Bamakama in Französisch-Guinea anzusteuern. Der Führer meinte, er bräuchte dorthin immer zwei Tage, es müsse aber einen schnelleren Weg über Jbaiay geben, sofern die Straße passierbar sei. Er sprach mit unseren Männern, worauf sich Unruhe unter den Trägern breitmachte, weil sie befürchteten, wieder einmal »zu weit« laufen zu müssen. Mein Vetter erklärte, wir würden zuerst nach Jbaiay gehen, und falls es dann zu weit zum Weiterziehen sei, könnten wir dort ja übernachten. Sie tuschelten eine Weile, und dann willigten sie plötzlich ein – mit verdächtig guter Laune.

Am nächsten Morgen standen wir auf, sobald es hell wurde, da wir möglichst schnell aufbrechen wollten. Allerdings mußten wir dann stundenlang warten, bis die Träger unsere Sachen gepackt hatten. Sie waren bockig und lustlos und verlangten einen weiteren Ruhetag. Kabbelnd und zankend gingen sie in aller Seelenruhe zu Werke, so daß wir erst gegen neun Uhr die heruntergekommene kleine Siedlung verlassen konnten und mit ihr die einsame – die verzweifelt einsame – Missionarin.

Beim Gehen nahm dann ein dumpfes Gefühl, das seit Tagen in mir rumort hatte, deutlichere Gestalt an. Bisher hatte ich es immer wieder verdrängen können, doch nun wollte es mit aller Macht ans Licht. Die häßliche Wahrheit war: Es machte sich Langeweile breit. Die schlichte, grauenhafte Langeweile, stundenlang vor sich hin zu laufen, mit nichts als Urwald rechts und links, so undurchdringlich, daß er einem jede Sicht versperrte. Die mächtigen Bäume kannte ich inzwischen, auch die Affen, die Ameisenstraßen, die Schmetterlinge. Es war immer dasselbe. Es kam nichts Neues, mehr gab es einfach nicht zu sehen. Nicht die geringste Abwechslung, nirgends ein Blick über die Landschaft. Meistens mußte man sowieso stur auf den Weg schauen, damit man nicht stolperte oder stürzte. Und wenn man den Kopf hob, was gab es da zu sehen? Bäume, Bäume und noch einmal Bäume.

»Mal sehen, ob mir genügend Shakespeare-Zitate einfallen, um eine halbe Stunde damit zu füllen«, dachte ich und sah auf die Uhr. Elf. Na gut. »Sein oder Nichtsein ...« Und so fort, eine Stelle nach der anderen, bis mir keine mehr einfiel. Jetzt mußte doch eine halbe Stunde vorbei sein. Ich blickte wieder aufs Ziffernblatt. Immer noch elf! Außer mir vor Wut hielt ich die Uhr ans Ohr. Natürlich war sie wieder stehengeblieben, wie schon die letzten Tage. Das kam nicht unerwartet, aber trotzdem war ich unbeschreiblich wütend. Also gut, dann spielte ich eben nicht mehr mit. Ich stampfte durch den Busch. So was Blödes, jetzt mußte ich mir etwas anderes ausdenken.

Stunden später machten wir Rast. Grahams Uhr war ebenfalls stehengeblieben, und wir hatten keine Ahnung, wie spät es war, lediglich das Gefühl: später, als wir denken. Graham war seinerseits zornig. Er war überzeugt, daß die Träger uns absichtlich Umwege führten, damit wir Bamakama nicht am selben Abend noch erreichten. Ich war gereizt, Graham war gereizt, und aus unerfindlichen Gründen waren die Träger ebenfalls alle gereizt. Wir marschierten wieder los. Zu guter

Letzt kamen wir in ein hübsches, proper aussehendes Dorf. Wie es hieß, fanden wir bis zum Schluß nicht heraus, aber Graham hatte rechtgehabt mit seiner Annahme, daß unsere Männer uns absichtlich in die Irre geführt hatten, damit wir den langen Marsch nach Bamakama gar nicht erst in Angriff nehmen konnten. Wir beschlossen, in dem Dorf zu übernachten, da wir keine Ahnung hatten, wo wir uns befanden, und am nächsten Tag nach Bamakama weiterzuziehen, egal, wie weit es entfernt sein mochte.

Eins schien uns gewiß: Wir waren in Französisch-Guinea. Selbst in dieser abgeschiedenen Gegend spürte man eine andere Atmosphäre, ein bißchen mehr Kultur, als uns bisher begegnet war. Große, gutaussehende Mandingo-Händler schlenderten auf den Dorfstraßen umher. Die Mandingo sind ein wanderndes Volk, das Waren und Trödel an einem Ort kauft, um sie am nächsten wieder zu verkaufen. Sie ziehen vom tiefsten Inland bis an die Küste und wieder zurück. Billiges Geschirr und anderer Krimskrams, die von ihrem Gewerbe zeugten, lagen überall im Dorf verstreut. Die Mädchen im Dorf hatten steife, in eigenwilligen Formationen um die Köpfe geschlungene Zöpfchen; ihre Körper waren in komplizierten Streifenmustern bunt bemalt. Man umringte uns sofort voller Händlerelan und versuchte, mit uns ins Geschäft zu kommen. Ein alter Mann bot uns eine Ziege an, doch da wir unser Exemplar schon die ganze Reise hindurch mitzerrten, lehnten wir dankend ab. Unsere Ziege sollte zwar dann binnen kurzem das Zeitliche segnen, doch das wußten wir da noch nicht.

Die Träger waren unruhig und nach wie vor schlecht gelaunt. Sie hatten vor unserem morgendlichen Aufbruch etwas gegessen, was ja immer eine schlechte Voraussetzung war. Nun scharten sie sich in Grüppchen zusammen und tuschelten. Unsere Boys ließen uns kaum aus den Augen und stellten mit hunderterlei kleinen Gesten ihre Treue unter Beweis, woran man ablesen konnte, daß wir in ernsten Schwierigkeiten steckten.

Amadu klärte Graham schließlich auf, worum es ging. »Arbeiter sagen, sie wollen mehr Geld. Massa sagen nein.« Ruhig und fest stand Amadu da, eine unverrückbare Säule im Rücken meines Vetters – immer darum bemüht, daß Graham nicht betrogen wurde oder sein Gesicht verlor.

Das Problem mußte angegangen werden, also trat Graham vor, um mit den Männern zu sprechen. Amadu stellte sich respektvoll hinter ihn. Es war eine heikle Situation, denn wenn unsere Träger ihr Geld verlangten und uns verließen, müßten wir in jedem Dorf neue Träger auftreiben und diese dann täglich bezahlen. Dafür hatten wir jedoch nicht genügend Geld dabei; wir kämen nicht einmal den halben Weg bis zur Küste, wo wir den Rest deponiert hatten.

Ich saß ein Stück abseits und beobachtete die Szene. Was gesagt wurde, verstand ich zwar nicht, aber die Verhandlungen dauerten auf jeden Fall ziemlich lange. Mit ihren paar Brocken Englisch und Marks Hilfe als Dolmetscher redeten unsere Träger ungehalten auf Graham ein. Der wirkte nach außen hin ruhig, manche Gesten verrieten jedoch seine Nervosität. Der Disput nahm und nahm kein Ende. Plötzlich beschloß Graham offensichtlich, einen neuen Kurs einzuschlagen und zu bluffen. Er winkte ab. Schon gut, schien er zu sagen, geht nach Hause. Kommt nachher und holt euch euer Geld, und dann laßt euch nicht mehr blicken. Und damit drehte er sich um, als sei das letzte Wort gesprochen.

Einen Augenblick war alles still. Dann grinsten die Männer auf einmal verschämt. Das ging zu weit. Verlassen wollten sie uns doch gar nicht. Sie waren einfach ein Haufen Kinder, die betteln wollten. Ein paar von ihnen hatten vorgeschlagen, es mal zu probieren, und die anderen hatten eingewilligt. Doch dann hatte es nicht geklappt, und jetzt war das Spiel vorbei; sie lachten und scherzten, hatten den Streit im Nu vergessen und waren liebenswürdig wie eh und je. Mit dem einzigen Unterschied, daß Graham in ihrer Achtung gestiegen war. In den nächsten paar Tagen versuchten sie es noch ein paarmal mit ähnlichen Spielchen, doch dann gaben sie auf, und wir waren wieder eine große Familie.

Es war der rechte Moment für eine großherzige Geste, also sagte Graham, sie könnten die Ziege für ihr Abendessen schlachten. Was sie sofort taten, auf der Stelle, vor meinen Augen und nicht sonderlich kunstfertig. Als das warme rote Blut in den Staub sickerte, verzog ich mich in meine Hütte, obwohl mir erstaunlicherweise bei dem Anblick gar nicht flau geworden war. Für Mitgefühl war es einfach zu heiß.

Die Träger waren wieder bester Laune. Wie Kinder kümmerten sie sich weder um die Vergangenheit noch um die Zukunft. Allein der Moment zählte. Sie hatten eine Ziege zum Abendessen, das Leben sah also rosig aus. Sie tanzten und lachten, und wir sahen ihnen zu – heilfroh, daß sie sich entschieden hatten, zu bleiben.

Am nächsten Morgen brach mein Vetter mit ein paar Trägern auf, bevor man ihn wieder in irgendwelche Diskussionen verwickeln oder vor Forderungen stellen konnte. Ich folgte ihm mit den anderen, sobald ich fertig war.

Der Urwald kam mir genauso öde vor wie am Vortag, und ich hatte Mühe, meinen Verstand irgendwie zu beschäftigen. Die Männer dagegen waren fröhlich und flachsten beim Gehen ständig herum.

Ab und zu führte ein Pfad von unserem Weg ab, der aller Wahrscheinlichkeit nach zu irgendeinem versteckten Dorf tief im Busch führte. Die Träger bei meinem Vetter legten immer einen kleinen Ast quer über den Weg, den wir nicht einschlagen sollten, damit meine Träger sich später zurechtfanden. So waren sie es wohl gewohnt, und bisher hatte die Methode bemerkenswert gut funktioniert. Doch diesmal – vielleicht in der Eile, oder weil meine Männer nicht richtig aufgepaßt hatten – ging etwas schief.

Stundenlang waren wir dahinmarschiert, die Boys, die Träger und ich. Der Pfad kam mir rauher und verwilderter vor denn je. Mächtige Baumstämme lagen quer darüber, und wilde Gewächse machten das Vorwärtskommen schwierig. Wir kletterten tapfer dahin, bis wir schließlich auf eine alte Lichtung mit einem verlassenen Dorf stießen.

Es war ein schauriger Anblick. Die Häuser waren zum Großteil völlig verfallen, nur ein paar standen noch halbwegs intakt da. Warum es wohl verlassen worden war, überlegte ich? Hatte es Kämpfe gegeben, oder hatte eine schreckliche Krankheit alles menschliche Leben im Dorf ausgelöscht? Es war kein einladender Ort zum Verweilen, doch ich schlenderte ans gegenüberliegende Ende der Lichtung, um mich unter den Bäumen kurz auszuruhen und einen Schluck zu trinken.

Ich sah auf die Uhr, die diesmal ausnahmsweise funktionierte. Unsere übliche Mittagsrastzeit war schon vorbei. Sorgen bereitete mir das keine, denn höchstwahrscheinlich tat Grahams Uhr ihren Dienst nicht, und er machte bestimmt nur Halt, wenn er wirklich großen Hunger hatte. Da es ihm nicht gut ging, lag dieses frohe Ereignis aber wahrscheinlich noch in weiter Ferne.

Wir marschierten weiter. Der Pfad wurde so schmal und verwildert, daß ich nicht verstand, wie mein Vetter und seine Träger beim Passieren so wenig Spuren hatten hinterlassen können. Laminah und Mark gingen voraus und hieben mit ihren Schwertern immer wieder große Äste ab. Wir kamen nur langsam vorwärts. Die Männer mit ihren schweren Lasten auf dem Kopf mußten sich bücken, um unter den Ästen durchzukommen und gleichzeitig über modrige Baumstämme zu klettern. Schließlich hörte der Pfad ganz auf, und wir standen vor einer Mauer dichten, undurchdringlichen Dschungels. Dick und massiv stand sie vor uns.

Während die Männer auf dem schmalen, gewundenen Pfad immer dichter aufrückten, ging mir durch den Sinn: So, jetzt heißt es blitzschnell denken. Was mir natürlich keineswegs gelang. Tonnenschwer plumpste ein Gedanke nach dem anderen in mein Bewußtsein. Offensichtlich hatten wir Graham verloren, und offensichtlich würde es extrem schwer werden, ihn wiederzufinden. Ich war der Glückspilz, denn ich hatte alles Wichtige bei mir: die Mehrzahl unserer Männer, das Geld, das Essen, die Betten, die Moskitonetze, das Chinin – einfach alles. Mir konnte eigentlich nichts passieren. Aber ich mußte Graham suchen. So sehr ich mir den Kopf zerbrach, ich kam nicht auf den Namen des Dorfes, das wir ansteuerten, und die Männer hatten ihn auch vergessen. Mit B fing er an, doch das nützte herzlich wenig. Wie das Dorf hieß, durch das wir gekommen waren, wußte ich auch nicht; vermutlich fanden die Männer aber dorthin zurück. Ob Graham wohl umkehrte, wenn er merkte, daß wir uns verlaufen hatten, oder ob er weiterging und einfach wartete?

Seltsamerweise war ich nicht im Geringsten beunruhigt. Ich war seit einiger Zeit vollkommen gleichmütig, vollkommen phlegmatisch – ich entschied mich einfach dafür, keine wertvolle Energie auf irgendwelche Sorgen zu verschwenden, bevor ich nicht ganz sicher wußte, daß mein Vetter auf Nimmerwiedersehen verschwunden war. Er hatte Pech, denn er war wirklich angeschlagen, und ich wünschte mir, er hätte wenigstens das Chinin und die Moskitonetze in seinem Troß gehabt. Fortuna hatte ihre Gaben ungleich verteilt, und zwar zu meinen Gunsten.

Die Männer wurden unruhig und warfen mir herausfordernde Blicke zu. »Wir kehren um«, sagte ich entschlossen.

Es blieb uns auch gar nichts anderes übrig, angesichts der Mauer von afrikanischem Busch, die uns entgegenstarrte. Wenn mir doch bloß der Name dieses Dorfes einfiele! Jbaiay fiel mir ein, das Dorf, in das wir nicht wollten; aber dieser andere Name, ein viel einfacherer, war mir entfallen. Ich war fest entschlossen, mir vor den Männern nichts anmerken zu lassen. Falls mir der Name unterwegs immer noch nicht einfiel, konnten wir ja ins letzte Dorf zurückgehen.

»Die Missis sagt, wir kehren um«, gab Laminah an Mark weiter, und Mark rief etwas in einem Eingeborenendialekt.

Die Männer murrten, und der Anführer kam, auf Drängen der anderen, langsam auf mich zu. Angefeuert von den übrigen Trägern hielt er eine kleine Ansprache, von der ich natürlich kein Wort verstand, bis auf das wenig originelle: »Zu weit«.

Der Mann mit der Geldkassette stand neben mir und schien auf meiner Seite zu sein, was mir unendliches Selbstvertrauen verlieh. Eigentlich fand ich die ganze Situation urkomisch – solch ein lächerliches Sammelsurium von Menschlein, solch ein Geschnatter in so vielen verschiedenen Dialekten, der reinste Turm zu Babel – ich konnte den Ernst der Lage einfach nicht begreifen.

Ich lächelte den Anführer zuckersüß an. »Ich gehe jetzt«, sagte ich. »Und du hältst um Himmels Willen die Klappe.« Er verstand kein Wort, lächelte mich aber unbestimmt an und schüttelte rhythmisch seine Rassel. Die Männer, die in einer langen Reihe entlang des Pfades auf ihren Kisten saßen, murrten weiter vor sich hin.

Ich machte kehrt und marschierte mit den Boys und einigen der Männer los. Umgedreht habe ich mich nicht mehr, aber ziemlich bald hörte ich die Rassel des Anführers hinter mir, also hatten die Träger sich einen Ruck gegeben und kamen nach. Mitten im Urwald sitzenzubleiben wäre ja auch nicht sonderlich intelligent gewesen.

Während wir das verlassene Dorf wieder durchquerten, zerbrach ich mir den Kopf, um auf den Namen zu kommen, den ich vergessen hatte. Immer wieder stießen wir einen Schrei aus, für den Fall, daß sich Graham in Hörweite befand. Urplötzlich tauchte ein zerlumpter alter Mann vor uns auf. Er hatte ein Büschel Bananen in der Hand, und schon schoß mir der Name des Dorfes durch den Kopf: Bamakama! Die Rettung in letzter Sekunde, wie ich sie immer so geliebt habe. Wie im Western, in letzter Sekunde kommt jemand herangeprescht, um die Heldin zu befreien und den Schurken zu töten. Nun tauchte sie plötzlich hier auf, im tiefsten afrikanischen Busch, in Form eines zerlumpten Alten und in perfekter Filmmanier. Was der Alte hier zu suchen hatte, ist mir unerklärlich, jedenfalls erbot er sich bereitwillig, uns zu helfen. Er kenne Bamakama sehr gut und wolle uns auf einer Abkürzung hinführen.

Wieder ergriff einer jener bemerkenswerten Stimmungsumschwünge die Träger: Sie sangen, tanzten und lachten vor Freude. Alle paar Sekunden stießen wir gemeinsam unseren Schrei aus, in der vagen Hoffnung, die anderen könnten uns hören. Der Alte führte uns einen mehr als seltsamen Weg. Mit sicherem Orientierungssinn oder tatsächlicher Ortskenntnis wuselte er voraus, auf blanken Sohlen, die grüngelben Bananen in den Armen. Kleine, gewundene Pfade führte er uns entlang, über größere Pfade hinweg, auf Hängebrücken über Flüsse – wie ein Bluthund mit der Nase auf der Spur, ohne je zu zögern, ohne stehenzubleiben.

Während ich hinter ihm herlief, wurde mir mit einemmal

klar, warum ich mich über meine derzeitige Situation so wenig sorgte. Ich war froh, daß sie mich aus der Langeweile des ewigen ereignislosen Marschierens erlöst hatte. Heute war das Wandern abenteuerlich gewesen. Die Umstände lieferten mir genug Stoff zum Nachdenken. Auch das Rufen alle paar Sekunden war neu und daher ausgesprochen interessant. Übrigens schallten unsere Stimmen nicht durch den Urwald, sondern wurden verschluckt wie Scheinwerferlicht im Nebel.

Als wir an einen breiten Fluß kamen, verspürte ich zum ersten Mal Hunger. Wir riefen wieder, da wir hofften, unsere Stimmen würden übers Wasser weiter tragen als sonst, und prompt erhielten wir Antwort.

Dort gegenüber, am anderen Ufer, saß mein Vetter mit seinen Männern, und alle winkten aufgeregt herüber. Selbst Amadu zeigte ausnahmsweise seine Gefühle, so grenzenlos erleichtert war er. Natürlich hätte auch ich erleichtert sein müssen, aber meiner Meinung nach war das ein sehr zahmes Ende unseres Abenteuers. Wieder einmal hatte es das Leben geschafft, mir einen ernüchternden Ausweg zu bescheren. Der Heilige, der in meinen Augen für die Armen im Geiste zuständig ist, paßte zu gut auf uns auf. Es war geradezu lächerlich: sich in diesem unermeßlichen Urwald über den Weg zu laufen, als wäre man über eine Dorfstraße flaniert.

Nachdem wir den St. Paul per Floß überquert hatten, indem wir uns an einem Seil aus Lianen entlanghangelten, setzten wir uns ans Ufer und aßen zu Mittag. Es war wunderschön, der träge, breite Fluß mit den üppigen grünen Bäumen, deren Äste übers Wasser hingen ... Doch ich hatte keinen Sinn für die Schönheit, erst in der Rückschau kam sie mir zu Bewußtsein. Ich fühlte mich betrogen und überbehütet. Nichts Aufregendes würde je passieren, irgend etwas würde mich immer beschützen. Ich war zu sehr verhätschelt, wie das

Nesthäkchen in einer großen Familie. Wir hatten immer noch ein gutes Stück Weg zu gehen. Irgendwann ließen wir die Bäume unvermittelt hinter uns und kamen in dichtes Elefantengras. Und dann erreichten wir Bamakama.

Es gab zwar eine alte Gastehütte für Durchreisende, aber offensichtlich hatten sich seit geraumer Zeit keine Durchreisenden mehr in den Ort verirrt, denn sie war ziemlich verfallen. Allerlei suspektes Getier krabbelte und schwirrte an den Wänden entlang. Selbst unser Äffchen bedeckte sein weises Greisengesicht mit den Händen und greinte wie ein Kind. Wir setzten uns zum Tee, um unsere Lebensgeister wieder zu wekken, und schon surrte ein Schwarm Fliegen heran, um sich auf unseren Köpfen, unseren Händen und auf unserem Essen niederzulassen. Ich schlug um mich und stieß sämtliche Flüche aus, die mir in den Sinn kamen, aber sie hatten bereits ihr Quartier aufgeschlagen und wir mußten unseren Nachmittagstee drangeben. Die Träger murrten schon wieder. Diesmal palaverten sie um die Frage, wer uns das Wasser aus dem Fluß holen sollte. Außerdem paßte ihnen der Vize-Anführer nicht, weil der ein Mandingo war.

Das Ungeziefer war mir schon überall in die Kleider gekrochen, und ich beschäftigte mich mit dem Versuch, es wieder loszuwerden. Graham hatte lauter Pickel im Gesicht, fiel mir plötzlich auf. Das wunderte mich nicht. Unser Koch hatte ein dubioses weißliches Gebäck fabriziert, das wir zwischendurch essen mußten, weil die Kekse allmählich knapp wurden – wie Klößchen, nur härter. Er nannte es Brot, und wir aßen es mit Sirup.

»Hier hilft nur noch eins«, sagte Graham. »Trinken.«

Als er dann hinaus mußte, um den Streit zwischen den Männern zu schlichten, war er schon weniger pessimistisch gestimmt. Die Reibereien hatten sich in einen Stammeszwist verwandelt, in dem die verschiedenen Stämme in Grüppchen beieinander saßen, während der Mandingo abseits stand, von allen anderen geächtet.

Moralisch gestärkt trat Graham also vor die Tür. Ein paar Minuten lang hörte er sich die Klagen huldvoll an. Dann fällte er, vermutlich auf ein Stichwort des treuen Amadu, sein Urteil. Er hob die Hand, sagte: »Palaver beendet«, und trat – unter fast unmerklichem Schwanken – wieder ab. Es war ein bravouröser Auftritt. Wir waren alle sprachlos. Die Männer hatten keinerlei Beschwerden mehr.

Ich hatte nicht mitgetrunken. Mir war längst aufgefallen, daß ich vom Whisky nicht müde wurde, sondern im Gegenteil ziemlich munter, und in dieser ungezieferverpesteten Hütte wollte ich so schnell wie möglich in Morpheus' Arme sinken.

Die Gästehütte stand abseits vom Dorf, so daß wir unseren üblichen Abendvergnügungen nicht nachgehen konnten. Unsere Träger pilgerten noch hinüber, um mitzutanzen, aber wir waren müde, und ich verkroch mich früh in mein hartes Feldbett. Es stank wie die Pest in unserer Behausung; vermutlich lag irgendwo eine tote Ratte. Noch bevor ich im Bett lag, huschten die Ratten schon über die Wände, was mir inzwischen allerdings nichts mehr ausmachte. Mein Körper war übersät mit roten Pusteln, und meine Kleider starrten so vor Ungeziefer, daß ich sie gewiß nie wieder sauber bekam.

Ich schlief ein.

Siebtes Kapitel

Wir nahmen nun Kurs auf Ganta und durchquerten dabei, um nicht einen großen Umweg machen zu müssen, einen Zipfel von Französisch-Guinea. Mit traumwandlerischer Folgewidrigkeit hielten wir erst auf ein Dorf zu, dann auf das nächste, immer in der Hoffnung, wir lenkten unsere Schritte schon in die richtige Richtung. Manchmal waren wir felsenfest davon überzeugt, auf einen bestimmten Ort zuzulaufen, doch plötzlich war er verschwunden – eine bloße Fata Morgana, ein Name, der uns nie wieder zu Ohren kam. Oder der Ort lag tagelang scheinbar gleich um die Ecke – ein Irrlicht, das uns schelmisch zu sich lockte: »Los, fangt mich doch! Kommt schon, sonst laufe ich wieder davon!«

Von Beginn der Reise an hatten wir immer wieder von Ganta gehört; es war eine Missionsstation, und der Missionar, Dr. Harley, stand im Ruf, ein kluger Mensch zu sein und über die Geheimbünde und die verschiedenen Ausprägungen des Aberglaubens in Liberia Bescheid zu wissen. Nur zu finden war es eben schwierig. Fast nirgends, wo wir hinkamen, kannte man den Namen; die Dorfgemeinschaften sind nämlich in sich geschlossen: zwar besuchen die Bewohner manchmal ihr Nachbardorf, aber ihr Stammesgebiet verlassen sie nur selten. Ab und zu fiel der Name jedoch, meistens von seiten eines Mandingo-Händlers, und dann wußten wir wieder, daß wir auf der richtigen Fährte waren, auch wenn unser Ziel scheinbar nicht näher rückte. Manchmal hieß es, Ganta liege ganz in der Nähe, doch wenn wir nachfragten, lag es plötzlich wieder einen Wochenmarsch entfernt. Dieses Element der Unsicherheit verlieh unserem ganzen Abenteuer etwas wesenlos Schattenhaftes und zugleich märchenhaft Verzaubertes. Es war jedesmal solch ein Glück, wenn wir dort ankamen, wo wir hatten hinkommen wollen, daß ich kaum meinen Augen traute, wenn ein Ort tatsächlich vor mir lag. Ich begriff einfach nicht, wie wir es wieder geschafft hatten.

Der Häuptling von Bamakama wußte, in welcher Richtung Ganta lag, und hatte versprochen, uns bis Galaye zu begleiten. Am nächsten Morgen in aller Frühe, noch bevor die Träger sich eine Ausrede fürs Bleiben überlegen konnten, schnallte er sich ein Schwert um und spurtete mit meinem Vetter zusammen los.

Es war nur ein kurzer Marsch von drei Stunden, so daß wir noch vor dem Einsetzen der Mittagshitze ankamen. Das Dorf war sauber, und meine Hütte stand in der Dorfmitte, was mir ausgesprochen gefiel. Die Frauen waren aufwendig geschminkt, mit weißen Streifen quer über Gesicht und Körper. Das machte man üblicherweise aus Schönheitsgründen, doch auch der Gesundheit sollte es zuträglich sein: Ein Farbstreifen auf die Stirn konnte Kopfweh kurieren, ein Tupfer auf den Bauch linderte die Schmerzen bei der Entbindung.

Zu meiner großen Freude brachten mir die Frauen große Eimer voll dampfend heißem Wasser in die Hütte, und ich erfuhr, daß Fremden das nach der Dorfsitte zustand. Ich freute mich wie ein kleines Kind und dachte nicht im Traum daran nachzufragen, ob das Wasser wirklich gekocht hatte. Ich war wildentschlossen, zu baden, und wenn sich noch so viele Guineawürmer darin tummelten. Um nichts in der Welt hätte ich es mir jetzt, wo die Versuchung vor meiner Nase stand, wieder wegnehmen lassen. Die kleine Blechwanne war fast randvoll, ich seifte mich großzügig ein und planschte voller Wonne in dem Wasser herum. Als ich mich nachher wieder anzog, kamen ein paar Frauen herein, um das Schmutzwasser abzuholen, entschlossen sich dann aber, mir lieber beim Anziehen zuzusehen. Zum Dank für das Badewasser schenkte ich ihnen einen kleinen Taschenspiegel; allerdings ohne ihnen begreiflich machen zu können, wozu er gut ist. Ich hielt ihn einer Frau hin und zeigte erst auf sie und dann auf den Spiegel. Sie begriff zwar nichts, aber es schuf eine freundliche Verbindung zwischen uns. Wenig später stellte ich fest, daß ich meinen einzigen anderen Spiegel verloren hatte, doch da ich mein Geschenk nicht gut zurückfordern konnte, sah ich eben zu, daß ich für den Rest der Reise ohne Spiegel zurechtkam.

Kaum war der Mond aufgegangen, begannen sie zu tanzen. Und für solche Augenblicke lohnte sich die ganze Reise – die Ratten, die Krankheiten, das Ungeziefer, die Sandflöhe, die Ameisen, die sich beim Wandern durch den Busch in der Haut festzwickten, die unfaßbare Langeweile, die unendliche Erschöpfung, die uns manchmal ergriff, die Eintönigkeit im Speiseplan und die tagtäglichen Ärgernisse, die uns mit der Zeit selbstverständlich wurden. Die Schönheit der Dörfer, die Lebensart der Eingeborenen, die Musik, die Tänze, die milden, mondhellen Nächte wärmten uns jeden Tag von neuem das Herz.

Ein Mädchen schubste die anderen weg und tanzte eine Weile allein und selbstvergessen vor sich hin. Irgend jemand setzte ihr einen komischen Hut auf. Alles lachte, doch sie ließ sich nicht stören und tanzte einfach wild und ungezügelt weiter. Sie war offenbar beliebt, denn hinterher umringten sie alle und strichen ihr anerkennend über die Arme. Der Mond ging ihnen ins Blut. Selbst Amadu spürte ihn: Plötzlich gab er seine Selbstbeherrschung auf, schob die anderen mit Macht beiseite und tanzte einen animierten, inspirierten Kriegstanz aus seinem Land. Ich freute mich, daß er dafür Bewunderung errang, denn ich fühlte mich fast wie eine Mutter, die ihr Kind vorzeigt. Er hatte sich uns als treu erwiesen, und ich wünschte mir inständig, daß er vor diesen Fremden hier bestand. Der Tanz endete abrupt mit einem abschließenden Sprung; dann stellte sich Amadu zurück in die hinteren Reihen. Sein Gesicht nahm den alten Ausdruck an, sein Kopf neigte sich mit serviler Würde, und im Handumdrehen war er wieder der perfekte Diener.

Am nächsten Morgen marschierte Graham in strammem Tempo voraus, da es schon wieder donnerte und die Männer murrten. Bei unserem Aufbruch war mir auf sehr ergreifende Weise ein kleiner Junge zugetan. Er hatte die Pocken, klammerte sich aber mit aller Kraft an meinen Shorts fest, rannte neben mir her und himmelte mich mit großen Augen an. Selbst Laminah fand den Anblick offenbar rührend, und ich war wohl die einzige, die seine ästhetische Qualität nicht recht zu schätzen wußte.

Weiter mit unserem Marsch.

Wir ließen das hohe Elefantengras hinter uns und tauchten wieder in den Urwald ein. Diesmal war der Weg jedoch breit, und die Sonne brannte direkt auf uns herunter. Als wir Mittagsrast machten, hackten die Boys mit ihren Buschmessern eine kleine Lichtung in den Urwald, so daß wir wenigstens eine Weile im Schatten sitzen konnten. Den Rest des Tages waren wir der Glut schutzlos ausgesetzt.

Offenbar hatten wir uns schon wieder verlaufen. Bei unserem Aufbruch am Morgen hatte Graham jedenfalls gesagt, wir würden in einem Dorf namens Bamou übernachten. Doch

Bamou war allem Anschein nach verlegt worden, und wie das Dorf hieß, in dem wir schließlich landeten, fanden wir bis zuletzt nicht heraus. Ich kam mir vor wie das tumbe Kind, das mir einmal begegnet war. Es hatte ein großes Schild um den Hals, auf dem in Blockbuchstaben stand. »Ich möchte in die Soundso-Straße Nummer soundsoviel in London.« Jeder der Umstehenden half nach Kräften, das Kind wurde hierhin und dorthin geschickt, und ich war mir sicher, daß es irgendwann heil ankommen würde. Wir, die wir genauso hilflos waren, würden auch eines Tages heil ankommen, da war ich mir ebenso sicher.

Unser Dorf entpuppte sich allerdings als Enttäuschung, denn der Häuptling war ein ungastlicher, übellauniger Mensch. Er weigerte sich, für unsere Männer kochen zu lassen, und brachte uns in einem weitab gelegenen Gästehaus unter. Es war eine armselige, aus einem Zimmer bestehende Hütte mit einer Holzveranda rings herum. Mehr gestand man uns für uns und unsere dreißig Männer nicht zu; die Träger erhielten sogar die strikte Anweisung, am Abend auf keinen Fall ins Dorf zu kommen. Als es dunkel wurde, wickelten sich die Männer also in ihre Decken und schliefen zusammengepfercht auf der Veranda ein. Ihr leises Schnarchen kam mir vor wie ein Bollwerk gegen die Unfreundlichkeit des Dorfes.

Zunächst gab es jedoch noch einen Streit zu schlichten. Einen komplizierten Streit obendrein, denn einer der Träger hatte einem anderen eine alte Blechdose gestohlen und sie im vorherigen Dorf für einen Penny verscherbelt. Obwohl wir eine Reihe solcher alten Blechdosen dabei hatten, versteifte sich der Bestohlene auf zwei Shilling als Entschädigung. Offenbar handelte es sich um eine Frage der Ehre, die in ihren Dimensionen für uns nicht ganz nachzuvollziehen war. In der Ferne grollte der Donner, und es fiel schwer, sich zu konzentrieren. Zum Glück tauchte mitten im Palaver eine geringfügige Ablenkung auf, denn ganz in der Nähe ertönte eine heisere Fanfare, und eine kleine Prozession schlängelte sich die Straße entlang zu uns heran. Vor lauter Spannung, was da kommen mochte, war aller Streit vergessen.

Und auf einmal verwandelte sich die Szenerie in ein Musical. Das war offenbar eine Probe, schoß mir durch den Kopf, sonst würde die Prozession ja jetzt den Titelsong singen. Ein Junge schritt voran und blies die Trompete. Selbst die Trompete wollte witzig sein und stöhnte jämmerlich wie eine Kuh mit Bauchschmerzen. Dahinter kam ein hochbetagter Mann, der für meine Begriffe seine Rolle fürchterlich überzeichnete, denn er schleppte sich mit übertriebener Erschöpfung dahin und hatte ein altes Gewehr geschultert – so alt, daß es bisweilen kleine Bestandteile verlor. Und dann folgte, inmitten der Herren des Chorus, die angemessen in Lumpen daherkamen, eine Art Hängematte mit lauter kleinen Vorhängen ringsum. Obwohl ich natürlich kein Programm hatte, sagte mir mein Theatersinn, daß ein Musical-Star wie Bobby Howes drinsitzen würde. Und ich hatte recht. Die Vorhänge wurden aufgezogen, und da saß – es sah wirklich fast so aus – Bobby Howes, verkleidet als schwarzer Häuptling. Flugs sprang er auf seine unnachahmlich wendige Art heraus und kam, ein Hündchen bei Fuß, mit kleinen Trippelschritten auf unser Haus zugelaufen. Sein Kostüm fand ich eine Spur übertrieben: Sein Haar war in lauter kleinen Spirallöckchen aufgetürmt, auf deren Spitze ein kleiner Tropenhelm balancierte, und grimmig aussehende schwarze Koteletten hatte er ebenfalls angelegt. Außerdem trug er dicke schwarze Kniehosen, keine Strümpfe dazu, aber dafür weiße Halbschuhe aus Kitzleder mit Gamaschen. In der Hand hatte er eine lange Peitsche, die er heftig schwang; doch da ich mittlerweile davon überzeugt war,

Bobby Howes vor mir zu haben, machte mir die Peitsche keine Angst. Sie gehörte einfach zur Maskerade. Er hielt eine lange, ausgefeilte Rede in irgendeinem sonderbaren Dialekt; minutenlang redete er, fast ohne Atem zu holen. Ich wurde zwischendurch etwas müde und setzte mich auf meinen Stuhl. Schließlich war er fertig, und Mark übersetzte uns die ganze Rede in fünf einfache Worte: »Chief sagt, morgen ihn besuchen.« Wir nahmen die Einladung dankend an, und der kleine Mann drehte sich um, legte eine paar Schritte hin, die fast aussahen wie Steppschritte, hüpfte wieder in die Hängematte und wurde davongetragen. Da das Musical offensichtlich mit allem Pomp aufgeführt werden sollte, grollte im selben Moment der Donner, ein Blitz zuckte, und das Tropengewitter brach mit einer Gewalt über uns herein, die man an der Drury Lane billigerweise erwarten kann. Die Ouvertüre verhieß schon einmal Gutes.

Die zweite Szene spielte dann in Djiecke, dem Dorf des Häuptlings, Zeit der Handlung: neun Uhr früh am nächsten Morgen – zu unserer großen Überraschung, denn wir hatten nur drei Stunden bis dorthin gebraucht.

Bobby Howes hatte sich umgezogen und trug nun Eingeborenenkleidung, Ort der Handlung war seine Hütte. Für mein Empfinden hätte ich, während ich mit Graham eintrat, eigentlich einen Song singen müssen. Besonders gut spielte ich meinen Part also wohl nicht; andererseits, dachte ich trotzig, passiert es einem ja nicht jeden Tag, daß man ohne Vorwarnung eine Hauptrolle übernehmen soll.

Der Häuptling saß ganz hinten, umgeben von seinen Frauen und Töchtern. Die ganze Hütte war voller Menschen; behutsam bahnten Graham und ich uns einen Weg durch die halbnackten Leiber. Man rückte zusammen, und wir setzten uns.

Mit dem typischen Überraschungsmoment des Theaters zauberte der Häuptling eine Flasche französischen Weißweins aus der Kulisse.

»Also wirklich«, schoß mir durch den Kopf. »Daß die auf der Bühne immer so übertreiben müssen. Eine Flasche Vin blanc mitten in Afrika ist ja nun nicht plausibel.« Doch dann fiel mir ein, daß ich tatsächlich mitten in Afrika war und der Häuptling gar nicht von Bobby Howes gespielt wurde. »Jetzt wird es zu kompliziert«, spannen sich meine Gedanken weiter. »Am besten lasse ich der Handlung einfach ihren Lauf.«

Manche der Ehefrauen sahen gut aus, und die Töchter waren ausgesprochen hübsch. Sie lagen sich gegenseitig in den Armen oder drapierten sich über den Häuptling, der sie von Zeit zu Zeit gutmütig verscheuchte, als wären es Fliegen. Ein paar Mädchen spielten mit einer zahmen weißen Ratte, warfen sich das Tier gegenseitig zu oder ließen es über ihre nackten Körper hierhin und dorthin huschen.

Der Häuptling – oder Bobby Howes, je nachdem – schenkte den Wein in eine alte Emailtasse. Er nahm einen großzügigen Schluck, füllte die Tasse wieder auf und reichte sie an Graham weiter. Anschließend war ich dran. Der Wein war süß, schmeckte aber nicht schlecht, und die Tasse machte rasch zwischen uns dreien die Runde. Anfangs versuchte ich, eine Stelle zu finden, die von den Lippen des Häuptlings noch unberührt war, doch das gab ich bald auf. Er machte beim Trinken zum Abschluß eine Art Schlenker mit der Zunge über den ganzen Tassenrand, um auch noch den letzten verirrten Tropfen aufzufangen. Es war nicht der Moment, um pingelig zu sein, fand ich. Bald strotzte unser neuer Freund vor Vitalität, steckte alle anderen in der Hütte mit seiner Fröhlichkeit an, drängte uns Zigaretten auf und freute sich sichtlich des Lebens.

In kurzer Zeit hatten wir die Flasche geleert und befanden

uns in einem angenehm nebligen Zustand. Inzwischen konnte ich kaum mehr unterscheiden, was wirklich war und was nicht. Die Hütte war mehr denn je ein einziges Gewimmel von nackten Armen, Beinen, Brüsten und Ratten. Mit dem Häuptling konnten wir uns zwar nicht unterhalten, aber in seinen Armen lag eine reizende Tochter, die aus unerfindlichen Gründen ein paar Brocken Englisch sprach. Sie war klein und zart und zierlich und lachte unaufhörlich über alles – über ihren Vater, über Graham, über mich, so hübsch und so leichthin, wie sie alles andere unternahm.

Eine kurze Pause trat ein. Jetzt waren wir an der Reihe, uns für die Gastfreundschaft zu revanchieren. Wir hatten nur Whisky, doch da der Häuptling irgend etwas erwartete, ließen wir den bringen. Er stellte die Flasche vor sich hin und goß die Tasse voll. Diesmal gab er auch seinen Frauen davon ab, die einen Schluck tranken und die Tasse dann an die Tochter weiterreichten. Der Kleinen schmeckte der Whisky, sie schleckte ihn begierig auf und lachte noch mehr. Dann tranken wir alle, nacheinander nahm jeder einen Schluck und reichte die alte Blechtasse weiter; und lachend wischten wir uns den Schweiß von der Stirn. Der Häuptling sagte etwas zu seiner Tochter.

»Mein Vater sagt, du schöne Frau«, sagte die Tochter zu mir, und wir lachten alle.

Die Frauen lehnten sich aneinander, feixten mit dem Häuptling und gackerten über Graham. Der Häuptling gaffte mich mit glasigen Augen an. Jetzt ist es so weit, dachte ich unwillkürlich, jetzt schmettert er gleich eine Arie. Die Szene war ohne Musik kaum mehr erträglich.

»Mein Vater sagt, du schöne Frau«, wiederholte das Mädchen immer wieder, im selben Tonfall, wie eine hängengebliebene Grammophonplatte.

Es war heiß und stickig in der Hütte, es roch nach schwarzen Leibern; die Atmosphäre triefte vor Sex und Suff. Der Häuptling hatte prächtige Ringe und Armreife angelegt. Insgeheim wünschte ich mir, daß er mir den einen oder anderen schenken würde.

»Mein Vater sagt, du schöne Frau.«

»Wenn sie doch damit mal aufhören würde«, ging mir durch den Kopf. »Ohne Musik klingt das so albern.« Die Whiskyflasche war fast leer. Die Frauen kicherten und gackerten ganz außer Rand und Band, daß es nur so schwabbelte. Um die weiße Ratte kümmerte sich keiner mehr; wie besessen flitzte sie auf den Anwesenden herum. Die kleine Tochter wurde allmählich schläfrig. Für mein Empfinden lief die Szene aus dem Ruder. Der Produzent war offenbar zum Lunch gegangen und hatte uns vergessen. Auch der Häuptling wurde müde und sah überhaupt nicht mehr aus wie Bobby Howes. Sein Kopf rollte von links nach rechts, der Mund stand offen, und aus dem einen Mundwinkel sabberte ein dünnes Rinnsal. Kein Gramm Sauerstoff war in der Hütte mehr vorhanden.

Der richtige Augenblick für unseren Abschied schien gekommen. Die Staffage war auf einmal lebendig geworden und hatte sich in die Wirklichkeit verwandelt, und es war abzusehen, daß ich weder Ringe noch Armreifen geschenkt bekommen würde. Der Häuptling schien drauf und dran, mich meinem Vetter abzukaufen; allerdings blieben wir nicht mehr lange genug, um zu erfahren, wieviel ich wert war. Ich hatte genug und wollte einfach fort.

Die Gastfreundlichkeit des Häuptlings schraubte sich in ungeahnte Höhen; immer flehentlicher bat er uns zu blieben. Als wir aufstanden, weinte er fast vor Kummer. Der Tochter wurde anscheinend etwas übel, als sie ebenfalls aufstand. Sie schwankte und schloß von Zeit zu Zeit die Augen, als ginge ihr die Anstrengung, sie offenzuhalten, ein bißchen zu weit.

Dabei war sie aber so hübsch anzusehen wie zuvor, in ihrem betrunkenen Zustand ebenso reizend und adrett wie im nüchternen.

Der Häuptling versuchte seinerseits, aufzustehen. Mehrere Male hätte er es beinahe geschafft, wenn er nicht im letzten Moment wieder ausgeglitten wäre. Schließlich kamen ihm zwei starke Männer zu Hilfe, und er wankte aus der Hütte, nicht ohne uns inständig zum Bleiben aufzufordern. Wenn ich der Szene nicht so gründlich überdrüssig gewesen wäre, hätte mich vermutlich böse mein Gewissen geplagt: zwei taktlose Gäste, die zu früh gehen, den Gastgeber brüskieren und die ganze Gesellschaft sprengen.

»Mein Vater sagt, du schöne Frau«, sagte die kleine Tochter zum letzten Mal. Sie hatte sich plötzlich umgezogen, da ihr zu Ohren gekommen war, daß wir sie photographieren wollten. Glückselig stand sie da und strahlte uns an, mit einem hochaufgetürmten Kopfputz, der ihr immer wieder über das eine Auge rutschte.

Wir stahlen uns aus dem Dorf. Der Häuptling lehnte an seiner Hütte und greinte und jammerte, während seine Tochter mit geschlossenen Augen sachte vor- und zurückschwankte.

Es war Mittag, und nach unserem Alkoholgenuß in der glühenden Hitze zu wandern, war ein seltsames Gefühl. Nicht unangenehm, wenigstens verspürte ich nicht wie sonst diese bleierne Langeweile. Mein Kopf war schwer, aber der Rest meines Körpers schwebte recht angenehm dahin. Meine Füße schienen den Boden fast nicht zu berühren, wie beim Fliegen im Traum. Ich ließ mich einfach friedlich und gemächlich treiben. Noch stundenlang hätte ich so gehen können. Wieder verließen wir den dichten, trockenen Busch und kamen auf eine Ebene mit hohem Elefantengras. Die Luft flimmerte in der Hitze, und ein goldener Schein lag über der Landschaft.

Selbst das graugrüne Elefantengras schimmerte in warmen, weichen Farbtönen. Ich schwebte dahin und ließ die Gedanken einfach kommen und ziehen, wie sie wollten.

Wir machten Halt zum Lunch. In letzter Zeit hatten wir nicht nahrhaft gegessen, da wir zu wenig Konserven mitgebracht hatten und so weit wie möglich von den landwirtschaftlichen Erzeugnissen der Dörfer lebten, durch die wir kamen. Das bedeutete Reis, zähe Hühner und fünf bis sechs Eier am Tag. Die Hühner mußten sofort nach dem Schlachten zubereitet und gegessen werden, sie aßen sich also wie Gummi. Man konnte zehn Minuten oder eine Viertelstunde auf demselben Stück herumkauen, ohne daß es weicher wurde oder leichter zu schlucken. Völlig geschmacklos war das Fleisch obendrein.

Den Reis mochte ich hingegen, und unser Koch bereitete ihn schmackhaft zu; dennoch waren die Mahlzeiten nichts, auf das man sich sonderlich freute. Orangen wurden in dieser Gegend nicht angebaut, und Zitronen hatten wir schon lange nicht mehr gesehen. Frisches Obst hatten wir also eine ganze Weile nicht mehr gehabt, und es fehlte uns allmählich sehr. Graham fühlte sich unwohl. Er nahm löffelweise Bittersalz in den Tee, morgens wie abends, doch das tat offenbar keine Wirkung. Noch dazu hatte er ständig Hunger. Beim Gehen träumte er von schwerem Essen wie Rinderpasteten mit Nierchen, und er verschlang mit Heißhunger die bleiernen Teigklumpen, die der Koch als Brot bezeichnete.

Wir entwickelten beide eine erstaunliche Vorliebe für Süßes. In unseren Vorratskisten hatten wir mehrere Kanister Zuckersirup. Zu Anfang hatten wir ihn nicht angerührt, weil wir ihn zu süß fanden, inzwischen aßen wir ihn jedoch löffelweise. Wir mußten ihn rationieren, sonst hätten wir leicht pro Mahlzeit einen Kanister geleert. Die Gemüsekonserven gingen ebenfalls zur Neige, und wir fingen an zu sparen, wo es nur ging. Dosen mit Rüben lagen noch dutzendweise unangetastet in den Kisten, da wir beide eine starke Abneigung gegen Rüben hegten. Inzwischen standen sie allerdings fast täglich auf dem Speiseplan. Nein, die Mahlzeiten waren wahrhaftig kein Anlaß zur Vorfreude.

Es donnerte immer noch von fern, und mich durchzuckte plötzlich ein Schrecken. Die Regenzeit setzte dieses Jahr ungewöhnlich früh ein. Bisher hatten wir zwar nur vereinzelte Gewitter erlebt, doch die mahnten uns, daß wir nicht viel Zeit zu verlieren hatten. Das Landesinnere von Liberia am Fuß der Hügel besteht aus einer einzigen großen Ebene. Während mehrerer Monate im Jahr verwandelte sie sich in einen einzigen riesigen Sumpf; Straßen wurden unpassierbar, Hängebrücken wurden weggeschwemmt, und wir säßen womöglich in irgendeinem Dorf gefangen wie Wespen in der Marmelade.

Wir kamen an den breiten St. John River, der sich langsam und bedächtig auf die Küste zuwälzte. Wegen der zahlreichen Wasserfälle und Stromschnellen könnten die liberianischen Flüsse für die Schiffahrt nicht genutzt werden, hieß es, es wäre zu gefährlich. Niemand ist ihnen bisher bis zu ihrem Ursprung in Französisch-Guinea hinauf gefolgt; düster fließen sie durch die wilden, unerforschten Teile des Landes dahin.

»Zurück in der Heimat!« rief Mark fröhlich, und die Träger wurden munter. Aus unerfindlichen Gründen freuten sie sich über diese Nachricht. Erwartet hatten wir diese patriotischen Anwandlungen nicht, denn die Männer waren nach wie vor weit entfernt von ihren eigenen Stämmen. Vielleicht ließen sie sich von Marks Begeisterung anspornen, oder sie hatten einfach gute Laune, denn bald fingen sie an zu singen und schritten mit doppelter Geschwindigkeit voran.

Leider erstarb ihre Begeisterung alsbald wieder, als sie

erfuhren, daß sie sich in der Region Manos befanden, in der der Kannibalismus als religiöses Ritual nie ganz ausgemerzt worden war. Sie hatten Angst. Opfer des Kannibalismus waren nämlich nie Angehörige des Manos-Stammes; man bediente sich lieber Fremder auf der Durchreise.

Und dann, nachdem wir tagelang versucht hatten, Ganta ausfindig zu machen, tauchte es plötzlich vor uns auf. Langsam, erschöpft stiegen wir einen kurvigen Weg das letzte, lange Stück bergan. Es war ein großes Dorf, umgeben von Leopardenfallen, die aus eigenartigen, primitiven Holzkäfigen bestanden. Die Fallen waren mit Fleischbrocken bestückt, und sobald ein Leopard hineingeriet, würde eine Tür von oben über die Öffnung fallen und ihm den Weg nach draußen versperren.

Das Dorf zog sich über den ganzen Hügel, und zu unserer Überraschung trafen wir kleine Straßenläden an, die ersten, die uns in Liberia begegneten. Soldaten lungerten herum, Mandingo-Händler, und Mischlinge in europäischer Kleidung. Das Gehöft des Bezirkskommissars lag am Ende des Dorfes; über eine Meile weiter befanden sich die paar Bauten, aus denen die Mission bestand. Und dazwischen breitete sich, etwas unordentlich und verloren, das Dorf aus.

Wir stiegen also den Hügel hinauf und wurden von Dr. Harley in Empfang genommen.

Achtes Kapitel

Irgend etwas stimmte nicht, das spürte ich sofort. Wir hätten nicht ausgerechnet an jenem Tag kommen sollen. Woher ich das mit solcher Sicherheit wußte, war mir schleierhaft, aber ich spürte es genau. Im Grunde meines Herzens wußte ich, daß wir unrechtmäßig heiligen Boden betraten, und ich wünschte mir, wir wären weit weg – überall, nur nicht in Ganta.

Dr. Harley hieß uns einfühlsam willkommen, indem er uns mit seinen traurigen Augen ernst anblickte. Seine Frau, im weißen Kleid und mit kalkweißem Gesicht, wirkte fast zu ätherisch für diese Welt. Sie war schmal und hatte tiefe Schatten unter den Augen – ein Mensch, nicht aus Fleisch und Blut, sondern die reine Seele. Sie sagte so gut wie nichts. Nachdem sie uns im Flüsterton zum Abendessen eingeladen hatte, verfiel sie wieder in Schweigen, verflüchtigte sich einfach zum Geist der Missionsstation und gab ihr Menschsein auf. Schicksal vielleicht, oder eine Tragödie? In ihren Augen glomm jedenfalls ein edler Schimmer. Man mußte immer wieder hinsehen, ob sie noch da war, denn wie ihr zartes Stimmchen, so konnte auch sie selbst ganz leicht verhauchen. Ihre Seele würde überdauern, doch ihr Körper, das Unwirklichste an ihr, würde verschwinden. Wenn man sie nicht direkt ansah, konnte man sich nur noch mit Mühe daran erinnern, wie sie aussah.

Ich fragte mich schon allmählich, ob es sie überhaupt gab oder ob ich lediglich eine Erscheinung gehabt hatte.

Zwei kleine, bleiche Jungs schlichen Hand in Hand im Haus herum – süße kleine Wesen, aber schmächtig und antriebslos. Zu schwach zum Reden oder Spielen klammerten sie sich aneinander und beobachteten uns mit großen, ernsten Augen.

Das ganze Abendessen hindurch schwang eine unbestimmte Trauer mit. Die beiden Erwachsenen brachten im Geist einen unsichtbaren Gast mit an den Tisch. Tiefgründige, melancholische Gedanken bemächtigten sich unser. Lange verschlossene Türen öffneten sich, traurige Bilder aus der Vergangenheit tauchten wieder auf, eine jämmerliche Einsamkeit im Gefolge. Ich konnte nicht wissen, wer dieser unsichtbare Gast war. Erst später erfuhr ich, daß einst drei bleiche Jungs in der Missionsstation herumgeschlichen waren und daß einer von ihnen gestorben war. Ich konnte auch nicht wissen, daß wir ausgerechnet an dem Tag in Ganta angekommen waren, als sich sein Tod zum ersten Mal jährte, oder daß sein Grabstein vor der Haustür stand, so daß sie ihn jedesmal sahen, wenn sie das Haus verließen. Von all dem wußte ich nichts, ich spürte nur, daß ich die zarten Hände der kleinen weißen Frau am liebsten in meine Hände genommen hätte, um sie zu trösten. Und zugleich wußte ich, daß ich sie nicht trösten konnte. Ich war nur eine Fremde auf der Durchreise. Daß ihre Einsamkeit für ein paar Tage gelindert wurde, gab ihr nichts. Ich war nur eine Last für sie, eine weitere Bürde, die es zu tragen galt, zu den vielen anderen hinzu, die sie schon auf den Schultern trug.

Nach dem Essen erfüllte Dr. Harley galant seine Gastgeberpflichten, indem er seine privaten Sorgen beiseiteschob und sich mit uns unterhielt. Zwischendurch stützte er immer wieder den Kopf in die Hände, um sich zu erinnern, worüber er eigentlich sprach. Und bisweilen stand er unvermittelt auf und öffnete die Tür, um nachzusehen, ob jemand lauschte. Sie seien hinter ihm her, erklärte er. Seine Boys glaubten, er wisse zu viel. Eines Tages würden sie ihn umbringen, er sei jederzeit darauf gefaßt. Ein paar Tröpfchen Gift im Essen, ein plötzlicher Messerstich im Dunkeln ... Bald hätten sie ihn. Er wischte sich über die müden, desillusionierten Augen.

Er sprach über die ungesunden Lebensbedingungen in Liberia, worauf uns plötzlich einfiel, daß wir ein, zwei Tage lang vergessen hatten, unser Chinin zu nehmen. Die Kraft der Suggestion ist ja groß und kann Erstaunliches anrichten, denn als er mir bei seinem kleinen Vortrag einen vielsagenden Blick zuwarf – bevor mir einfiel, daß es mir abgesehen von der geistigen Erschöpfung außerordentlich gut ging, besser als je in England –, bildete ich mir plötzlich ein, ich bekäme Fieber. Meine Hände wurden feucht, der Kopf wurde heiß, und ich bekam leichten Schüttelfrost. Beinahe hätte ich gesagt, ich würde mich gern hinlegen. Mir brannten schon die Augen. Doch dann fiel mein Blick plötzlich in den Spiegel an der gegenüberliegenden Wand, und ich mußte lachen, denn ich sah aus wie das blühende Leben. Staubig, rot im Gesicht, schmuddelig vielleicht – aber ganz sicher nicht schwach oder gebrechlich.

Die ernste Stimme des Arztes drang wieder in mein Bewußtsein.

»Haben Sie schon einmal Palmwein probiert?«

»Nur gelegentlich«, antwortete mein Vetter. »Höchstens ein, zwei Mal.«

»Ganz schlecht bei Ruhr.«

Er lebe seit sieben Jahren in Ganta und wisse nur zu gut, wie einem das Klima dort zusetzen könne. Unlängst habe er einen

Mann, der von Monrovia zu Fuß heraufgewandert war, nach Hause geschickt – als Leiche.

Wir fragten, wie weit es noch bis Sinoe sei, denn das hatte sich Graham als Marschziel überlegt.

»Vier Wochen«, lautete Dr. Harleys Auskunft, worauf uns aller Mut verließ.

Ich strotzte zwar vor Gesundheit, aber Graham ging es schon seit Tagen ziemlich schlecht. Vier Wochen. Noch achtundzwanzig Tage grauenhaft langweiligen Marschierens durch den Urwald, Stunde um Stunde. Wenn es ein wenig früher im Jahr gewesen wäre, hätte ich liebend gern in einem der fröhlichen hübschen Dörfchen wochenlang Station gemacht, aber beim Gedanken an die Eile, an unseren Wettlauf gegen die Regenzeit, wurde mir bange. Und Grahams Schmerzen? Hielt er noch einmal vier Wochen frühes Aufstehen, schlechtes Essen und Gewaltmärsche durch? Der Arzt erklärte ihm, er sei zu schnell, zu weit und ohne ausreichende Ruhepausen marschiert. Das sei in diesem Klima der schiere Wahnsinn.

Graham sank sichtlich in sich zusammen. Wenn es einem ohnehin nicht gut geht, kann man Schauergeschichten über Krankheit und Tod eher schlecht vertragen.

Gedrückter Stimmung schlichen wir zu dem Gästehaus hinüber, das uns Dr. Harley zur Verfügung gestellt hatte. Es stand nur hundert Meter von seinem eigenen Haus entfernt. Als wir an dem kleinen Grab vorbeikamen, schimmerte die ganze Umgebung im Mondlicht. Was uns die Zukunft auch bringen mochte, es war alle Mühen wert, daran zweifelte ich nicht. Ganz sicher war ich lieber dort draußen, als in London einen Pullover zu stricken oder zu irgendeiner Dinnerparty zu gehen. Niemals hätte ich in Europa solche Momente der puren Schönheit und des puren Friedens erleben können. Schönheit ohne Makel.

Ein hoher Baum mit weißen, kamelienähnlichen Blüten raschelte in der leichten Brise. Das Mondlicht verfing sich in dem Weiß und ließ die Blüten schimmern wie schwache Lichter. Irgendwo in der Ferne klimperte die allgegenwärtige Harfe.

Stundenlang saß ich an diesem Abend am Fenster, während die Ratten in meinem Zimmer herumhuschten. Es gab nichts zu beobachten, keine Tänze, keine Eingeborenen, nur einen Waldrand. Doch ich gehörte nun irgendwie dazu. Es war nicht mehr nur ein Scherz, ein Spiel, bei dem ich spontan mitgespielt hatte. Es ging nun tiefer, bedeutete mir mehr. Es war eine kostbare Erfahrung, die mein Leben bereicherte.

Allmählich kamen wir von den Hügeln herunter, an den Beginn der großen Ebene, und der Unterschied machte sich bereits bemerkbar. Selbst nachts war es jetzt heiß und stickig. Ich schob die Laken weg und wälzte mich unruhig auf meinem harten Feldbett hin und her. Von nun an würde es tagsüber immer heißer und feuchter, denn Ganta war unser Wendepunkt, von hier an würden wir nach Süden gehen. Wir kämen in die Zonen, wo einem die Hitze jeden Tropfen Energie aus dem Körper saugt. Es war die ganze Zeit schon heiß gewesen, aber von nun an würde es noch viel heißer. Und feucht würde es sein, und es gäbe keine langen, kühlen Nächte mehr, in denen wir wieder Kraft schöpfen könnten. Es fing schon an, ich spürte es bereits. Meine Glieder fühlten sich an wie Blei.

Wir blieben drei Tage in Ganta. Dr. Harley arbeitete rund um die Uhr wie ein Sklave, preschte los, um im Busch Patienten zu besuchen, kümmerte sich um Eingeborene in seiner Praxis und in seinem Krankenhaus, behandelte Himbeerseuche, Lepra, Craw-Craw und Pocken und spritzte jede Woche zwischen zwei- und dreihundert Eingeborene gegen Geschlechtskrankheiten. Er hatte sein junges Leben in den

Dienst dieser Mammutaufgabe gestellt, setzte seine letzten Ersparnisse ein, strapazierte seine Nerven und seine Gesundheit über die Maßen in diesem verlorenen Winkel der Welt. Seit sieben Jahren lebte er in Ganta, und nun war er körperlich und seelisch erschöpft und brauchte dringend einen langen Urlaub. Er litt ja schon an Verfolgungswahn und rechnete jeden Augenblick mit dem Tod, weil er seinen Boys nicht mehr traute. Und wenn er von seinem Kampf gegen Krankheiten einen Augenblick abzweigen konnte, dann erforschte er die Geheimnisse der Eingeborenen. Einer erzählte ihm etwas, der nächste fügte etwas hinzu. Er hatte den Eingeborenendialekt erlernt, und seine Patienten gaben in ihren Nöten mehr Eigenartiges von sich, als ihnen bewußt war. Langsam, ganz allmählich, hatte er durch jahrelanges Zuhören die Wahrheit aus den Fehlinformationen ausgesiebt, hatte dazugelernt und gewartet, bis er mehr vom Eingeborenenleben in seinem Bezirk verstand als jeder andere Mensch auf der Welt. Doch dabei war er unendlich müde geworden. Er überanstrengte sich, bis er mitunter ein wenig verrückt wirkte. Nie gönnte er sich eine Pause. Arbeit, Arbeit, Arbeit hieß es den ganzen Tag, und abends begann es wieder von neuem. Arbeit, Arbeit, Arbeit. Und dann spionierten ihm noch seine Boys hinterher, um herauszufinden, wieviel er über die Geheimnisse der Eingeborenen tatsächlich wußte.

Eines Abends, als das Licht in der Dämmerung schon ein wenig düster wurde, führte er uns zu einem verschlossenen Zimmer. Er blickte sich um, ob uns auch keiner beobachtete, dann schlüpfte er hinein, und wir folgten ihm. Drinnen lagen, standen und hingen Masken aller erdenklichen Arten. Grausame Fratzen grinsten uns entgegen; wieder andere, häßliche und groteske, wirkten fast lebendig. Sie waren überall, und alle waren häßlich, wenn auch mit großer Könnenschaft geschnitzt. Er sammelte sie, seit er dort lebte. Der Besitz mancher Exemplare war regelrecht gefährlich für ihn, weil sie zu irgendwelchen Frauenbünden gehörten; eine, die ich sah, war nicht für die Augen von Frauen bestimmt. Sie wirkte besonders böse, nur roh geschnitzt, aber wild und boshaft im Ausdruck. Schön fand ich sie alle nicht, aber es war sicherlich eine wertvolle, einzigartige Sammlung. Wo er sie gefunden oder wie er sie erworben hatte, verriet er uns nicht; ein oder zwei seien ihm von dankbaren Patienten geschenkt worden. Als er damals nach Ganta gekommen sei, habe er keinen Hehl aus seinem Interesse an den Masken gemacht, inzwischen sei er allerdings klüger geworden. Manchmal würden die Boys hinter seinem Rücken flüstern. Da er ihre Sprache gelernt habe, verstehe er, was sie sagten. Es gebe vieles, das ein Weißer im Busch lieber nicht wissen sollte. Mrs Harley schwirrte lautlos herum wie eine blasse Motte. Sie hatte anmutige Bewegungen und wisperte uns immer ein paar Nettigkeiten zu, wenn sie uns sah. Sie half ihrem Mann in der Praxis, mischte Arzneien und betätigte sich als Krankenschwester, sie beaufsichtigte und unterrichtete ihre Kinder, und sie führte den Haushalt. Ihre größte Freude aber war ihr Garten. Sie hatte der Wüste beigebracht, zu blühen wie die Lilie, und ihre Beete waren das reinste Blütenmeer. Auch Gemüse zog sie mit großer Liebe, und jedesmal, wenn wir bei ihr zum Essen eingeladen waren, bekamen wir allerlei Exotisches zu essen, das uns vorkam wie Manna für die Götter.

Wir hätten Dr. Harley so gern viele Fragen gestellt, mußten uns aber gedulden, bis er sich für uns Zeit nahm. Manchmal hatte er zu viel Arbeit, dann wieder war er zu müde oder zu nervös. Irgendwann würde er einmal zu uns ins Gästehaus hinüberkommen, versprach er, denn dort könnten ihm seine Boys nicht nachspionieren, und dann würde er reden.

Einstweilen hatte Laminah Zahnschmerzen. Laminah war immer dafür gut, dem Leben die lächerliche Seite abzugewinnen. Seit unserer Ankunft in Ganta war er mit gezücktem Dolch herumgelaufen, immer darauf gefaßt, daß ihm hinter dem nächsten Busch eine Horde Kannibalen auflauerte. Doch nun saß er allein auf den Stufen vor unserem Haus, hielt sich die Wange, der Inbegriff eines gepeinigten Wesens, und forderte grenzenloses Mitleid von jedem, der vorbeikam. Wir übergaben ihn dem Arzt, und Minuten später drangen die grauenhaftesten Schmerzensschreie aus Dr. Harleys Praxis. Der schlimme Zahn wurde gezogen, aber man hätte sich eher vorstellen können, Laminah würde von Dr. Harley langsam zu Tode gefoltert. Nach der Operation wurde Laminah bei den anderen Männern als Held gefeiert, aber er war noch tagelang verschreckt, saß zusammengekauert in einer dunklen Ecke, seine Wollmütze auf dem Kopf, schlotterte vor Angst und sah irgendwie genauso aus wie unser Äffchen.

Eines Nachmittags fand ich ein paar alte Zeitschriften und legte mich hin, um zu lesen. Allerdings konnte ich mich auf kein Wort konzentrieren, sondern studierte statt dessen stundenlang mit allergrößtem Interesse die Nahrungsmittelreklame: kühl aussehende Spargelspitzen, Tomatensaft-Cocktails, saftige rosa Schinken, Pralinen jeder erdenklichen Art in teuer aussehenden Schachteln und, fast am schönsten, ein großes sprudelndes Glas Eno's Fruit Salts. Langsam blätterte ich die Seiten um, ergötzte mich an jedem Bild, erinnerte mich mit Wonne an frühere Mahlzeiten und malte mir heißhungrig zukünftige aus. Allerdings gestalteten sich diese Pläne recht eintönig, denn ich hatte eigentlich nur Lust auf eines: Räucherlachs. So wie der alte Mann in der *Schatzinsel*, der, mutterseelenallein auf einer Insel mitten im Ozean gestrandet, jahrelang von nichts anderem geträumt hatte als von Käse – einfach von Käse, genauso sehnte ich mich den Rest unserer Reise leidenschaftlich nach Räucherlachs. Und wie der alte Mann sah ich den Lachs praktisch vor mir, aber wenn ich die Hand ausstreckte, war er verschwunden.

Graham hatte ein Nervenzucken über dem rechten Auge. Wenn er sich besonders unwohl fühlte, zuckte der Nerv zu meinem Entsetzen unaufhörlich. Trotzdem sah ich fasziniert hin und konnte kaum wegsehen. Graham sagte ich nichts davon, denn irgendwann kannte ich mich so gut damit aus, daß ich daran ablesen konnte, wie es ihm ging, ohne ihn fragen zu müssen. Wir mußten nun bald weiterziehen. Natürlich hätten wir einfach von Ganta aus direkt nach Monrovia laufen können, aber das ließ unser Stolz nicht zu. Das war schließlich die übliche Route, die alle Reisenden oder Missionare von Monrovia aus nach Ganta nahmen. Es wäre eine Schande gewesen, sich in solche Niederungen herabzulassen. Schließlich waren wir nach Liberia gereist, um uns abseits der ausgetreten Pfade zu bewegen und durch die unbekannten Regionen zu wandern. Ein Treck nach Sinoe kam jedoch nach der Lage der Dinge nicht in Frage, deshalb schien es uns am besten, Grand Bassa anzusteuern. Jedenfalls könnten wir in dieser Richtung losgehen, und falls Graham sich dann besser fühlte, wäre es immer noch möglich, abzuzweigen. Die Route nach Grand Bassa wäre auch primitiv und interessant, aber kürzer.

Ich hatte wirklich Angst. In ein paar Tagen, dachte ich, ist Dr. Harley nicht mehr in der Nähe und ich bin allein mit dem Nervenzucken; dabei verstand ich doch gar nichts von Krankenpflege. Graham war bei dem Gedanken auch nicht wohl. Im Busch krank zu sein, bedeutet allzu häufig den Tod. Und zu seiner Verblüffung stellte Graham fest, daß er nicht sterben wollte. Er entdeckte sogar eine heftige Liebe zum Leben in sich. Löffelweise gab er Bittersalz in seinen Tee. Trotzdem blieb er grau im Gesicht, und seine brennende Vitalität war nur einer ungeheueren Willenskraft zu verdanken.

Es war ein brütend heißer Nachmittag. Obwohl ich erst eine halbe Stunde zuvor meine Bluse gewechselt hatte, fühlte sich die frische auch schon wieder feucht und klebrig an. Meine Finger waren vom Tagebuchschreiben mit der violetten Farbe meines Kopierstiftes verschmiert. Ich war unerträglich müde und überlegte gerade, ob ich mich ein wenig hinlegen sollte. Von fern drang Laminahs Gestöhne herein, ein Geräusch, das unseren Alltag inzwischen ständig untermalte.

Und dann kam Dr. Harley ins Zimmer geschlüpft. Er spähte sorgfältig aus dem Fenster, ob ihm auch niemand gefolgt war, öffnete urplötzlich die Tür, sprang wieder ans Fenster und setzte sich dann unvermittelt. Der große Moment war da. Die Geheimnisse des Urwalds sollten vor uns gelüftet werden. Mit unglaublicher Großzügigkeit breitete der Arzt sein Wissen vor uns aus, legte uns die Früchte seiner jahrelangen Forschung zu Füßen. Seine müden Augen blickten uns aus dem schmalen, intelligenten Gesicht entgegen – es war das Gesicht eines Asketen oder eines Heiligen, eines Mannes jedenfalls, der sein Leben hehren Zielen geweiht hatte.

Das Leben ist so trivial. Nur allzu oft wird ein romantischer Augenblick von einem Schluckauf verpatzt, oder einer rutscht auf einer Bananenschale aus. Ein winziger Druckfehler in der Zeitung kann eine große Errungenschaft der Lächerlichkeit preisgeben. Oder, wie leider in unserem Fall, ein höchst spannender Moment wird vor schierer Müdigkeit nicht wahrgenommen und geht ungenutzt vorbei.

In aller Aufrichtigkeit gestehe ich ein, daß ich so gut wie nichts von dem verstand, was Dr. Harley uns erklärte. Mein Denkvermögen war einfach von einem Schlafdrang beeinträchtigt, der schon körperlich schmerzte. Ich konnte zwar zuhören, aber zwei Minuten später hatte ich alles wieder vergessen. Dr. Harley erzählte uns von solch unerhörten Begebenheiten, daß sich mir minutenlang die Haare sträubten, doch dann verblaßten sie in meiner Wahrnehmung wieder und hinterließen nur noch einen Schatten, einen Umriß von sich: Es waren Geschichten von Kannibalen, denn ohne Zweifel würden hier noch kannibalische Riten durchgeführt, ohne Zweifel würden trotz halbherziger Unterbindungsversuche von seiten des Staates menschliche Herzen und die weichen Handflächen für geheime religiöse Feierlichkeiten noch gebraucht und auch verwendet.

Ich bin keine Anthropologin; ich fand nur, mit Alice im Wunderlands Vergeßlichkeit für gutes Englisch, daß die Sache immer »komischerer und komischerer« wurde.

Unzählige Male hatte ich die Dorfschmiede bei der Arbeit an ihrem Feuer beobachtet, aber nie wäre ich darauf gekommen, daß der Schmied fast immer der ortsansässige Teufel ist. Die Eingeborenen, die von ihm in der Buschschule auf die Initiation vorbereitet wurden, erfuhren zwar, daß er auch der Teufel ist, mußten aber Stillschweigen geloben. Wenn der Teufel seine Maske trug, fürchteten sie ihn also weiterhin als Teufel, aber als Schmied blieb er für sie der normale Mensch, als den sie ihn immer gekannt hatten. Ein eigenartiges psychologisches Konstrukt. Der Schmied mußte also eigentlich zwei Rollen spielen: seine menschliche und eine übernatürliche, in der er als Lehrer und Anführer im Dorf waltet. Die Frauen hatten übrigens ihre eigene Teufelin. Sie stammte ebenfalls aus den eigenen Reihen, und auch bei ihr brachten die Eingeborenen die beiden Identitäten nie in Verbindung. Sobald die jeweiligen Menschen ihre Masken aufsetzten, wurde aus ihnen ein Etwas, eine Macht, etwas, das einen weiter beobachten konnte, selbst wenn es seine menschliche Form wieder annahm und seine alltäglichen Pflichten erledigte.

Auch von den Leopardenbünden und Alligatorenbünden erzählte uns der Doktor; es waren unheimliche, undurchsichtige, grauenvolle Geschichten.

Dann ging er wieder, und ich war innerhalb von Sekunden eingeschlafen. So gehen die interessantesten Momente im Leben an einem vorüber. Ich gestehe das zu meiner großen Schande ein. Vielleicht hätte ich über dieses Thema nachlesen sollen, bevor ich mich an den Versuch gewagt habe, dieses Buch zu schreiben, damit ich auch dem wißbegierigen Leser etwas zu bieten hätte. Aber ich hatte nun einmal beschlossen, in diesem Bericht bei der Wahrheit zu bleiben. Und dies ist die bittere, beschämende Wahrheit: Ich habe mir die Erkenntnisse dieses großen Mannes nicht im Geringsten zunutze gemacht.

Es war an der Zeit, daß wir uns wieder auf den Weg machten. Ich hatte keinerlei Sinn für die Romantik der Straße. Trotz aller Dichter, die ihr Loblied singen: Für mich bedeutete sie einfach gräßliche Langeweile. Mich überkamen keinerlei Freiheitsgefühle, keine tiefen Gedanken stiegen in mir auf, die mir geholfen hätten, den Sinn des Lebens zu ergründen. Im Gegenteil. Ich war froh, wenn sich überhaupt irgendwelche Gedanken herabließen, mich ein paar Sekunden lang zu beschäftigen. Nicht einmal besondere Lebensfreude erfüllte mich, und ich hatte auch nicht das Bedürfnis, »Lustig ist das Zigeunerleben« oder ähnliches anzustimmen. Nein, der tägliche Marsch war einfach die einzige Möglichkeit, von einem Ort zum nächsten zu gelangen, und ich hätte mit Handkuß einen Wagen genommen, wenn das unter den gegenwärtigen Umständen möglich gewesen wäre.

Mit dem Dschungel ging es mir ähnlich. Ganze Bände wurden schon geschrieben über die Schönheit des Dschungels, aber ich kann nur annehmen, daß es sich dabei um einen ganz anderen Dschungel gehandelt hat als den unseren. Dieser hier war tot und verwahrlost, riesengroß, aber nicht lebendig. Er hatte etwas unendlich Monotones und Trostloses an sich. Ich hätte mich gefreut über ein paar aufregende Begebenheiten, wäre froh gewesen über ein paar potentielle Gefahren.

Wir brachen am frühen Morgen auf, und zwar in Begleitung von Dr. Harley. Er hatte schon seit Jahren immer wieder von einem heiligen Wasserfall gehört, ohne daß es ihm bisher gelungen wäre, ihn zu finden. Ein früherer Schüler aus der Schule von Ganta, der inzwischen Häuptling in einem nahegelegenen Dorf war, hatte ihm endlich versprochen, ihn hinzuführen. Ganta sah aus wie eine Kulissenstadt, als wir es im frühen Morgenlicht durchquerten; die Hütten lagen unordentlich verstreut und machten einen windigen Eindruck, als wären sie aus Pappe und würden am nächsten Tag wieder weggeräumt, um Platz fürs nächste Set zu schaffen. Es hätte mich nicht überrascht, wenn Dorothy Lamour im hautengen Tigerkostüm plötzlich auf mich zugeschlendert oder ein sehniger Tarzan mit großen Schritten vor uns auf den Urwald zugelaufen wäre, unterwegs zum nächsten Dreh. Selbst unser Trüppchen – auch wenn wir vielleicht ein bißchen zu abgerissen daherkamen – sah aus, als spielten wir gleich eine dramatische Szene: der Missionar, der blonde Held und das Mädchen.

Nachdem der Häuptling zu uns gestoßen war, bestiegen wir einen Hügel, der bei den Eingeborenen als heilig galt. Kleine Fabelwesen wohnten auf diesem Hügel, erfuhr Dr. Harley von dem Häuptling, und denen müsse man von Zeit zu Zeit Geschenke bringen, die es an bestimmten Orten zu hinterlegen gelte.

Die Wege zu dem Wasserfall waren überwuchert, denn die

Eingeborenen hatten vor etwa fünfzehn Jahren aufgehört, der Schlange, die der Sage nach dort im Wasser lebte, Menschenopfer darzubringen, worauf die Schlange den Ort verlassen und sich zum St. John River aufgemacht hatte.

Der Hügel war steil, und während des Aufstiegs machte ich mich innerlich auf ein weiteres ernüchterndes Erlebnis gefaßt. All das Geheimnisvolle, das Emporklettern durch den Busch auf einem fast unsichtbaren Pfad, all das Gerede von Fabelwesen und heiligen Hügeln war ja geschickte Effekthascherei, aber worauf lief es wohl hinaus? Vermutlich auf eine kleine Pfütze und mageres Geplätscher, das nur den allerromantischsten Wanderer begeistern konnte. Ich war vorsichtig geworden, hatte mir eine gewisse innere Distanz zugelegt, um mich gegen Enttäuschungen zu wappnen. Außerdem war ich von Natur aus viel zu phlegmatisch, als daß ich mir aufregende Landschaften und spannende Szenen hätte ausmalen können, die ich nicht wirklich vor mir sah.

Wir kamen nur langsam voran, denn inzwischen mußte jeder Zoll des Weges mit schweren Buschmessern freigehauen werden. Jegliche Anzeichen eines Pfades waren verschwunden, und der Häuptling und seine Männer verließen sich auf ihren Orientierungssinn. Den größten Teil der Strecke ging es bergauf, doch auf einmal ging es wieder steil bergab.

Mit einemmal hörte man Wasser rauschen, und bald darauf roch es auch danach. Die Männer hackten mit aller Kraft auf den Urwald ein, während wir uns bemühten, ihnen nachzuklettern.

Unten in der Talsenke stießen wir auf eine Lichtung. Vor uns lag ein tiefes Felsbecken, und von sechzig Fuß weiter oben rauschte ein prachtvoller Wasserfall herab, in dem sich das Licht in tausend Farben spiegelte, bevor er unten in schneeweißer schäumender Gischt endete. Große, mit Moos und

Farnen bewachsene Felsbrocken rahmten das Becken ein. Männer, Frauen und Kinder drängten auf die Lichtung. Offensichtlich waren sie alle mit uns gekommen, doch da der Urwald so dicht war, hatten wir nur die Menschen in unserer unmittelbaren Umgebung registriert. Staunend standen wir da. Das Wasser donnerte herunter, und das Echo dröhnte zwischen den Felsbrocken. Die Lichtung schien zu leben; selbst die Bäume ringsum waren bunter, als wir sie bisher irgendwo im Busch gesehen hatten. Es war ein prächtiger Ort für Opfer, so heilig wie ein uralter Tempel.

Ich kletterte auf den höchsten Punkt des Felsens über dem Wasserfall und beobachtete, wie das Wasser unter mir herabstürzte, mächtig und majestätisch, als wäre es sich seiner eigenen Kraft bewußt. Das Dröhnen des Wasserfalls klang wie ein Preislied an den Himmel.

Ich verspürte den fast unwiderstehlichen Drang, jemanden über den Felsrand in die tosenden Wasser unter mir zu stoßen. Nur eine winzige Bewegung, ein Zucken meines Armes, und schon wäre es um ihn geschehen.

Ich mußte an die früheren Opferzeremonien denken, und daran, warum sie wohl eingestellt worden waren. Vor fünfzehn Jahren mußte das letzte Opfer genau hier gestanden haben, wo ich jetzt stand. Die Lichtung war sicher angefüllt mit Leuten, die sangen und tanzten. Vermutlich schien der Mond. Die mythische Schlange wartete im Wasser und leckte sich die Lippen in Vorfreude auf ihre Mahlzeit. Der Priester fesselte die Hände des Opfers am Rücken. Die Menge sah zu. Gerade wollte der Priester den Mann hinunterstoßen, da sprang der Mann plötzlich von selbst, mit seinen am Rücken gefesselten Händen, und riß den Priester mit, indem er sich eisern in seinem Gewand festkrallte. Und so hatte die Schlange in dieser Nacht zwei Menschen in ihrer Grube.

Der Priester war ein wichtiger Mann gewesen, Häuptling von vier Dörfern zugleich. Er war gestorben, ohne einen Nachfolger benannt zu haben. Lange Zeit hatte es Querelen darüber gegeben, wer der nächste Häuptling sein sollte, und als man sich schließlich darauf geeinigt hatte, war ein Jahr vergangen, ohne daß man der Schlange ein weiteres Opfer gebracht hätte. Worauf die Schlange enttäuscht und voller Zorn von dannen gezogen war.

Mit schmerzenden Beinen machten wir uns auf den langen Weg zurück, bis wir wieder auf unseren Weg trafen. Wir verabschiedeten uns von Dr. Harley; ich drehte mich noch um und sah ihm nach. Von hinten sah er aus wie ein alter Mann. Umringt von den Boys, denen er nicht vertraute, ging er fort. Er drehte sich noch einmal um und winkte, dann war er verschwunden.

Und wir machten uns auf den Weg Richtung Süden.

Neuntes Kapitel

»Wenn er doch bloß seine Strümpfe hochziehen würde«, sagte ich zu mir selbst, während wir voranschritten, denn inzwischen hatte ich mir angewöhnt, Selbstgespräche zu führen, als bestünde ich aus zwei Personen. Ich fand das sehr erheiternd. Zuvor war mir nie aufgefallen, daß ich zu jedem Thema, das aufkam, unweigerlich zwei gegensätzliche Meinungen vertrat. »Also, die Strümpfe sollte er wirklich mal hochziehen. Sonst habe ich ja keine Klagen, wirklich überhaupt keine. Aber wenn sich einem die Strümpfe so kindlich um die Knöchel knäueln, sieht das einfach lächerlich aus. Ich ertrage das nicht. Kann ich ihn nicht einfach bitten, sie hochzuziehen? Das ist doch nicht zu viel verlangt. Ich könnte beim Lunch einfach sagen: ›Ach, Graham, zieh doch mal deine Strümpfe hoch‹ – oder würde er dann meinen, daß ich jetzt gereizt und pingelig werde und mich an Kleinigkeiten aufhänge? Oder ich bemerke ganz beiläufig: ›Komisch, was, wie deine Strümpfe immer wieder herunterrutschen?‹ Ob er dann daran denkt, sie hochzuziehen? Soll ich ihn fragen, wieso er sie so herunterrutschen läßt?«

Meine andere Seite hielt dagegen. Es war meine eher praktisch veranlagte Hälfte, die immer eine klare, deutlich formulierte Meinung vertrat. »Mach dich nicht lächerlich. Er kann darauf höchstens zweierlei antworten. Entweder hat er seine Sockenhalter verloren, oder er unterschätzt die Tragweite deiner Frage und sagt: ›Mein liebes Kind, das ist doch völlig egal.‹«

Tja, dachte ich. Da ist wohl nichts zu machen. Ich werde jeden Tag hinter ihm hergehen müssen. Die erste Viertelstunde werde ich zusehen, wie seine Strümpfe ganz, ganz langsam seine Waden hinunter bis zu den Knöcheln rutschen, und dann werden sie dort unten liegenbleiben, nutzlos, in kleinen runden Wülsten, wie eine alte Ziehharmonika. Es sieht einfach scheußlich aus. Ich muß mich sofort mit etwas anderem beschäftigen, sagte ich mir energisch.

Die nächste Viertelstunde war ich einigermaßen glücklich. Ich beschäftigte mich nämlich mit Räucherlachs.

Wir kletterten bergab, über unwegsame Pfade auf den besonders dichten Urwald zu, der die Ebene in Zentral-Liberia bedeckt. Graham sah wieder besser aus und marschierte voraus, allerdings nicht mehr in seinem früheren Tempo. Ich ging nur ein paar Schritte hinter ihm, deswegen fiel mir der beklagenswerte Zustand seiner Strümpfe auch erst jetzt auf.

Es ist zu dumm, daß ausgerechnet die Kleinigkeiten immer so schwer zu ertragen sind. Während ich mich nämlich bemühte, Grahams Strümpfe mit der nötigen Abgeklärtheit zu betrachten, trieben meinen Vetter Form und Schnitt meiner Shorts schier zur Verzweiflung. Ich hatte mich mittlerweile an die Shorts gewöhnt und fühlte mich schon lange nicht mehr unwohl darin, aber Graham waren sie zu diesem Zeitpunkt jeden Tag mehr ein Dorn im Auge

In England mochte Freitag nach dem Slogan einer beliebten Shampoomarke ja Haarwaschtag sein, als wir in Peyi ankamen, standen die Zeichen dagegen eindeutig auf Entlausungstag. Im ganzen Dorf saßen die Frauen grüppchenweise beisammen und zupften gegenseitig an ihren Köpfen herum. Die beliebteste Entlauserin war eine Frau mit besonders ungut aussehenden Wunden an den Händen. Sie war schnell und geschickt wie ein Äffchen dabei.

Offenbar nahm einen die Aktion ausgesprochen gefangen, denn obwohl wir uns inzwischen in einem Gebiet befanden, in dem die Eingeborenen noch nie einen Weißen zu Gesicht bekommen hatten, blickten manche Frauen nicht einmal in unsere Richtung, bis ihr Kopf fertig entlaust war.

Zunächst machte das Dorf einen deprimierenden Eindruck, denn es schien überaltert zu sein und besonders viele Krüppel zu beherbergen. Fast jeder hatte irgendeine Krankheit, und das ganze Dorf kam uns ungemein arm vor. Als die Entlausungsaktion schließlich beendet war, scharten sich die Eingeborenen um unsere Hütte, und die Frauen beobachteten mich durch die Fenster beim Baden. Ich hätte genausogut mitten am Trafalgar Square in die Wanne steigen können, aber mittlerweile störte mich das überhaupt nicht mehr.

Der Dorfhäuptling hatte wenig Autorität. Er saß alleine ein wenig abseits und knüpfte eine Matte. Als er fertig war, kamen die anderen, um sie zu begutachten. Offensichtlich fand seine Arbeit Anklang, denn man nahm sie ihm ab, und dann saß er wieder allein da und sah ziemlich verloren aus. Er tat sein Bestes, um für unsere Träger etwas zu essen aufzutreiben, aber offenbar war nirgends viel zu holen, und am Ende hatte er nur ein Eimerchen Reis zusammengekratzt. Zu unserer Verwunderung nahmen unsere Männer das nicht tragisch; sie merkten wohl, daß das Dorf einfach arm war und verziehen dem Häuptling großmütig. Das ewige Gemurre und Genörgle gehörte offenbar ohnehin der Vergangenheit an. Außerdem war Vollmond, und die Vorfreude auf den Abend machte sich schon bemerkbar. Trommeln wurden geschlagen, Rasseln geschüttelt, und wer kein anderes Instrument fand, schlug rhythmisch zwei Stöcke aufeinander. Kaum war es dunkel, begannen sie zu tanzen, und unsere Träger erfaßte genauso wie die Alten, die Lahmen und die Blinden eine Begeisterung, die nur Graham und ich nicht zu spüren vermochten. Wir standen außerhalb dieser seltsamen Einflüsse, dieser Wirkung des Mondes, der einem zu Kopf stieg wie Champagner.

Sie tanzten die ganze Nacht hindurch, und am nächsten Morgen sagte Mark zu Graham: »Wir waren gestern abend so glücklich.« Trotz ihrer leeren Mägen waren unsere Männer immer noch in Hochstimmung, als wir am nächsten Tag Sacrepie erreichten.

Sacrepie war die Stadt eines Oberhäuptlings; sie war groß, vital und lebendig. Soldaten der Grenztruppe in pastellfarbenen Uniformen und hochgewachsene Mandingo-Händler mit ihren kantigen, fast semitischen Gesichtern schlenderten durch die Straßen. Die Hütten waren über ein weitläufiges Gebiet verstreut. Sie waren in ordentlichem Zustand, und der ganze Ort machte einen florierenden, geschäftigen Eindruck. Die Mandingos hatten zum Teil ihre Waren auf der Straße ausgebreitet, und die Männer standen in kleinen Grüppchen beisammen und feilschten faul und gutmütig um Preise.

Der Oberhäuptling war zwar nicht da, aber wir wurden von seinem Sohn in Empfang genommen, der einen Pfadfinderhut aufhatte und die typische verlegene, fahrige Art eines Menschen an den Tag legte, der keine Aufgabe hat und es allen recht machen will. Er führte uns zum Gehöft seines Vaters und wies uns ein Haus zu. Dann setzte er sich, schwitzend vor Aufregung und zitternd vor Nervosität, mit uns auf die Veranda und ging uns mit seiner Aufmerksamkeit auf die Nerven. Als ihm einfiel, daß er uns Geschenke machen sollte, gab er den Befehl, sie zu holen. Es gehorchte ihm aber keiner. Alle wandten sich nur lachend ab. Damit hatte er natürlich vor uns das Gesicht verloren, wodurch er sich noch minderwertiger vorkam und noch verzweifelter bemühte, uns zu beeindrucken.

Ein öliger Mandingo mit einem roten Fes machte händereibend einen Diener vor uns und lächelte unterwürfig – ein Lächeln, das seine Augen noch nicht erreicht hatte, als es schon wieder erlosch, so plötzlich, wie man elektrisches Licht ausschaltet.

»Ich werde Ihre Stühle kaufen«, sagte er in fehlerfreiem Englisch. »Ich finde sie interessant. Ihren Tisch werde ich ebenfalls kaufen.«

»Wir sind auf dem Weg nach Monrovia«, erwiderte Graham einigermaßen überrascht. »Ich fürchte, wir werden beides noch brauchen.«

»Ich hoffe, man hat sie in unserem Land zuvorkommend behandelt. Ihre Betten gefallen mir ebenfalls.«

»Ich fürchte ...«, setzte Graham an.

»Ich heiße Steve Dunbar.«

»Richtig«, sagte Graham, als hätte er nichts anderes erwartet.

»Sie werden bald Elefanten begegnen, Scharen von Elefanten. Sie laufen dort im Urwald überall herum. Wir haben ein sehr schönes Land, finden Sie nicht? Und wir sind ein sehr gastfreundliches Volk. Wir erfüllen Ihnen jeden Wunsch.«

»Wir hätten gern etwas zu essen für unsere Männer«, antworteten wir bestimmt. »Und zwar sofort.«

»Selbstverständlich.« Er wandte sich an den Häuptlingssohn, murmelte ein paar Worte und drehte sich wieder zu uns. »Der Häuptling ist einverstanden.«

Steve Dunbar genoß unsere kleine Unterhaltung sichtlich, denn ohne jede Ermunterung unsererseits fuhr er fort: »Sie müssen in Baplai vorbeigehen. Das liegt auf Ihrem Weg. Ich habe einen Freund in Baplai. Er ist zivilisiert. Sie werden ihn mögen. Er ist zivilisiert.«

»Können Sie uns sagen, wie man nach Grand Bassa kommt?« fragten wir.

»Sie müssen zuerst nach Baplai gehen und dort meinen Freund besuchen. Und Sie werden Scharen von Elefanten sehen. Dann müssen Sie nach Toweh Ta gehen. Ich verabschiede mich jetzt, aber wir werden uns in Monrovia wiedersehen. Wir werden uns dort treffen, und ich werde Ihnen die Sachen abkaufen. Ich finde sie interessant.« Und nachdem Steve Dunbar erneut in unser Haus spaziert war, um ein letztes Mal unsere Habseligkeiten in Augenschein zu nehmen, wandte er sich um und verschwand aus unserem Leben ebenso plötzlich, wie er ein paar Minuten zuvor hineingeplatzt war.

Laminah schlotterte wieder einmal vor Angst. Wir müßten sofort eine Ziege kaufen – nein, nicht zum Schlachten, sondern um uns die Elefanten im Busch vom Leib zu halten. Elefanten, erklärte er uns so nachsichtig, wie man einem Kind eine simple, altbekannte Tatsache erklärt, Elefanten könnten Ziegen nämlich nicht ausstehen. Wenn sie eine witterten, würden sie sofort in heller Angst davonlaufen, und wir hätten unsere Ruhe. Nur eine Ziege könnte unsere Haut noch retten. Eine ganz, ganz kleine Ziege würde schon genügen, ein Zicklein – er deutete mit den Händen ein kaum amselgroßes Ziegenbaby an. Er würde versuchen, ein billiges aufzutreiben.

Wir setzten uns auf die Veranda und warteten darauf, daß das Essen für die Männer gebracht würde. Es war zwar noch nicht Abend, aber unsere Männer hatten am Vortag so wenig bekommen, daß wir ihnen so schnell wie möglich eine Mahlzeit vorsetzen wollten.

Vor unserem Haus befand sich ein großer Platz, umgeben von Hütten, die den fünfundfünfzig Frauen des Oberhäuptlings gehörten. In der Mitte stand die übliche Ansammlung von zartblätterigen Bäumen für die Reisfinken, die dem Dorf angeblich Glück brachten, obwohl sie Jahr für Jahr die Ernte ernsthaft schädigten. Der Sohn des Häuptlings saß immer noch bei uns, plusterte sich auf und war nach Kräften um den Eindruck bemüht, ein wichtiger Mann zu sein, ungeachtet der augenfälligen Gegenbeweise und unseres gänzlich mangelnden Interesses. Hin und wieder sauste er los, um neue Anweisungen hinsichtlich der Mahlzeit für unsere Träger zu erteilen. Allem Anschein nach sollte es ein üppiges Festmahl werden, was uns nur recht sein konnte, denn mittlerweile hatten sie seit achtundvierzig Stunden nichts Nennenswertes zu sich genommen.

Auf einmal kam der Koch in seinem wallenden Kaftan angerannt, der seine jungfräuliche Sauberkeit schon etwas eingebüßt hatte, in der einen Hand ein Huhn, mit der anderen wild gestikulierend. Ein verbaler Sturzbach floß ihm von den Lippen, er blickte verzweifelt. Graham war vollkommen perplex, was wenig verwunderte, da von der Tirade des Kochs kein Wort zu verstehen gewesen war.

»Nix verstehen«, sagte Graham, indem er völlig unerwartet von dem Englisch, das er üblicherweise sprach, in das Englisch umsprang, das er unseren Boys in etwa zutraute. Der Koch begann noch einmal von vorn. Offenbar hatte es etwas mit dem Huhn zu tun, das er außer sich vor Zorn schüttelte. Worum es genau ging, erfuhren wir allerdings nie, denn Graham sagte etwas verwundert und vorsichtig: »Du hast recht«, worauf sich der Koch mit einem strahlenden Lächeln blitzschnell wieder in die Kochhütte verfügte. Zusammenhanglose Szenen liefen hier ab, ich fühlte mich wie in der Vorschau auf den Film von nächster Woche.

Stimmengemurmel hob an, dazu Getrommel, und über die hohe Mauer des Gehöfts kamen auf fünf Meter hohen Stelzen zwei Teufel geklettert. Sie trugen hohe schwarze Hüte und schwarze Masken, der Rest ihres Körpers steckte in weiß-rosa gestreiften Schlafanzügen. Die Hosenbeine reichten über die Stelzen bis zum Boden, so daß es aussah, als hätten sie lange, dünne Streichholzbeine.

Schwankend kamen sie auf uns zu, mal mit kleinen Tripplern und wedelnden Armen, dann wieder mit großen, raumgreifenden Schritten. Sie tänzelten vor uns herum, spielten die Dummen wie Clowns im Zirkus oder tanzten so elegant und feinsinnig, als hätte Mr Cochran persönlich sie für seine nächste Revue in London trainiert. Ihre Bewegungen konnten alles oder nichts bedeuten, je nach Geschmack und Phantasie des Zuschauers, und sie legten eine Routiniertheit an den Tag, die ich an diesem Ort nicht erwartet hätte. Sie hatten ein untrügliches Gefühl fürs richtige Timing bei ihren Tricks. Zum Beispiel standen sie eine ganze Zeit still, bis wir wirklich alle hinsahen, dann ließen sie sich nach hinten sinken, so daß wir den Atem anhielten, ob sie nicht gleich unsanft landeten. Plötzlich machten sie jedoch einen Schritt zurück, fanden die Balance wieder und schlenderten lässig fort, um sich ein Weilchen auf eines der Hausdächer zu setzen und auszuruhen, wobei sie sich gelangweilt mit einer Hand Luft zufächelten. Schließlich war die Vorstellung zu Ende, sie stiegen wieder über die hohe Mauer und staksten die staubige Straße hinunter nach Hause.

Es fing an zu donnern. Mir gefiel das gar nicht, denn zu oft schon waren die dramatischen Augenblicke dieser Reise von Donner untermalt gewesen. Womöglich braute sich in unserer kleinen Welt also wieder etwas zusammen.

Der Häuptlingssohn hatte eine seiner Frauen geholt, damit sie uns ihre Aufwartung machte. Wir fragten sofort, ob das Essen für unsere Männer nun fertig sei, denn es wurde allmählich dunkel, und die Träger scharten sich erwartungsvoll um uns. Es käme bald, bedeutete uns der Mann. Da es ein großes Festessen sei, dauere die Zubereitung eben etwas länger.

Inzwischen aßen Graham und ich zu Abend. Der Himmel war bewölkt und die Luft feucht und schwül. Der Mond würde heute nicht zu sehen sein.

Wir bestanden darauf, mit eigenen Augen zu sehen, wie das Essen für die Männer gekocht wurde, und der Häuptling wollte uns die Bitte scheinbar gern erfüllen. Er machte mit uns einen Rundgang durchs Dorf. Inzwischen war es dunkel, und in allen Hütten sah man die kleinen Feuer brennen. Der Häuptlingssohn wimmerte leise vor sich hin und versuchte sich bei uns einzuschmeicheln, indem er den Betrübten spielte, daß er uns mit seiner mangelnden Tüchtigkeit verärgert habe. Er zog einen Flunsch wie ein verwöhntes Kind. Dann ging er mit uns in eine Hütte, in der eine Dorfbewohnerin damit beschäftigt war, Berge von Essen zu kochen. Wir konnten uns zwar nicht mit ihr verständigen, aber unser Anführer, den wir mitgebracht hatten, schien zufrieden zu sein, obwohl auch er sich nicht verständlich machen konnte.

Schließlich gingen wir zu Bett. Sehr spät kam Amadu noch zu Graham ins Zimmer und erklärte, die Männer hätten nichts zu Essen bekommen, hätten sich jetzt aber schlafen gelegt.

Ich träumte, daß nicht ich jemand in den heiligen Wasserfall gestoßen hätte, sondern ich selbst über die Felskante geschubst worden wäre. Schreiend und in die Bettlaken gekrallt wachte ich auf, aber der Traum ging weiter. Das Getöse des Wasserfalls dröhnte mir in den Ohren, und die Gischt spritzte rings um mich her. Lange konnte ich nicht sortieren, wo der Traum aufhörte und die Realität begann. Prustend wischte ich mir das Wasser aus dem Gesicht. Allmählich dämmerte mir, daß das Gewitter sich entladen hatte und der Regen mit aller Kraft durchs Dach und auf mein Bett prasselte. Ich war bis auf die Haut durchnäßt. Ich stand auf, zog einen trockenen Schlafanzug an, darüber meinen Regenmantel und saß für den Rest der Nacht bibbernd auf meinen Campingstuhl. Draußen zuckten malerisch in gelben und grünen Streifen die Blitze vorbei.

Als die Träger am nächsten Morgen zu uns kamen, sahen sie aus wie ein Rudel getaufter Mäuse, nur hungrig und elend obendrein. Wir trösteten sie, so gut wir konnten. Für Notfälle hatten wir einen kleinen Vorrat an Reis dabei, den kochten sich die Männer nun selbst, und wir gaben ihnen Geld, damit sie sich eine Ziege kaufen konnten, was sie dermaßen beflügelte, daß sie fast wieder fröhlich wurden. Offenbar machten sie uns keine Vorwürfe. Schließlich hatte uns dieser vermaledeite Sohn des Häuptlings im Stich gelassen, weshalb Graham mit seiner fast unheimlichen Gabe, sich in die Psychologie der Träger einzufühlen, ihnen demonstrieren wollte, was er vom diesem Menschen hielt. Er zitierte ihn her, und der Mann stellte sich mit dem Armesünderblick eines Schwächlings, der weiß, daß er etwas falsch gemacht hat, aber nichts zu seiner Verteidigung vorbringen kann, vor ihn hin. Graham blieb sitzen, umringt von den Trägern. Langsam, mit beißendem Spott und deutlichen Worten, die außer mir keiner verstand, las Graham dem Häuptlingssohn die Leviten. Die Wirkung auf unsere Männer war grandios. Sie waren hingerissen. Eine Zirkusvorstellung hätte ihnen nicht mehr bieten können. Ich habe das kleine Schauspiel selber rundum genossen.

Allerdings war es bereits halb zehn vorbei, als wir endlich aufbrechen konnten, und die Wege hatten sich in knietiefen Schlamm verwandelt, noch dazu besonders dicken und zähflüssigen Schlamm. An manchen Stellen sanken die Träger fast bis zur Hüfte ein, und wir mußten uns von ihnen entweder auf dem Rücken tragen lassen oder, wo es ging, in der Hängematte. Inzwischen fiel mir ihr eigentümlicher Geruch gar nicht mehr auf; ich sah nur zu, daß ich nicht an den mit Himbeerseuche oder den mit den Syphilisgeschwüren geriet.

Allmählich bekam ich einen Eindruck davon, wie das Land in der Regenzeit aussehen würde. Hier standen die Dörfer nicht mehr triumphierend auf einem Hügelkamm, sondern mitten in der Ebene im Urwald, so daß man unvermittelt darauf stieß. Sicher wurden die Wege schnell unpassierbar und die Flüsse würden über die Ufer treten, bis sich die ganze Ebene in einen riesigen, unappetitlichen Sumpf verwandelte.

Da wir so spät losgegangen waren, brannte von Anfang an die Sonne herunter. Die Wege trockneten, so daß ringsum uns leichter Dunst aufstieg. Er verbreitete eine weiche, gespenstische und ein wenig mysteriöse Stimmung, zugegebenermaßen aber auch einen üblen Geruch. Wir bewegten uns nun abseits der ausgetretenen Pfade, weit ab von den Wegen der Missionare und der Gold- und Diamantenschürfer. Bisher hatten wir ab und zu kleine Gruben im Busch gefunden, die aussahen wie verlassene offene Gräber – traurige Beweise, daß die holländischen Goldsucher dort durchgekommen waren und nichts gefunden hatten. Nun waren wir allein, ohne daß wir selbst irgendwelche Spuren hinterlassen würden, von der einen oder anderen alten Blechdose einmal abgesehen.

Kinder kreischten bei unserem Anblick, als ob der böse Mann aus ihren Träumen zum Leben erwacht wäre. Selbst die Frauen, auf die wir abseits ihrer Dörfer im Busch trafen, schrien entsetzt auf und huschten davon. In den Dörfern sah es natürlich anders aus, denn dort waren so viele von ihnen auf einem Fleck, daß sie sich gegenseitig Mut machen konnten. Dort kreischten und jubelten die Eingeborenen vor Begeisterung, schnitten große Palmwedel ab und liefen damit neben uns her. Manchmal tanzten sie sogar, und unsere Träger tanzten mit, wobei sie mit ihren schweren Lasten auf dem Kopf ziemlich komplizierte Schritte zustandebrachten. Als ich einmal mittanzte, jauchzten sie begeistert – bis auf Amadu, der mich mit ernsten Blicken stumm für mein würdeloses Benehmens schalt. Oft liefen die Eingeborenen bis etwa eine halbe Meile außerhalb des Dorfes mit, um dann urplötzlich stehenzubleiben, als wären sie an eine unsichtbare Landesgrenze gestoßen, und dann stellten sie sich in einer Reihe auf und winkten uns mit ihren Palmwedeln nach. Einmal ließen mich die Männer aus dem Dorf in die Hängematte steigen, und dann hoben mich vier starke Männer hoch und rannten jauchzend mit mir im Kreis herum, bis Amadu und Laminah ihre Schwerter zückten und mit so grimmigen Mienen auf die Männer zustürmten, daß diese die Hängematte fallen ließen und Reißaus nahmen. »Primitives Volk«, knurrten die Boys voller Zorn und Verachtung.

Wir sollten am selben Nachmittag noch Baplai erreichen, den Heimatort von Steve Dunbars Freund Mr Nelson, dem zivilisierten Menschen. Ich war neugierig, denn noch wußte ich nicht, daß in Liberia jeder, der länger als zwei Monate die Schule besucht hat und seinen Namen schreiben kann, sich von Rechts wegen »zivilisiert« nennen darf. Es ist eine Ehre, die man alljährlich mit einem kleinen Obolus an den Staat vergilt.

Die Dörfer wurden immer ärmer, die Hütten wirkten elend und heruntergekommen. Die Eingeborenen sahen bei all ihrer Fröhlichkeit aus, als würden sie bald verhungern. Die Männer im Busch hatten Pfeil und Bogen dabei. Der Urwald war hier dichter als bisher auf unserer Strecke, und unsere Träger deuteten im weichen Untergrund in der Nähe der Flüsse ab und zu auf Leopardenspuren. Meinem Vetter lief einmal ein Pavian über den Weg.

Bei unserer Ankunft in Baplai wurden wir exklusiv von Mr Nelson empfangen, denn die anderen Dorfbewohner hatten gedacht, wir kämen von staatlicher Seite, und hatten Reißaus genommen. Mr Nelson war ein Mischling in einer speckigen weißen Hose und einem schmuddeligen Pyjamaoberteil, an dem die Knöpfe fehlten. Außerdem trug er einen großen brauen Filzhut, dessen eine Seite hochgesteckt war.

Ich kann nicht behaupten, daß Mr Nelson eine solche Zuneigung in mir auslöste, wie Steve Dunbar es uns prophezeit hatte. Seine Augen waren kränklich gelb, und seine Lebensgeister schienen schon vor langer Zeit erloschen zu sein. Irgendwie war er nichts, nichts als eine leere Hülse, und doch hatte er etwas an sich – eine Eigenschaft, die sich der Beschreibung entzieht, um es mit diesen netten, verschwommenen Worten zu sagen. Er hatte verfaulte Zähne, an denen er ständig lautstark mit der Zunge zog. Und offenbar hatte sein bester Freund es versäumt, ihm zu hinterbringen, an welcher Krankheit er litt. Er bewegte sich langsam und vorsichtig, als erwartete er selbst, daß die Hülse jeden Moment aufplatzte.

Erstaunlicherweise hatte auch Mr Nelson meinen Vetter – ungeachtet seiner weißen Hautfarbe und dem blonden Haar – bei unserer Ankunft für einen Staatsbeamten gehalten und sich sofort erkundigt, welche »Privilegien« er hätte. Graham stand seine Verwunderung wohl ins Gesicht geschrieben, denn Mr Nelson fragte noch einmal, wieviel Reis ihm denn zustehe und wie viele Arbeiter er benötige. Graham erwiderte, er habe keine »Privilegien«, er wolle lediglich etwas zu essen für seine Träger kaufen. Das war nun offensichtlich ein Ansinnen, das Mr Nelson verwirrte und dem er kaum gewachsen war, denn die Eingeborenen waren es eher gewöhnt, wie er sagte, zum Verschenken gezwungen zu werden als etwas zu verkaufen. In diesem armen, halb verhungerten Dorf war noch nie ein Reisender durchgekommen, der kein Staatsdiener gewesen wäre, und Staatsbeamte hatten offenbar das Recht, sich nach Herzenslust zu bedienen, so daß die Dorfbewohner hinterher noch elender dran waren als zuvor. Was ihnen an Besitz übriggeblieben sein mochte, konfiszierte Mr Nelson, der als Steuereintreiber das Recht hatte, einen bestimmten Anteil an allem, was er den Eingeborenen abknöpfen konnte, zu behalten. Und da ihm das zum Leben nicht reichte, besserte er sein Einkommen mit allem auf, was sich sonst noch auftreiben ließ.

Mr Nelson holte seine Frau, eine verlotterte Negerin, deren Bekleidung aus einem schmalen Streifen Stoff um die Hüften bestand und die mit offenem Mund und leerem Blick vor sich hingaffte wie eine Idiotin. Außerdem brachte er ein vergammeltes Blatt Papier mit, auf dem in großer, kindlicher Schreibschrift sein Name stand. Dies sollte uns zum Beweis dienen, daß er tatsächlich ein zivilisierter Mensch war. Die Anstrengung des Gehens überstieg eigentlich seine Kräfte. Malaria und diverse unschöne Leiden hatten ihm schon vor langer Zeit alle überschüssige Energie geraubt. Überwältigt von der Anstrengung sank er neben uns nieder, und nachdem seine Frau uns ausgiebig begafft hatte, entfernte sie sich wieder, so langsam und unentschlossen wie eine Kuh auf der Weide.

Nachdem Graham unserem Besucher ein paar Minuten zum Ausruhen gegönnt hatte, versuchte er, ihn zu ermuntern, ein wenig über die bevorstehenden Präsidentschaftswahlen zu sprechen. Es war ein zähes Unterfangen. Alle zwei bis drei Wörter die Nase hochziehend oder an den Zähnen saugend legte uns Mr Nelson seine geschätzte Meinung auseinander. Mr Barclay würde sicher wiedergewählt; Mr King, der vor Mr Barclay Präsident gewesen sei und sich wieder um das Amt bewerbe, habe keinerlei Chancen. Zu viele Menschen würden sonst ihre Arbeit verlieren. Selbst er müßte ja seinen Posten räumen, falls Mr Barclay abgelöst werde, denn Mr King würde sicherlich einen seiner eigenen Männer in diese Position bringen. Also, er sei sehr dagegen, daß Mr King wieder das Ruder in die Hand nahm.

Mein Vetter fragte ihn nach Mr Faulkner, der seit 1928 bei jeder Wahl erfolglos kandidiert hatte, der die Völkerbund-Ermittlungen zur Sklaverei angestrengt hatte und Unsummen seines eigenen Geldes für Reformen ausgab.

»Also, den Mr Faulkner, den mögen wir nicht«, erklärte Mr Nelson. »Der hat solche Ideen.«

»Was denn für Ideen?« erkundigte sich mein Vetter interessiert.

Mr Nelson atmete ein paar Sekunden lang heftiger, und ein kleines Licht erglomm in seinen Augen.

»Das weiß keiner. Aber wir mögen sie nicht.«

Das Licht erlosch, und bis auf weiteres kam Mr Nelsons Lebenskraft zum Erliegen. Wieder war er nichts als eine leere Hülse. Ein paar Minuten lang schwieg er, dann stand er unter Aufbietung sämtlicher Kräfte auf und schleppte sich mit seinem geschwächten Körper in seine Hütte.

Das Dorf war wirklich arm und unsere Hütte trostlos. Sie wimmelte vor Ungeziefer. Auf den ersten Blick glaubte ich, die Wand des Zimmers, in dem ich schlafen sollte, würde sich bewegen. Mit dem Gedanken, ich hätte vielleicht Fieber oder meine Augen spielten mir einen Streich, nahm ich sie näher unter die Lupe. Doch dann stellte sich heraus, daß schon alles in Ordnung war, es lag nur an den schwirrenden und krabbelnden Insekten.

Da die Eingeborenen mittlerweile verstanden hatten, daß wir keine Staatsbeamten waren und sie nicht etwa ausnehmen wollten, sondern für alles bezahlen, was sie uns gaben, kamen sie allmählich herbei, setzen sich um unsere Hütte und sahen uns interessiert beim Tagebuchschreiben zu. Wir waren es schon so gewöhnt, unter Beobachtung zu stehen, daß es uns kaum mehr auffiel. Sie freundeten sich mit unseren Trägern an, und schon bald spazierte unser Anführer Hand in Hand mit dem Häuptling durchs Dorf. Später bekamen sie dann noch ein gutes Abendessen und Palmwein dazu, und dann hörten wir sie die ganze Nacht tanzen und lachen, denn wieder einmal hatte sie das Mondfieber gepackt.

Zehntes Kapitel

Der gute Victor Prosser! Von allen Menschen, denen ich in Liberia begegnet bin, ist er mir am meisten ans Herz gewachsen.

Er hatte sich zu uns gesellt, nachdem Mr Nelson gegangen war: ein kleiner, ernster, schwarzer Schulmeister, der Graham milde anlächelte, da er innerhalb kürzester Zeit herausgefunden hatte, daß Graham, gleich ihm, katholisch war. Was er mit eben jenem milden Lächeln quittierte sowie mit einem leisen: »Das ist gut. Das ist sehr gut«.

Wir sagten Mr Prosser, daß wir ihn photographieren wollten, worauf er wortlos und wieselflink davon flitzte. Offenbar wollte er sich umziehen, denn alsbald tauchte er wieder auf, und zwar in einer kurzen Hose aus zartlila Kunsttaft. Kaum hatte ich ihn photographiert, streckte er schon die Hand nach dem Photo aus und wirkte leicht gekränkt ob der Tatsache, daß er noch darauf warten mußte.

Als Amadu uns den Tee brachte, huschte Victor Prosser wieder davon. Diesmal kam mit einem alten Schulheft zurück, auf dem in krakeliger Kinderschrift stand: AUFSAZ UND GEOGRAFIE. VICTOR PROSSER. RECHTMÄSIGER EIGENTÜMER.

»Sicherlich möchten Sie das zu Ihrem Tee lesen«, sagte er, ganz ernsthaft und kindlich zugleich.

»Vielen Dank, das möchten wir sehr gern«, erwiderte ich.

»Wissen Sie«, – sein schwarzes Gesicht leuchtete vor Eifer –, »wissen Sie, ich lese das jeden Tag. Und ich bemühe mich, so zu leben, wie man leben soll. *Sie* werden das vermutlich nicht verstehen«, beschied er mich, indem er mir kurzerhand einen nicht näher bezeichneten, weiteren Horizont absprach. »Aber *Sie* natürlich schon«, sagte er zu Graham. »Und das ist gut. Das ist sehr gut.« Einen Augenblick blieb er noch an unserem Tisch stehen. »Hoffentlich gefällt Ihnen, was ich geschrieben habe«, sagte er, und dann ging er, mit einemmal ganz schüchtern und befangen, wieder weg.

Er hatte einen unbedarften kleinen Negerjungen mit einem Gewehr bei sich, der ihn auf Schritt und Tritt begleitete, gewissermaßen ein Schatten seines früheren Selbst, ein ständiger Fingerzeig, wie weit er selbst es gebracht hatte: von nichts bis in die schwindelnden Höhen einer zartlila Tafthose.

Wir schlugen das Heft auf. Lediglich eine Seite war vollgeschrieben, und zwar mit einem Auszug aus dem Katechismus. Kaum hatten wir ihn halbwegs überflogen, stand Victor Prosser schon wieder neben uns.

»Gefällt es Ihnen? Ich habe alles selbst geschrieben.«

»Es ist gut«, sagten wir freundlich und verfielen sogleich in seine Gewohnheit, alles Gesagte leise zu wiederholen. »Es ist gut ... sehr gut.« Wir fragten ihn nach seiner Schule und erfuhren, daß sie nur ein paar Stunden von Baplai entfernt lag, in einer Stadt namens Toweh Ta. Da wir ohnedies vorhatten, am folgenden Morgen diese Richtung einzuschlagen, wollte er uns begleiten und uns die Schule zeigen. »Ich habe bei den katholischen Patres in Monrovia gelernt«, erklärte er stolz. »Sie meinten, ich bin gut im Zusammenzählen und ganz gut im Malnehmen.« Nach einer kleinen Pause fügte er hinzu: »Fürs Bruchrechnen hatte ich leider keine Zeit mehr.«

Er sah ein wenig niedergeschlagen aus, also wechselten wir rasch das Thema.

»Wie viele Schüler haben Sie denn?«

»Vierzig«, erwiderte er, sein Selbstbewußtsein zur Gänze wiederhergestellt. »Einer von ihnen führt Aufsicht, wenn ich nicht da bin.«

»Das ist sicher keine leichte Arbeit«, sagten wir mitfühlend. »Da haben Sie es gewiß schwer … sehr schwer.«

Er lächelte. »Oh nein. Die Arbeit ist leicht … ganz leicht.« Er richtete einen verträumten Blick auf Graham. »Sie wollen vielleicht den Katechismus jetzt auch hören«, murmelte er.

Das Schulmeisterlein zählte zu den hartnäckig sanften Menschen, die gleich den wahrhaft Selbstlosen letztendlich ihren Willen durchsetzen. Sie fechten mit biegsamen, geschmeidigen Waffen, die auch nach noch so langem Kampf nicht zu Bruch gehen, und sind, so schwach sie auch erscheinen mögen, in Wahrheit zäh und unbesiegbar.

Ohne eine Antwort abzuwarten, schickte Victor Prosser den Jungen mit dem Gewehr los, um einen noch kleineren Jungen zu holen, ein Kleinkind von vielleicht drei oder vier Jahren in einem Hemdchen, das ihm nicht ganz bis über den runden Bauch reichte.

»Das ist einer meiner Schüler«, verkündete Victor Prosser. »Er wird Ihnen vorlesen.«

Der Knirps hielt ein Buch vor sich hin – ob richtig oder falsch herum, war allerdings nicht auszumachen. In schwindelerregendem Tempo ratterte er etwas herunter, das unseretwegen auch Chinesisch hätte sein können, denn wir verstanden kein Wort. Victor Prossers Augen jedoch leuchteten vor Stolz. Ganz offensichtlich war das sein bester Schüler. Ab und zu unterbrach er, um zu fragen: »Was ist die Definition von …?« Worauf das Kind atemlos weiterratterte, ohne daß auch nur ein Funken Verständnis in seinem Gesicht oder seiner Stimme geglommen hätte.

»*Sie* möchten ihn nun wahrscheinlich rechnen hören«, sagte er, als sei ich ein Wesen niederer Ordnung, dem der eben gehörte Katechismus zu hoch war – was ja durchaus der Wahrheit entsprach.

»Also los«, sagte er zu dem Kind. »Zwei und zwei. Mach schnell, mach schnell!«

Das Kind sah ihn verständnislos an.

»Hopp hopp! Zwei und zwei! Das macht doch vier, oder?«

»Ja«, antwortete das Kind.

»Na also!« sagte der Schulmeister mit dem zufriedenen Gesichtsausdruck dessen, der Großes geleistet hat.

Dann zauberte er urplötzlich ein lebendiges Huhn hervor, hielt es uns hin und zog leise murmelnd von dannen.

Als wir am nächsten Morgen aufstanden, wartete Mr Prosser bereits auf uns. Da er aussah, als schlage er ein eher gemütliches Marschtempo an, ging ich mit ihm voraus und überließ es meinem Vetter, die Sachen zu packen und uns anschließend einzuholen. Der Urwald war dicht und undurchdringlich, und bald schlängelten Victor Prosser und ich uns durch ein wahres Labyrinth von Pfaden. Er hatte seine beiden kleinen Schüler dabei, ich Laminah und ein paar Träger. Im Wald herrschte frühmorgendliche Stille, und es war noch kühl. Durch die riesenhaften Bäume und Pflanzen rings um uns fühlten wir uns wie abgeschnitten vom Rest der Welt – ein mächtiger Wall schottete uns ab und schweißte uns zusammen, zu einer Gemeinschaft, einer wackeren Schar, abseits vom Rest der Welt in der Stille des Morgens.

Victor Prosser war in Plauderstimmung und ungeachtet der Uhrzeit entschlossen, die Gunst der Stunde zu nutzen, um weitere nützliche Kenntnisse zu erwerben. Er hatte eine eigentümliche Methode, mir Fragen zu stellen: Da sein Stolz ihm verbot, mir zu zeigen, daß er die Antwort selbst nicht genau wußte, tat er so, als stellte er mein Wissen auf den Prüfstand. Wenn ich dann antwortete, flüsterte er kopfschüttelnd: »Das ist gut. Das ist sehr gut.«

»London liegt natürlich am Tiber«, bemerkte er beiläufig. »Und an der Themse.«

Da ich annahm, das sei wieder einmal eine seiner kühnen Behauptungen, die er sich weder durch sachliche noch durch logische oder vernünftige Argumente ausreden ließ, erwiderte ich nichts. Wenn sich ein Gedanke erst einmal im Kuddelmuddel seiner Hirnwindungen festgesetzt hatte, bekamen nichts und niemand ihn wieder heraus. Dann schüttelte Mr Prosser nur sein Köpfchen und lächelte ob einer tieferen inneren Weisheit in sich hinein.

Als meine Antwort ausblieb, wurde die Frage wiederholt, und zwar etwas ungeduldig, so daß ich eilends erwiderte: »London liegt an der Themse, aber Rom liegt am Tiber.«

»Sehr gut. Und Queen Elizabeth? War die katholisch oder evangelisch?«

»Evangelisch.«

»Maria Stuart?«

»Katholisch.«

»Wie ich.«

»Genau, Mr Prosser, wie Sie.«

Er strahlte, doch die Prüfung wurde unerbittlich fortgesetzt.

»Schweden und die Schweiz sind natürlich ein und dasselbe Land. Es sind nur zwei verschiedene Namen.«

»Nein«, erwiderte ich bestimmt. »Schweden und die Schweiz sind zwei unterschiedliche Länder.«

»Gut. Sehr gut.«

Wir fuhren noch eine Weile so fort, dann wurde der Pfad breiter, worauf Mr Prosser zu mir aufschloß und zu pfeifen begann.

»Ist das *God Save the King*, was Sie da pfeifen?«, fragte ich, denn einige Noten schienen mir eine Spur daneben zu liegen, was das Erkennen der Melodie erschwerte. Dabei zwitscherte ich selbst wie ein Vögelchen, denn offen gestanden wurde mir das Fragenbeantworten allmählich ein bißchen zu viel. Der Urwald eignete sich nicht so recht als Prüfungssaal.

»Wir singen jetzt zusammen *God Save the King* ...«

Ich hatte etwas Scheu. »Mr Prosser, meine Stimme ist leider nicht, ich meine, ehrlich gesagt glaube ich nicht, daß sie Ihnen gefallen wird. Ich habe sie nie ausgebildet, wissen Sie. Ganz ehrlich gesagt ist es keine Stimme, die irgendwer hätte ausbilden wollen.«

Mr Prosser blieb ungerührt. Ich hätte genausogut ein dreijähriges Negerkind sein können. »Wir fangen jetzt an.«

Irgendwie – mangels Organisation und Koordination – begannen wir nicht auf demselben Ton, lächelten uns jedoch entschuldigend zu und fingen noch einmal von vorn an.

Ein Affe in einem Baumwipfel schwang sich außer Sichtweite. Er hatte mein Mitgefühl. Victor Prossers Stimme mangelte es an dem schmelzenden Charme, den ich erwartet hatte. Sie klang erstaunlich laut und blechern und ausgesprochen unmelodisch.

»Kennen Sie *Onward Christian Soldiers*? Gut. Das singen wir jetzt. Kinder, ihr singt mit!«

Die beiden Kleinen vor uns rissen die Münder auf und plärrten los. Wir plärrten ebenfalls. Der ganze Urwald hallte wider von unserem Geplärr. Außer dem einen kleinen Negerkind konnte keiner von uns die Melodie halten. Es war ein sagenhaft scheußlicher Lärm, den wir da veranstalteten.

»Das ist schön«, seufzte Mr Prosser. »Das ist wirklich schön. Wir singen es noch einmal.«

Beinahe hätte er es ein drittes Mal durchgesungen, doch dann besann er sich, daß er seine Zeit gewinnbringender nutzen konnte, und bat mich, von London zu erzählen. In ausgesucht schlichten, wiewohl glühenden Worten beschrieb ich ihm die vielen Menschen, die Busse, die Geschäfte. Ein mißtrauischer Ausdruck trat in den Blick des Schulmeisters. Offenbar glaubte er mir nicht ganz. Ich holte noch weiter aus und beschrieb so genau wie möglich die Untergrundbahn. Da er, was mir momentan entfallen war, noch nie eine gewöhnliche Bahn gesehen hatte, verstand er nicht nur nicht, was ich sagte, sondern hielt es noch dazu für ausgemachten Humbug.

»Ganz erstaunlich«, sagte er höflich, wenn auch etwas spitz. »Aber nun singen wir lieber die liberianische Nationalhymne. Singt mit, Kinder!«

Natürlich hatte er recht. Was ich ihm da beschrieben hatte, war eine unglaubwürdige, verrückte Welt. Ich mußte lachen, daß ich so dumm gewesen war, mir Liberia als gefährlich auszumalen. Hier war alles ruhig und sicher. Frieden weit und breit, wohin ich auch sah. Das London dagegen, das ich ihm beschrieben hatte, das London der Menschenmengen, der hastig vorbeirauschenden Kraftfahrzeuge, des Lärms und der Untergrundbahn, das konnte einem Angst einjagen. Es hörte sich alles furchterregend an und machte wenig Lust auf eine Rückkehr, bis mir dann doch Elizabeth Arden einfiel, meine Wohnung und der Savoy Grill.

Die Strophen der liberianischen Nationalhymne konnte ich zwar nicht, aber den Refrain sang ich inbrünstig mit:

»In joy and gladness with our hearts united
We'll shout the freedom of a land benighted.

Long live Liberia, happy land,
A home of glorious liberty by God's command.«

Hinter mir ertönte eine neue, ebenso falsche Stimme. Ich drehte mich um und sah Graham, mit einem breiten verzückten Grinsen im Gesicht. Und so schweiften wir singend durch den afrikanischen Dschungel. Je näher wir Toweh Ta kamen, desto aufgeregter wurde Victor Prosser. Wir hörten auf zu singen, damit er uns von seiner Schule erzählen konnte. Es sei schwierig, die Jungen zu halten, sagte er, sie rissen oft aus und liefen nach Hause, aber einen oder zwei ausgezeichnete Schüler hätte er. Um diese Zeit säßen sie alle emsig bei der Arbeit, verkündete er, nachdem er eine große Uhr aus der Tasche gezogen hatte. Halb zehn. Er würde uns mitnehmen und einen Schüler bitten, Graham den Katechismus aufzusagen. In den schillerndsten Farben malte er aus, wie viel Fleiß wir alsbald zu sehen bekämen. Sein junger Assistent sei mit der Aufsicht betraut. Gewiß beugten sich alle emsig über ihre Hefte.

Zitternd vor Aufregung nahm er uns ins Schulgelände mit und führte uns zum Klassenzimmer. Mit der Brille auf der Nase zum Direktor mutiert, öffnete er schwungvoll die Tür und ließ uns den Vortritt. Woraufhin wir entgeisterte Blicke wechselten. Kein Unterricht war in Gang, kein einziger Junge in Sicht. Uns dreien war flau und lächerlich zumute, als wären wir am falschen Tag zu einer Gesellschaft erschienen.

Der junge Assistent kam angeschlendert, und Victor Prosser verlangte mit Zornesstimme zu wissen, aus welchem Grund kein Unterricht stattfinde. Der junge Mann erwiderte in höchster Aufregung, auf seiner Uhr sei es erst acht Uhr fünfundvierzig. Wir konsultierten unsere Uhren, die alle drei völlig unterschiedliche Zeiten anzeigten. Wir stellten sie, warum auch immer, auf neun, und der Assistent läutete die

Schulglocke. Doch der Zauber war verflogen, und dem armen Victor Prosser war der Wind aus den Segeln genommen. Wir lobten das Gebäude, die Sauberkeit und was uns sonst noch einfiel. Als Abschiedsgeschenk für unseren Freund zogen wir schließlich ein altes *Geographical Magazine* heraus, das wir in Ganta versehentlich mitgenommen hatten, und überreichten es ihm. Sein trauriges Gesicht leuchtete auf, er blätterte es durch und betrachtete die Bilder. Doch uns entging nicht, worum es ihm eigentlich zu tun war.

»Möchten Sie uns nicht ein wenig vorlesen?« fragten wir.

Strahlend las Victor Prosser ein paar Sätze laut vor, unter Auslassung der schwierigen Wörter, als seien sie einfach nicht vorhanden. Der Sinn blieb schleierhaft, doch es wärmte uns das Herz, ihn wieder glücklich zu sehen.

»Das ist gut«, sagten wir. »Das ist sehr gut.«

»Ja«, sagte Victor Prosser. »Das ist sehr gut.«

Und damit drehte er sich um und ging stolz ins Klassenzimmer.

Die Etappe, nachdem wir Victor Prosser verabschiedet hatten, gestaltete sich entsetzlich langweilig, und mir fiel so gar nichts ein, woran ich hätte denken können. Ich probierte es mit Spielen, die ich mir ausdachte, stoppte beispielsweise die Anzahl der Minuten, die es dauerte, um tausend Schritte zu gehen, oder zählte die Affen. Um Graham machte ich mir ein bißchen Sorgen, denn er hatte am Morgen wieder grau ausgesehen, und der Nerv in seinem Gesicht hatte gezuckt. Ich traute mich allerdings nicht, etwas zu sagen oder gar Mitgefühl zu äußern, und er beklagte sich nicht. Ich glaube, uns beiden war ein wenig mulmig vor dem, was die Einbildungskraft auszurichten vermag, daher fanden wir es besser, nicht darüber zu reden, sondern abzuwarten, was sein starker Wille und seine Entschlossenheit ausrichten würden.

Es war sehr heiß. Meine festen Schuhe waren so weit durchgelaufen, daß sich die spitzen Steine durch die dünnen Sohlen in meine Füße bohrten. In meine Bluse hatten Ratten und Küchenschaben große Löcher gebissen. Laminah, der direkt hinter mir ging, vermochte ausnahmsweise nichts zur Besserung der allgemeinen Stimmung beizutragen, da er sich stöhnend die Backe hielt. Ich versprach ihm »tüchtig Medizin« am Abend. Unser Koch war schon recht alt, und das Laufen fiel ihm zusehends schwer. Er beklagte sich nie, doch wir mußten häufig warten, bis er uns wieder eingeholt hatte. In der einen Hand hatte er immer ein offenes Messer, in der anderen ein lebendes Huhn. Sein langes Gewand war mittlerweile so zerrissen, daß er oft über die herunterhängenden Fetzen stolperte. Seinetwegen kamen wir, obwohl das Gelände nicht hügelig war, nur langsam voran. Die Stunden dehnten sich schier endlos, und ich sehnte mich nach einem Ausblick über das Land. Endlich, schon fast am Ende unserer Kraft, erreichten wir Greh. Der junge Sohn des Häuptlings sprach Englisch.

»Ich bin Samuel Johnson«, verkündete er.

Ich kam mir vor, als wären wir in einer Irrenanstalt gelandet; am liebsten hätte ich geantwortet: »Und ich bin Queen Elizabeth.«

Das Dorf war überaus primitiv, und Graham und ich krochen in mehrere Hütten, um eine zu finden, in der wir schlafen konnten. Sie waren schmutzig und so niedrig, daß man nicht aufrecht darin stehen konnte. Schließlich verkündete mein Vetter, er gedenke in der offenen Palaverhütte in der Mitte des Dorfes zu schlafen, und wies die Boys an, dort unsere Betten aufzustellen. Amadu war entsetzt, sein festgefügtes Weltbild war bis in die Grundfesten erschüttert. Das Haus hatte keine Wände, so daß wir den Blicken des ganzen Dorfes ausgesetzt wären. Wir bestanden jedoch darauf, und Amadu fügte sich mit Leichenbittermiene.

Der Sohn des Häuptlings war an der Küste zur Schule gegangen und hatte von dort manch Sonderliches in dieses höchst rückständige Dorf mitgebracht. Ein nackter Junge lief mit einem offenen Regenschirm durch die Gegend, und in unserem Schlafgemach fanden sich diverse eigenartige Abbildungen »zivilisierten Lebens«. Zwei Homosexuelle liefen nackt und engumschlungen durchs Dorf. Standen stundenlang da und starrten Graham an, was er äußerst anstrengend fand. Es war das einzige Mal, daß uns dergleichen bei den Eingeborenen begegnet ist, und wir vermuteten, daß es wie auch die anderen seltsamen Phänomene von der Küste hierher gefunden hatte. Der ganze Ort stellte eine unangenehme Mischung aus äußerster Primitivität und den schlimmsten Auswüchsen einer zwielichtigen Zivilisation dar.

Mit der Zeit machte sich bei uns allen tiefe Erschöpfung breit, was nicht nur an den langen Fußmärschen durch den Dschungel lag, sondern auch am Schlafmangel. Morgens standen wir grundsätzlich um fünf auf, doch da sich all unsere Anstrengungen nicht zuletzt für die schönen Abende in den Dörfern lohnten, gingen wir nie so früh ins Bett, wie wir es hätten tun sollen. Das Essen wurde mit der Zeit auch gräßlich eintönig: zähes Hühnchen, heiß, zum Abendessen, zähes Hühnchen, kalt, zu Mittag – einen um den anderen Tag. Unser Koch konnte zum Glück auf die mannigfaltigste Weise Eierspeisen zubereiten, aber trotzdem bleibt ein Ei eben ein Ei. Mitunter zauberte er auch etwas aus den wilden Bananen, die wir hin und wieder ergatterten. Roh konnte man sie nicht essen, aber gegart brachte man sie mit Müh und Not hinunter, wenngleich sie so gut wie unverdaulich waren. Immerhin boten sie eine gewisse Abwechslung.

Wir hatten die restlichen paar Kekse penibel unter uns aufgeteilt. Ich aß meine schnell auf, da ich noch nie ein Meister in der Kunst des Sparens für die Not war, Graham dagegen konnte sich besser beherrschen und streckte seinen Vorrat noch über ein paar Tage. Wir waren kurz davor, unsere letzte Dose kostbaren Sirups zu leeren und damit – abgesehen von ein paar Körnchen Zucker – unsere Bestände an Süßem gänzlich aufzubrauchen. Auch die letzte Dose Butter hatten wir schon geöffnet; sie war bereits ranzig. Der Whisky wurde knapp, Obst gab es keines mehr, und die Zigaretten gingen uns ebenfalls aus, was in diesem insektenschwirrenden Land ein ziemlicher Alptraum war.

Die rasch leerer werdenden Lebensmittelkisten waren ein deprimierender Anblick, doch in der Rückschau kommt es mir eigentlich schlimmer vor als damals. Damals langweilte es uns eher, vermutlich, weil wir sowieso nichts daran ändern konnten, also machten wir uns auch keine ernsthaften Gedanken. Wir waren froh, daß wir Dr. Harley in Ganta noch eine große Packung Bittersalz abgekauft hatten, denn unsere Männer rissen sich inzwischen darum, und wir verbrauchten jeden Tag ungeheure Mengen. Die Träger hatten irgendwo eine Kuh fürs Abendessen aufgetrieben, und der Vizeanführer hatte sich beim Zerlegen des Tieres mit dem Schwert eine Fingerspitze abgehackt. Graham und ich waren gerade damit fertiggeworden, Medikamente zu verteilen, nässende Wunden zu versorgen und Laminah mit ein bißchen Hokuspokus für seinen Zahn zu beruhigen, und freuten uns auf unsere wohlverdiente Ruhepause. Genauer gesagt, wir waren hundemüde, und es ging eigentlich über unsere Kräfte, als auch noch der Träger mit seinem blutspritzenden Finger jammernd und zeternd auf uns zugerannt kam. Geduldig mußten wir Jod auf seine Wunde träufeln. Ich riß ein nicht sehr sauberes Taschentuch entzwei, und wir verbanden seinen Finger, wobei wir von oben bis unten mit Blut bespritzt wurden. Sein Geschrei ließ mich schändlich kalt. Es war zu heiß, und wir waren viel zu erschöpft, um noch die Kraft für Mitleid aufzubringen.

Beim Abendessen fragten wir uns wieder einmal, warum wir eigentlich nie stritten. Alle hatten uns prophezeit, wir würden uns dauernd zanken, doch es kam nie dazu. Vielleicht hatten wir einfach ein instinktives Gespür dafür, was den anderen ärgern oder irritieren könnte, so daß wir gefährliche Themen eben mieden.

Graham zündete sich eine Zigarette an, was die Dorfbewohner entsetzt aufschreien ließ. Die Träger saßen in kleinen Grüppchen um uns herum. Zum Tanzen waren sie zu müde, und selbst die Kuh zum Abendessen hatte sie nicht merklich aufgemuntert.

Schließlich ging ich zu Bett; die Ziegen und Hunde, die ich entschlossen aus der Hütte geworfen hatte, kamen allerdings bald wieder, da keinerlei Barrieren sie daran hinderten. Kurz bevor ich in einen schweren, erschöpften Schlaf fiel, hörte ich sie an unseren Sachen herumschnüffeln und Kisten umwerfen.

Ich erwachte bei Morgengrauen. Amadu stand bei Graham am Bett und erklärte ihm, Laminah ginge es zu schlecht, um den Marsch heute fortzusetzen. »Der arme Graham«, dachte ich. »Immer muß er sich um alles kümmern.« Damit machte ich die Augen zu und schlief wieder ein.

Und so war es auch. Als ich wieder aufwachte, war es taghell, und mein Vetter stand angezogen da und hatte bereits alles arrangiert. So weit man sehen konnte, war mit Laminahs Zahn alles in Ordnung, nur litt er immer noch unter einem heftigen Schock. Da wir in Greh nicht länger bleiben wollten, schlug Graham vor, Laminah solle mit einem der Männer dort noch einen Tag ausruhen, während wir schon nach Tappee Ta vorausgehen und dort auf ihn warten würden. Von Tappee Ta hatten wir gehört, daß es sich um eine große Stadt handelte, mit einem eigenen Bezirkskommissar, dort wären wir gewiss viel besser aufgehoben. Laminah weigerte sich rundheraus, allein zurückzubleiben. Wir befänden uns immer noch im Kannibalengebiet, und er wolle lieber auf dem Weg sterben, als schutzlos zurückgelassen zu werden. Also packten wir ihn in meine Hängematte, wo er sich leise stöhnend zusammenrollte, die Wollmütze bis über beide Ohren heruntergezogen, ein kleines schwarzes Bündel Elend. Fast schien es, als ginge es zu Ende mit ihm, und das nicht etwa, weil er besonders krank gewesen wäre, sondern weil ihn offenbar mit einemmal aller Lebensmut verlassen hatte. Er steigerte sich derart in seine Rolle hinein, daß er trotz aller Aufmunterungsversuche von Amadu reglos in der Hängematte liegenblieb, bereit, seinen Geist auszuhauchen. Zum Glück dauerte der Spuk nicht lange, denn als ihm zu Ohren kam, daß Tappee Ta ein großer Ort sei, wo Aufregungen aller Art auf ihn warteten, riß er sich zusammen und genas in Sekundenschnelle.

Nach ein paar Stunden Fußmarsch kamen wir plötzlich an eine breite Straße, an der Männer zu beiden Seiten Bäume fällten. Das bedeutete, daß wir nun in der prallen Sonne laufen mußten, außerdem ging es sich auf der Straße auch nicht besser als auf den Pfaden durch den Dschungel, aber ich war trotzdem beeindruckt. War dies doch eine Straße der Sorte, von der der Präsident uns vorgeschwärmt hatte. Seine Worte kamen mir wieder in den Sinn: »Ich kann Straßen bauen, die genausogut sind wie die in England oder Amerika. Bald werden wir hier Autos haben, und Flugzeuge ...« Die Männer fällten riesige Bäume. Ein kleines Orchester aus Trommeln und Rasseln gab ihnen den Rhythmus vor. Zum ersten Mal erblickte ich etwas, das nach den hochgelobten Straßen des Präsidenten aussah. Damals war mir noch nicht klar, daß der Präsident zwar vielleicht ähnlich hochfliegende Pläne wie Hitler, im Gegensatz zu ihm aber keine preußische Organisation hinter sich hatte, um sie auch durchzuführen. Verlassene, unfertige Straßen sahen wir noch häufiger, eine, auf der Autos hätten fahren können, dagegen kein einziges Mal.

Die Sonne brannte unerbittlich herunter. Ich hatte im Urwald nie eine Kopfbedeckung getragen und fand es nunmehr unbequem, meinen dicken Filzhut aufzusetzen. Ich nahm ihn wieder ab – darauf vertrauend, daß meine dichter Haarschopf mich vor einem Sonnenstich bewahren würde, war dann aber doch froh, als die Präsidentenstraße ein abruptes Ende fand und wir aus der grellen Sonne herauskamen. Den Trägern war das Singen und Tanzen vergangen. Wir alle brauchten jedes Quentchen Energie, um uns als lange – und abgesehen von Laminahs Stöhnen stumme – Schlange durch den Urwald zu winden.

Wie üblich war uns das Glück hold. Schon fast in Tappee Ta angelangt, hörten wir, daß Colonel Davis sich dort aufhalte. Colonel Davis, bekannt als der Diktator von Grand Bassa, Chef der liberianischen Armee, verantwortlich für sämtliche Greueltaten, die im alljährlichen Bericht des britischen Parlaments beschrieben waren, der den schändlichen Feldzug gegen Häuptling Nimley geführt und (laut besagtem Parlamentsbericht) schutzlose Frauen und Kinder ungerührt ermordet hatte. Ein kaltblütiger Mensch, dachte ich, ein Glücksritter. Er hatte in einem schwarzen Regiment in Mexiko gedient, war auf den Philippinen Soldat gewesen und anschließend auf unergründlichen Wegen nach Liberia geraten, wo er sich schnell in eine wichtige politische Position hochgearbeitet hatte. Inzwischen war er eine einflußreiche Persönlichkeit, und ich wollte ihn gern kennenlernen.

Elftes Kapitel

Kaum hatten wir Tappee Ta erreicht, warfen sich die Männer wie auf Kommando entweder flach in den Staub vor dem Gehöft des Bezirkskommissars, oder sie setzten ihre schweren Lasten ab, hockten sich darauf und ließen den Kopf hängen. Mark führte mich zu einer der Vorratskisten und bedeutete mir, mich draufzusetzen und auszuruhen, bis Graham ausgehandelt hatte, wo wir schlafen sollten. Wir waren alle erschöpft, und Laminah stöhnte nach wie vor. Es fühlte sich an, als wäre uns die schwüle, feuchte Hitze in den Körper gekrochen und faulte uns die Knochen weg. Wenn jetzt ein Feuer ausbräche, dachte ich, wir würden genau da sitzenbleiben, wo wir waren – zu müde, um unsere eigene Haut zu retten. Mein Vetter war in dem Gehöft verschwunden, denn wie üblich hatte er die ganze Arbeit zu leisten. Er durfte nicht eher ruhen, als bis jedes Detail geregelt und für alle ihm Anvertrauten rundum gesorgt war.

Irgend jemand, ich weiß nicht mehr, wer, kam zu mir und bat mich ebenfalls in das Gehöft. Es war ein redseliger junger Mann, der eifrig Konversation betrieb. Als wir durch das Tor traten, erklang gerade eine Fanfare; und eine Menschenmenge strömte auf eine offene Hütte zu, um drinnen, eng zusammengepfercht, Platz zu nehmen. Nachdem sie das alle irgendwie bewerkstelligt hatten, marschierte eine schmucke, stramme

Gestalt in weißer Uniform quer über den Platz mit raschen Schritten auf die Hütte zu.

»Colonel Davis«, erklärte mein Begleiter, mit wedelnder Geste auf die soldatische Gestalt deutend, um mir anschließend zu erläutern, alle Häuptlinge des Bezirks hätten in Monrovia Beschwerde gegen ihre Kommissare eingereicht, bis die Regierung sich schließlich entschlossen habe zu handeln und Colonel Davis hergeschickt habe, um in einer Art Prozeß die Angelegenheit zu regeln. Nun seien die Häuptlinge und Bezirkskommissare alle zusammengekommen, und die Verhandlung werde einige Tage in Anspruch nehmen. Mr Wordsworth, der Kommissar von Tappee Ta, war besonders verhaßt und galt offenbar als einer der schlimmsten Übeltäter.

Graham erwartete mich in einem der kleineren Häuser auf dem Gelände.

»Das ist Ihr Haus«, sagte der kleine schwarze Mann neben mir mit einer leichten Verbeugung, als mache er uns offiziell miteinander bekannt, um, auf ein kleines tristes Gebäude daneben deutend, in schläfrigem, aber dennoch erheblich sinisterem Ton hinzuzufügen: »Und das ist das Gefängnis.« Er hielt inne, damit ich einen Blick hinüberwerfen konnte. »Und jetzt«, herrschte er mich an, »möchte ich Ihre Papiere sehen.«

Ich erschrak ob der unerwarteten Bitte, denn es war das erste Mal seit unserer Ankunft in Liberia, daß man uns danach fragte. Das schlechte Gewissen war mir vermutlich anzusehen; ich wußte nämlich sehr gut, daß unsere Papiere nicht in Ordnung waren. Unsere Passierscheine galten nur für die westlichen Provinzen Liberias und für die Küstenregion, dort, wo wir waren, hielten wir uns jedoch unrechtmäßig auf. Ich spielte schleunigst die Unschuldige, tat so, als hätte ich nicht richtig verstanden, und schlenderte mit möglichst geistesabwesender Miene davon, damit Graham sich der Situation annehmen konnte.

Ich ging zum Gefängnis hinüber, um es von allen Seiten zu begutachten. Es war kein schöner Anblick. Das Gefängnis bestand aus einer kleinen, dunklen Hütte, hinter deren winzigen Fenstern ausgemergelte Gesichter zum Vorschein kamen. Männer und Frauen waren mit Stricken an den Gitterstäben festgebunden und starrten auf das Gelände hinaus. Man konnte sich leicht vorstellen, wie mörderisch heiß und stickig es drinnen sein mußte – so wie im berüchtigten »schwarzen Loch von Kalkutta«. Einige der Häftlinge lagen auch im Freien, mit einem Bein an hölzerne Pfosten angekettet, in der glühenden Hitze und ohne jede Chance, sich in den Schatten zu flüchten. Sie zeigten alle blöde, ausdruckslose Mienen wie Tiere, und wenn sie von den Wärtern mit Knüppeln geschlagen wurden, empfanden sie offenbar nicht einmal mehr Schmerzen.

Als ich zu unserem Haus zurückkehrte, war ich heilfroh, daß Graham es inzwischen fertiggebracht hatte, sämtliche Schwierigkeiten mit unseren Papieren aus der Welt zu schaffen, denn auf einen Aufenthalt im Gefängnis von Tappee Ta war ich alles andere als erpicht.

Ich ruhte mich eine Weile aus, und als ich aufwachte, ging es mir viel schon besser. Graham dagegen sah ziemlich schlecht aus. Obwohl er es kaum erwarten konnte, an die Küste zu kommen, hatte er entschieden, ein paar Tage in Tappee Ta zu bleiben, damit sich die Männer ausruhen konnten. Ich war froh, denn mir machte die Reise noch Vergnügen, außerdem hatte ich eine deutliche Vorahnung, daß mir das Leben an der Küste gar nicht zusagen würde. Trotz großer Sorge um Graham wollte ich noch so lange wie möglich im Inland bleiben. Mein Vetter hatte sich offenbar eine obskure innere Krankheit zugezogen. Ständig war ihm schlecht, gleichzeitig hatte er Hunger, und ich zerbrach mir den Kopf, womit man ihm wohl helfen könnte. Wir hatten so wenige Medikamente dabei, daß wir unser ganzes Vertrauen in Bittersalz setzen mußten.

Um fünf Uhr war das Palaver zu Ende, und der Menschenstrom sickerte wieder aus der Hütte. Colonel Davis marschierte zügig und mit dem wiegenden Schritt des erfolgreichen Abenteurers zu seinem Haus hinüber. Mir gefielen der wiegende Schritt, der etwas anmaßend schief gelegte Kopf, die blitzsaubere, gut sitzende Uniform und die klare, eher zu laute Stimme, die durch das Gehöft schallte. Als kaltblütigen Mörder von Frauen und Kindern konnte ich mir diesen Mann beim besten Willen nicht vorstellen. Seine Persönlichkeit war zu farbig, seine Gesten zu theatralisch. Er sah aus wie der smarte Bösewicht in einem altmodischen Melodram, der in den letzten Sekunden des dritten Aktes seine Missetaten bereut und mit verschwenderischen Gefühlsbekundungen beweist, daß hinter seinem verwegenen Äußeren doch ein goldenes Herz wohnt.

Mr Wordsworth kam vorbei, um nachzusehen, ob wir alles hätten, was wir brauchten. Er war ein Mischling mit gelblichen Augen, schwarzen Koteletten und einem äußerst grausamen Gesichtsausdruck. Seltsamerweise wirkte er, sobald er den Mund aufmachte, furchtbar zaghaft und schüchtern, weshalb man sich nur schwer vorstellen konnte, daß er die Eingeborenen drangsaliert haben sollte. Er war nervös und blickte des öfteren über das Gehöft zu dem Haus, in dem Colonel Davis derzeit wohnte. Weshalb er so verschreckt war, erschloß sich uns nicht recht, denn Colonel Davis war sein Vetter, und Familienbande bedeuten in Liberia außerordentlich viel; außerdem wirkte es, als wäre die ganze Verhandlung lediglich angesetzt worden, um die Häuptlinge zu besänftigen. Daß man Mr Wordsworth nicht aus Tappee Ta abziehen würde, schien uns ziemlich gewiß..

Der Kommissar wurde auf Schritt und Tritt von seinem jüngeren Bruder begleitet, der sich uns als Quartiermeister vorstellte. Es war ein kleiner, schmieriger Kerl mit einer diensteifrigen Art, der mit moskitohafter Penetranz um uns herumschwirrte. Er war nicht abzuschütteln. »Ich mag Sie beide sehr«, warf er immer wieder ein, als erwartete er, daß wir uns über diese Sympathiebekundung freuten.

Graham schickte Colonel Davis ein Briefchen mit der Bitte um ein Gespräch, und die prompte Antwort lautete, der Colonel sei nach einem harten Arbeitstag zwar sehr müde, wolle meinen Vetter aber für ein paar Minuten empfangen.

Ich setzte mich auf die Veranda und wartete. Eine Stunde später wurde es dunkel, aber von Graham fehlte immer noch jede Spur. Ich ließ mir eine Lampe aufstellen, kramte die Erzählungen von Saki und Somerset Maugham hervor und versuchte zu lesen. Schließlich, eine geraume Weile nach unserer gewohnten Abendbrotzeit, kamen zwei Gestalten quer übers Gehöft auf mich zugeschlendert, ins Gespräch vertieft wie alte Freunde.

Ich wurde Colonel Davis vorgestellt, und wir schüttelten uns die Hand.

»Wir brauchen einen Whisky«, sagte Graham.

»Ich trinke ja sonst Ovomaltine«, legte mir der Diktator von Grand Bassa auseinander. »Aber heute, ausnahmsweise ...«

»Selbstverständlich«, murmelte ich.

Er sah gut aus, ein großer, stattlicher Mann mit einem gepflegten schwarzen Bärtchen. Leider hatte er ein paar Goldzähne zu viel, wodurch sein strahlendes Lächeln einiges von seinem Charme einbüßte. Seine Hände begleiteten alles, was er sagte, mit theatralischen Gesten, und sein schwarzes Gesicht mit den schwarzen Augen war höchst ausdrucksvoll. Im Augenblick gab er den Mann von Welt, und wieder einmal kamen mir meine Shorts besonders kurz vor. Er beschrieb seine wenige Jahre zurückliegende Europareise mit Mr King, dem damaligen Präsidenten, und brachte es fertig, dabei den Eindruck zu vermitteln, keine der für sie arrangierten Einladungen hätte es in Bezug auf Eleganz und Geschmack mit den Dinnerpartys in Monrovia aufnehmen können.

»In London gibt es angeblich keine russischen Zigaretten mehr zu kaufen«, brummte er, während er sich großzügig Whisky nachschenkte. »In Monrovia bekommt man sie natürlich noch. Bei unseren Partys sind sie sogar ein eigener Gang.«

»Am Ende?« erkundigte sich mein Vetter.

»Nein, keineswegs. Nach dem Fisch und vor dem Salat wird das Licht gedämpft und jeder Gast raucht in Ruhe eine Zigarette.«

Mein Vetter lenkte das Gespräch behutsam wieder auf die liberianische Politik zurück, und Colonel Davis schien mit großer Freude auf jedes von uns angeschnittene Thema einzugehen. Daß er ein kluger Mann war, daran bestand kein Zweifel, denn außer ihm hatte es keiner geschafft, unter Mr Barclay im Amt zu bleiben, nachdem Mr King im Anschluß an die Völkerbundstudie zu den inneren Angelegenheiten Liberias zum Rücktritt gezwungen worden war. Mr King hatte sich im Zuge der Ermittlungen zum Handel mit Zwangsarbeitern für die spanische Insel Fernando Po in Widersprüche verstrickt, und selbst wenn er inzwischen wieder bei den Präsidentschaftswahlen kandidierte, war er damals recht plötzlich und ohne sich irgendwie zu verteidigen von der Bildfläche verschwunden. Colonel Davis dagegen war im Amt geblieben und wurde die rechte Hand von Mr Barclay. Er war schlau, er war tüchtig, und er hatte Mut. Als Graham den Krieg gegen die Kru und die laut offiziellen Berichten von Colonel Davis dabei gespielte Rolle erwähnte, traten ihm fast die Tränen in die Augen. Er war hingeschickt worden, um aus dem Bezirk von Häuptling Nimley ausstehende Steuern einzutreiben. Der Häuptling hatte sich ihm widersetzt, und dann waren offenbar die Truppen außer Kontrolle geraten. Der Bericht des britischen Konsuls konstatierte, daß Colonel Davis persönlich erstaunliche Courage bewiesen habe, zeichnete aber gleichzeitig ein grauenhaftes Bild von Massenmord und Verwüstung.

»Ich soll Kinder ermordet haben, kleine hilflose Kinder – ich, der ich Kinder so liebe. Das brächte ich nie übers Herz. Wußten Sie, daß ich Präsident der liberianischen Pfadfinder bin? Wußten Sie, daß ich meinen Kindern jeden Abend vor dem Einschlafen vorlese? Sie können meine Frau fragen, die wird Ihnen das bestätigen.«

»Das glauben wir gern«, sagten wir beide.

»Ich habe eine bezaubernde Frau«, fügte er in weniger dramatischem Tonfall hinzu. »Sie würde Ihnen gefallen. Es ist meine zweite Frau. Meine erste Frau war Antialkoholikerin, als wir heirateten. Sie war auch nett, aber das mußte ich ihr erst mal austreiben. Es war nicht leicht, aber ich habe es dann wohl schon hinbekommen. Aber meine zweite Frau ist wirklich bezaubernd. Sie würde Ihnen sagen, was ich für ein kinderlieber Mensch bin. Meine Mutter in Amerika hat mir auch geschrieben, daß sie all diese Geschichten nicht glaubt. Und die muß mich kennen. Sie liebt mich sehr. Sie ist auch eine bezaubernde Frau.«

Sein Boy unterbrach uns, um zu sagen, daß das Abendessen schon seit einiger Zeit fertig sei, wurde aber mit einer unwilligen Handbewegung verscheucht, und der Colonel schenkte sich noch etwas Whiskey nach.

»Liberia ist ein wunderschönes Land«, fuhr er fort. Die Sätze sprudelten inzwischen aus ihm heraus, als hätte man einen unsichtbaren Wasserhahn aufgedreht. »Ein wunderschönes Land. Ich muß das wissen, ich kenne schließlich die Welt. Und wenn die jungen Männer in Monrovia sagen, daß sie Europa oder Amerika kennenlernen wollen, dann sage ich immer: Schaut euch zuerst Liberia an. Ich finde, das ist ein schöner Gedanke. Schaut euch zuerst Liberia an. Das sage ich zu ihnen: Schaut euch zuerst Liberia an.«

Er hatte großen Charme, den undefinierbaren, verwegenen Charme eines Mannes, der nur seine eigenen Gesetze befolgt und sein Leben lang auf seine Schlauheit gebaut hat. Er erzählte uns von seinen Abenteuern und wie er oft um Haaresbreite davongekommen war, wobei nie so genau klar wurde, weshalb er überhaupt in Liberia gelandet war. Dafür wurde er bald nach seiner Ankunft zum staatlichen Gesundheitsbeauftragten ernannt, obwohl er meines Wissens keinerlei medizinische Ausbildung hatte. Später wurde er Oberbefehlshaber der Grenztruppen und organisierte mit Mut und sympathischer Besonnenheit die rasche Entwaffnung der Eingeborenen. Das war eine erstaunliche Leistung, und Colonel Davis war zu Recht stolz darauf. Inzwischen gehörte er zu den einflußreichsten Persönlichkeiten Liberias.

Irgendwann mußte er sich verabschieden. Es wurde spät, und er hatte einen harten Arbeitstag in dem stickigen Palaverhaus vor sich. Obwohl er vermutlich das Urteil insgeheim schon gefällt hatte, bevor die Verhandlung überhaupt begonnen hatte, gelang es ihm raffiniert, die Häuptlinge zu besänftigen, indem er sich ihre Klagen geduldig bis zu Ende anhörte. Wenn er noch Zeit hätte, wollte er außerdem einige der Insassen des schäbigen Gefängnisses neben unserem Haus verurteilen, wie er uns erklärte.

»Da ist so eine alte Hexe, die immer Ärger macht. Wenn sie jemanden nicht mag, schickt sie ihm einfach einen Blitz auf den Hals. Eine Buzi natürlich. So was müssen wir ausmerzen, so was können wir einfach nicht dulden. Wahrscheinlich muß ich ihr eine saftige Strafe aufbrummen.«

Beinahe hätte er sich wieder warmgeredet, wäre nicht sein Boy just in dem Moment aufgetaucht, da seine Hand Richtung Flasche wanderte. Er besann sich, daß es schon spät war, und marschierte mit einem letzten goldblitzenden Lächeln beschwingt in die Nacht hinaus.

Die Nacht war bitterkalt, und ich wälzte mich fröstelnd auf meinem Feldbett hin und her, als hätte ich Fieber. Irgendwann hielt ich es nicht mehr aus, zog meinen Regenmantel über den Schlafanzug und ging nach draußen, spazieren. Es war sehr still, als ich das Gehöft verließ, und ich fürchtete mich ein wenig. Meine Schritte hallten in der Stille wider. Es war die Stunde vor Sonnenaufgang, und das graue Licht hatte alles dick überzogen, so daß die Hütten farblos und unwirklich aussahen. Ich ging bis zum Waldrand und blieb vor einer Leopardenfalle stehen. Nichts rührte sich. Kein wildes Tier schlich sich an. Alles lag in tiefem, schwerem Schlummer. Der schmale Pfad, der in den dichten, trockenen Urwald führte, schien mir verwunschen wie das Leben selbst. Ein Stück weit konnte man den Weg deutlich sehen, dann bog er um die Kurve und verschwand im Nichts. Langsam schlenderte ich zurück ins Dorf. Kein Mensch rührte sich. Niemand hörte mich vorbeigehen. Ich fühlte mich so einsam wie ein Geist. Zu gern hätte ich Graham aufgeweckt und ihn gebeten, mich ein Weilchen zu begleiten. Doch mein Vetter brauchte seinen Schlaf, und so verbrachte ich noch eine Weile zwischen den runden Lehmhütten und ging, als der Morgen anbrach, nach Hause und wieder in mein Bett.

Mein lieber Mr Greene, lieber Freund,

guten Morgen. Ich möchte Sie heute morgen um einen Gefallen bitten, den Sie mir hoffentlich gewähren können. Sollten Sie noch Brandy haben, schicken Sie mir freundlicherweise ein bißchen, oder irgendwas anderes, falls der Brandy alle ist. Selbiges würde von mir hochgeschätzt. Mir ist heute vormittag nämlich sehr, sehr kalt. Ich hoffe, Sie beide sind wohlauf.

Mit den besten Wünschen für Ihre Gesundheit,

Ihr Freund

WORDSWORTH, *Quartiermeister.*

P.S. – Ich komme Sie heute nachmittag mit meinen Schwestern besuchen, denn die hätten die Cousine gern zur Freundin.

Dieses freundliche Brieflein erreichte uns frühmorgens, und für den Rest des Tages wich uns der junge Mr Wordsworth nicht mehr von der Seite. Er gierte nach Zuneigung und Bewunderung und vergeudete seine Energie damit, uns kleine Gefallen zu tun, über die wir uns in seinen Augen freuen müßten, die uns in Wahrheit jedoch eher Verdruß bereiteten. »Wir werden uns Briefe schreiben«, verkündete er immer wieder. »Wir werden uns alles erzählen. Wir sind Freunde, und ich mag Sie sehr.«

Er schilderte uns die Freuden von Monrovia, bis ich mich allmählich fragte, ob ich mit meinem Empfinden der Hauptstadt nicht ein wenig unrecht tat. Es sah so aus, als bekäme ich einen freudigen Schock, sofern wir je tatsächlich dort ankämen. Allen hiesigen Beschreibungen zufolge mußte es ein Klein-Paris sein, das unpassenderweise an der Westküste von Afrika gelandet war.

»Monrovia in der Saison – all die Lichter, all die Cafés, Musik, Dinnerpartys und Tanz am Strand im Mondlicht.

Immer ist etwas los, es gibt alle Vergnügungen, die man sich nur wünschen kann. Natürlich sind Sie ein bißchen spät dran; den größten Trubel werden Sie verpassen, aber die Stadt ist zu jeder Jahreszeit wunderschön.«

Und dann malte er ein Bild von sich als dem Dandy der Stadt, umschwärmt von den Mädchen, bewundert und beneidet von den Männern. Der arme Kerl. Es war die Beschreibung des Lebens, wie er es gern gehabt hätte und wie es nur in seiner beschränkten Phantasie existierte. Seine Vorstellungskraft war stark beeinflußt durch Dinge und Orte, von denen er in billigen Heftchen gelesen hatte, in Geschichten von einem Leben voller Glanz und Glamour, Champagner und Amouren. Die heruntergekommenen Hütten von Monrovia verwandelten sich, durch seine Augen betrachtet, in Paläste, die leeren Schotterpisten in samtglatte Teerstraßen, auf denen große, elegante Wagen vorbeischnurrten. Die kleinen Wellblechschuppen, in denen man billigen Zuckerrohrschnaps bekam, verwandelten sich in aufregende Vergnügungsetablissements. Und er selbst war kein häßlicher kränklicher Zwerg mehr, sondern ein gutaussehender Mann, fröhlich und im Mittelpunkt der Aufmerksamkeit, so wie die schönen jungen Menschen auf den amerikanischen Reklamefotos, die er irgendwo gesehen hatte. Er beschrieb uns alle Wonnen von Monrovia mit leuchtenden Augen. Für ihn waren sie ganz real. Seine Phantasie betupfte die Welt mit einem goldenen Finger und verwandelte noch den Staub in der Luft in Diamanten.

Und so hörten wir uns seine Geschichten an. Ab und zu gesellte sich sein älterer Bruder, der Bezirkskommissar, zu unserem Grüppchen; der stand dann da und starrte uns durchdringend an, und wenn wir versuchten, ihn ins Gespräch mit einzubeziehen, wurde er verlegen und zog sich linkisch wieder zurück.

Am Abend kam noch einmal Colonel Davis vorbei. Ich schenkte ihm seinen ersten Whisky mit der Beteuerung ein, es tue mir leid, daß wir ihm keine Ovomaltine anbieten konnten. Er verzieh uns großmütig und offenbar ohne großes Bedauern und wechselte schnell das Thema, indem er versprach, Schlangentänzerinnen kommen und für uns tanzen zu lassen – faszinierende kleine Mädchen, die ihre Körper verbiegen könnten wie die Schlangenmenschen im Zirkus oder eine Cabaret-Tänzerin auf dem Präsentierteller um Mitternacht. Bei alldem erinnerten sie angeblich in ihrer Zartheit und Duftigkeit an ein chinesisches Gedicht. Überdies stellte er uns einen Führer zur Verfügung, der uns bis an die Küste geleiten sollte, einen grauenhaften kleinen Kerl namens Tommy, der eine häßliche blaue Uniform trug und eine abstoßend aggressive Art hatte. Wir konnten ihn auf Anhieb nicht leiden, und mit der Zeit wuchs sich unsere Abneigung zu einem waschechten Haß aus. Er war ein seltsam unsympathisches Kind, mit den schlimmsten Begleiterscheinungen und keinem einzigen der Vorzüge der Jugend.

Graham ging es sehr schlecht.

»Sonderbar«, sagte Colonel Davis. »Ich kenne ja die Welt, und Liberia ist das gesündeste Land, das mir je begegnet ist. Seitdem ich hier bin, war ich keinen einzigen Tag krank.«

»Und Malaria?«

»Malaria? Ich habe noch keine Stechmücke gesehen, seit ich dieses Land betreten habe. Phantastisches Klima. Wenn der Rest der Welt das wüßte, würden sie wahrscheinlich alle in unsere Berge geströmt kommen, zur Kur. Deshalb sage ich ja immer zu unseren Jugendlichen: Schaut euch zuerst Liberia an.«

Je mehr Whisky er intus hatte, desto sentimentaler wurde er. »Es hat mir wirklich Freude gemacht, Sie zu besuchen«, sagte er schlicht. »Wissen Sie, was ein Kapitän mal mitten auf dem Ozean zu mir gesagt hat? Er deutete auf die kleinen Lichter eines vorbeifahrenden Schiffes und sagte: ›Davis – ich habe in meiner Bibliothek nur drei Bücher. Das erste heißt *Schiffe, die bei Nacht vorüberziehen*‹.« Colonel Davis warf uns einen milden Blick zu. »Können Sie erraten, wie die anderen beiden hießen?« fragte er.

»Nein«, erwiderte Graham.

»*Menschen, die uns begegnen* hieß das zweite, und dann blickte mich der Kapitän lange an, um schließlich zu sagen: ›Das dritte heißt: *Menschen, die wir lieben*‹. Das ist doch ein wunderschöner Gedanke.«

Wir tranken unsere Gläser aus und hingen diesem Gedanken schweigend nach.

Schließlich schüttelte uns der Colonel herzlich die Hand. »Ich muß jetzt gehen. Aber wir sehen uns morgen noch einmal.«

Doch leider sahen wir Colonel Davis nie wieder. Am nächsten Tag war er nicht in der Lage aufzustehen; er lag mit hohem Fieber im Bett.

Unsere Männer hatten ihre gute Laune wiedergefunden, und Laminah hatte vergessen, daß er je Zahnschmerzen gehabt hatte, also schien die Zeit gekommen, uns von Tappee Ta zu verabschieden.

Der junge Mr Wordsworth blieb uns dicht auf den Fersen, um unsere Gesellschaft bis zuletzt auszukosten, versprach, uns ellenlange Briefe zu schreiben und beneidete uns wortreich um unsere Tage in Monrovia. »Aber auch hier gibt es ganz wunderbare Dinge«, fügte er sinnierend hinzu. »Gerade habe ich von einer phantastischen Heilmethode für Syphilis gehört. Vermutlich möchten Sie jetzt gern wissen, worin sie besteht, aber sie ist ein Geheimnis der Buzi. Ich habe sie noch nicht selbst ausprobiert, aber sie soll sehr gut helfen. Es geht ganz einfach. Man bindet sich nur einen Strick um die Taille. Das ist schon alles, aber angeblich wirkt es gut. Einen Versuch ist es jedenfalls wert. Ich dachte nur, das interessiert Sie.«

Und damit sagte er Gute Nacht, froh in dem Glauben, uns eine wissenswerte Information vermittelt zu haben.

Zwölftes Kapitel

Als wir am nächsten Morgen unsere Sachen packten, um nach Zigi's Town aufzubrechen, wünschte ich mir plötzlich, wir könnten in Tappee Ta bleiben. Graham sah grauenhaft aus, und er zitterte. Sein Gesicht hatte einen leicht dümmlichen Ausdruck, und ab und zu stolperte er, als wäre seine Sicht beeinträchtigt. Ich erschrak, denn jetzt ließ sich nicht mehr leugnen, daß er schwer krank war. Allerdings hatte es keinen Sinn, ihn zu bitten, in Tappee Ta zu bleiben, bis es ihm besser ginge, denn er hatte sich in den Kopf gesetzt, so schnell wie möglich an die Küste zu kommen. Obwohl er wußte, daß Grand Bassa ein kleines Nest mit einem einzigen weißen Einwohner war, redete er ständig von der Stadt, als könnte sie sich als der Himmel auf Erden entpuppen. Ich widersprach ihm nicht, denn sein Entschluß stand fest. Er war so stur, wie nur ein kranker Mann sein kann. Er wollte an die Küste, und zwar schnell.

Mit einem Menschen mehrere Wochen lang ununterbrochen in einer unbequemen und fremden Umgebung allein zu sein, bedeutet, daß man ihn entweder sehr liebgewinnt oder eine heftige Abneigung gegen ihn entwickelt. Halbe Sachen gehen da nicht. Gleichgültigkeit steht nicht zur Debatte. Glücklicherweise hatte ich in diesen letzten paar Wochen entdeckt, daß ich Graham mochte, und ich konnte gar nicht anders, als ihn zu achten und zu ihm aufzuschauen.

Als ich ihn im frühen Morgenlicht so sah, das Gesicht grau und abgehärmt, mit einer Hand, die noch mehr zitterte als sonst, während er sich sein Bittersalz in den Tee schüttete, überkam mich die Furcht. Es war unerträglich, ihn so krank zu sehen, ohne ihm irgendwie helfen zu können. Ich kam mir dumm und nutzlos vor.

Der junge Mr Wordsworth war früh aufgestanden, um sich von uns zu verabschieden, und tat sein Bestes, um uns mit seinem Geplapper aufzuhalten. Da die Schlangentänzerinnen nie aufgetaucht waren, versprach er uns, ihnen eine Nachricht zu schicken, sie mögen direkt nach Zigi's Town kommen und am Abend für uns dort tanzen. Colonel Davis, fügte er hinzu, sei immer noch sehr krank und könne die nächsten Tage nicht aufstehen. Fast mit Tränen in den Augen versicherte er uns, daß wir seine besten Freunde geworden seien. Wir brachten nicht die nötige Bescheidenheit auf, uns durch seine Empfindungen geschmeichelt zu fühlen, sondern waren lediglich peinlich berührt, denn wir wollten ja so schnell wie möglich los. Schließlich fühlten wir uns bemüßigt zu sagen, auch wir hätten ihn sehr gern, wir würden ihm unser Leben lang ausführliche Briefe schreiben, um ihm von unseren Abenteuern in der großen weiten Welt zu erzählen, und seine Freundschaft würde uns auf ewig das Herz wärmen. Derweil stahlen wir uns Schritt für Schritt fort, bis der Abstand zwischen uns schließlich so groß war, daß wir seine Schwüre ewiger Liebe nicht mehr hören konnten. Wir winkten ihm aber noch so warmherzig zu, wie man nur winken kann, und zogen los. Er blieb am Tor des Gehöfts stehen und blickte uns nach, bis wir im Urwald verschwunden waren.

Selbst an jenem Tag ging Graham, trotz seiner Schmerzen, noch voraus. Seine Strümpfe rutschten ihm wieder bis zu den Knöcheln hinunter, was mich aber durch die aufgewühlte

Stimmung, die der junge Mr Wordsworth verbreitet hatte, nicht etwa ärgerte, sondern nur in makabere Stimmung brachte.

»Vielleicht sehe ich sie ja nie wieder herunterrutschen«, dachte ich.

Tommy, der Junge, den uns Colonel Davis als Führer bis zur Küste an die Seite gestellt hatte, marschierte zunächst in flottem Tempo uns allen voraus. Er hatte ein altes Gewehr geschultert, das so ramponiert aussah, daß es zu nichts nutze sein konnte, und in der anderen Hand trug er einen alten Blecheimer, auf dessen Boden seine dürftige Habe lag. Nach einer halben Stunde hatte er genug vom Vorausmarschieren und begann, in jedem Dorf, durch das wir kamen, lange Pausen einzulegen. Er forderte herrisch Palmwein und Verpflegung von den Dorfbewohnern, und die gaben ihm, was er wollte, denn seine Uniform schüchterte sie so ein, daß sie sich nicht trauten, eine Bezahlung dafür zu verlangen. Als Untergebener von Colonel Davis betrachtete Tommy sich als Vertreter der Staatsgewalt und damit als berechtigt, sich anzueignen, was ihm beliebte. Er stahl, was nicht niet- und nagelfest war, und sammelte die Beute in seinem Eimer. Als Führer taugte er wenig, da er durch seine Angewohnheit, in jedem Dorf haltzumachen und alle verfügbaren Einwohner zu schikanieren, bald weit hinter unserer Karawane herhinkte. Als wir nach dem Mittagessen weiterziehen wollten, holte er uns gerade ein und bat uns, den Aufbruch noch ein bißchen aufzuschieben, bis er ein Nickerchen gehalten hätte. Er hatte ein seliges Lächeln im Gesicht und war mehr als angetrunken. Kichernd setzte er sich auf den Boden, den Eimer voller Diebesgut an die Brust gedrückt. Er war in dem glückseligen Zustand, in dem man gegen jegliche Vorwürfe gefeit ist, also ließen wir ihn sitzen und brachen einfach auf. Als Führer prophezeiten wir ihm keine große Zukunft.

Obwohl Graham sich so schlecht fühlte, aß er eine gewaltige Portion zum Lunch. Ständiger Hunger war ja eines der Symptome seiner rätselhaften Krankheit. Nach dem Mittagessen ging er wieder im Laufschritt voraus; ein langsameres Tempo kam für ihn nicht in Frage, obwohl ich dachte, er könnte jeden Moment ohnmächtig werden. Der Weg führte immer noch bergab. Die Luft war so feucht wie im heißesten Gewächshaus der Kew Gardens. Ein Gewitter lag wieder in der Luft, in der Ferne donnerte es schon. Wir hatten keine Ahnung, wie lange es bis zur Küste noch dauern würde. Die einen sagten zehn Tage, die anderen eine Woche, aber keiner schien es wirklich zu wissen.

»Nur noch zwei Tage«, schwindelte Mark fröhlich, weil er dachte, das würde mich aufheitern.

»Noch zwei Wochen«, schwindelte Laminah, der wußte, daß ich die Dörfer so gern mochte und meinte, ich wollte genau das hören.

Ich gab es auf.

Die Marschzeit bis Zigi's Town betrug neun Stunden. Der Urwald war inzwischen üppiger, er wirkte grüner und weniger trocken. Vielleicht gab es ja Orchideen, dachte ich mir, aber offenbar war es die falsche Jahreszeit, denn ich fand nur kleine, rosarote sternförmige Blümchen.

»Der Koch tüchtig müde«, sagte Laminah zu mir. Ich konnte dem alten Mann leider nicht helfen. Wir waren alle tüchtig müde. Unsere Träger sangen nicht mehr und flachsten nicht mehr herum. Wir marschierten schweigend, keiner machte den Mund auf. Die Luft wurde immer stickiger und der Donner immer lauter.

Als wir Zigi's Town schließlich erreichten, konnte Graham sich kaum mehr auf den Beinen halten; er schwankte und torkelte wie ein Betrunkener. Solange er vor unserer Hütte saß, würden ihm die Träger allerdings keine Ruhe lassen, sondern wie üblich, mit ihren Wehwehchen und Problemchen ankommen; zum Glück ließ er sich von mir überreden, ins Bett zu gehen. Ich maß seine Temperatur, er hatte hohes Fieber. In der Hoffnung, das Richtige zu tun, gab ich ihm einen ordentlichen Whisky mit ordentlich Bittersalz und wickelte ihn in mehrere Decken.

Ich aß allein zu Abend. Der Donner grollte, und die Boys servierten mir das Essen mit Leichenbittermiene. Wir hatten alle denselben Gedanken: Graham würde sterben. Ich zweifelte keine Sekunde daran. Er sah schon aus wie tot. Die Gewitterstimmung bereitete mir Kopfschmerzen und machte die Männer reizbar. Ich hörte, wie sie sich gegenseitig anblafften, schritt aber nicht ein.

Ich maß noch einmal Grahams Temperatur; sie war weiter gestiegen. Eigentlich blieb ich beim Gedanken an Grahams Tod ganz ruhig. Zu meinem eigenen Entsetzen ließ mich der Gedanke kalt. Die Vernunft behauptete zwar ständig, daß ich sehr aufgewühlt sein müßte, aber ich war einfach so müde, daß ich mich zwar noch auf die praktische Seite des ganzen konzentrieren konnte, aber nichts mehr empfand. Ich malte mir aus, wie ich meinen Vetter beerdigen würde, wie ich mich allein bis zur Küste durchschlagen würde, wem ich alles ein Telegramm schicken müßte. Angst vor dem Weitergehen ohne Graham hatte ich nicht, denn ich hatte längst das Vertrauen, daß mir mit Amadus Hilfe nichts zustoßen würde. Nur eines machte mir außerordentlichen Kummer: Graham war katholisch, und mit meinem erschöpften, wirren Verstand versteifte ich mich auf den Gedanken, daß ich nach seinem Tod Kerzen für ihn anzünden müßte. Ich war untröstlich, weil wir keine Kerzen dabeihatten. Weshalb ich Kerzen anzünden sollte, wußte ich zwar nicht mehr, aber ich hatte das dumpfe Gefühl, seine Seele fände keinen Frieden, wenn ich es versäumte. Die ganze Nacht machte mir dieser Gedanke zu schaffen. Er kam mir ungeheuer wichtig vor.

Um mich aufzuheitern, gönnte ich mir nach dem Abendessen eine Zigarette. Wir hatten nur noch sehr wenige übrig, aber es gab furchtbar viele Mücken, und auf meinem Körper tummelten sich schon wieder die Insekten. Laminah kam mehrere Male vorbei, um mir mitzuteilen, die Schlangentänzerinnen seien unterwegs. Ich glaubte ihm kein Wort, zu Recht, wie sich herausstellte, war aber dankbar für seinen Instinkt, mir irgend etwas zu erzählen, und wenn es das Blaue vom Himmel herunter war – Hauptsache, es munterte mich auf. Als ich später ins Bett ging, hatte er mit viel Liebe kleine Sträußchen rosaroter Blumen auf meiner Bettdecke verteilt. Er hatte sich große Mühe damit gegeben und strahlte übers ganze Gesicht, als ich ihm später sagte, daß ich mich darüber gefreut hatte.

Ich versuchte, mein Tagebuch weiterzuschreiben. Mittlerweile erforderte es eine gehörige Portion Willenkraft, sich jeden Tag darauf zu konzentrieren. Die Versuchung, das Schreiben auf später zu verschieben, war groß, aber sobald ich ihr einmal nachgab, würde es sehr schwierig, wieder anzufangen, das war mir klar. Zu meiner Verblüffung stelle ich heute fest, daß ich damals zwar beiläufig erwähnte, ich sei etwas müde, dann aber fortfuhr: »Fühle mich sehr gesund und kräftig. Wetter bekommt mir, aber die Träger haben böse Kopfschmerzen.« Im Rückblick meine ich, ich sei an diesem Abend restlos erschöpft gewesen, aber vielleicht war ich diesen Zustand mittlerweile gewohnt und merkte erst bei unserer Ankunft an der Küste, daß ich nicht ganz so taufrisch war, wie ich gedacht hatte.

Es war ein hübsches kleines Dorf. Ich ging spazieren und

freute mich wie immer an der Freundlichkeit der Eingeborenen. Laminah und Mark begleiteten mich, ließen sich aber sofort ein paar Schritte zurückfallen, als ich sagte, ich sei nicht in der Stimmung, mich zu unterhalten, so daß ich das Gefühl hatte, allein zu sein, und zugleich wußte, sie waren da, um mich zu beschützen. Amadu blieb in Rufweite von Graham. Unsere Boys gaben mir nach Kräften zu verstehen, sie würden unter keinen Umständen vergessen, daß sie in Freetown ihr Wort gegeben hatten, uns bis zum Ende der Reise zu beschützen. Erst an diesem Abend in Zigi's Town wurde mir so richtig klar, wie sehr ich an ihnen hing und was für teure und treue Freunde sie waren.

Tommy dagegen war schon wieder betrunken und wankte schnapsselig und grölend durchs Dorf. Er hegte offenbar die Illusion, ich hätte Gefallen an ihm gefunden, und wollte mit mir Händchen halten, bis die Boys ihm mittels überlegener Körperkraft bewiesen, daß er sich da täuschte.

Plötzlich brach das Gewitter los, und ich eilte im strömenden Regen zurück zu meiner Hütte. Es war eine große Hütte mit zwei Zimmern, und ich sah noch nach Graham, bevor ich zu Bett ging. Er lag in einem unruhigen Dämmer, murmelte vor sich hin und war naßgeschwitzt.

Ich ging in mein Zimmer, wagte aber kaum zu schlafen, falls mein Vetter nach mir rufen sollte. Draußen prasselte der Regen, doch diesmal war unsere Hütte solide gebaut, und kein Wasser platschte durchs Dach. Mir wurde richtig wohlig, während es draußen donnerte und ich gemütlich im Bett lag.

Zu meiner größten Überraschung war Graham am nächsten Morgen nicht tot. Ich war recht verblüfft und starrte ihn ein paar Sekunden sprachlos an. Ich hatte erwartet, ihn entweder im Delirium oder die letzten Atemzüge aushauchend vorzufinden, dabei war er bereits aufgestanden und angezogen.

Er sah zum Fürchten aus. Ein leibhaftiger Totenschädel grinste mich an. Seine Wangen waren eingefallen, er hatte dicke schwarze Ringe unter den Augen, und sein Stoppelbart verlieh dem elenden Anblick auch nichts nennenswert Attraktives. Sein Blick hatte sich allerdings normalisiert, das unheimliche harte Leuchten, das am Tag zuvor in seinen Augen geglommen hatte, war verschwunden. Ich maß wieder Fieber; er hatte Untertemperatur.

»Wir müssen schnell weiter«, sagte er. »Ich bin wieder auf dem Damm.«

»Willst du dich nicht wenigstens einen Tag ausruhen?« fragte ich.

»Nein«, erwiderte Graham ungeduldig. »Wir müssen zur Küste.«

Die Küste. Mein Vetter sehnte sich nach der Küste wie ein Pilger nach seiner heiligen Stadt.

Ich ging hinaus, trommelte die Boys zusammen und trug ihnen auf herauszufinden, wie weit es noch bis Grand Bassa sei. Tommy könnte das doch wissen, dachte ich, oder vielleicht der Häuptling.

»Zwei Tage«, sagte Mark.

»Zwei Wochen«, sagte Laminah.

»O Gott«, sagte ich.

Ich ging zum Anführer der Träger. »Wie weit nach Grand Bassa? Frag den Häuptling.«

Er schenkte mir sein wunderschönes, unbestimmtes Lächeln und sagte: »Zu weit.« Und um mich herum echoten die Träger wie ein aufgebrachter Chor: »Zu weit, zu weit.«

Graham heuerte zwei zusätzliche Träger an, damit er sich zwischendurch in die Hängematte legen konnte, und wir machten uns auf den Weg. In der Hängematte wurde ihm allerdings so schlecht, daß er sie nicht oft in Anspruch nahm.

Mitten unterm Gehen stieß mich Laminah plötzlich heftig zur Seite. Während ich noch überlegte, wie er dazu kam, sah ich, daß ich beinahe auf eine große schwarze Schlange getreten wäre. Ich blieb stehen und beobachtete, wie sie ins Unterholz glitt.

Ich hatte mir Pappe in die Schuhe gelegt, damit ich durch meine dünnen Sohlen die scharfkantigen Steine nicht so spürte. Die Pappe war allerdings so unbequem, daß ich sie wieder herausnehmen mußte. Zum Glück beschränkte sich der Fußmarsch diesmal auf drei Stunden; es war eine kurze Etappe, die letzte kurze auf unserem Weg. Als wir ans Ziel kamen, war Grahams Temperatur wieder gestiegen.

Bis auf ein paar Frauen und Kinder war Bassa Town bei unserer Ankunft leer. Die Männer hatten einen Elefanten erlegt und waren nun losgezogen, um ihn zu zerlegen und das Fleisch untereinander aufzuteilen. Bei den Eingeborenen gilt Elefantenfleisch als große Delikatesse; ich hatte auf einem Markt einmal den Geruch in die Nase gekriegt und daraufhin kein gesteigertes Verlangen gehabt, es zu probieren. Allerdings tat es mir leid, daß wir den Elefanten nicht zu sehen bekamen, denn den »Scharen von Elefanten«, die uns Steve Dunbar in Sacrepie prophezeit hatte, waren wir nie begegnet, wobei ich ehrlich gesagt an ihre Existenz auch nicht wirklich geglaubt hatte. Dieser Elefant lag jedoch ziemlich weit entfernt, und die Männer wurden erst am nächsten Morgen zurückerwartet.

Ich machte mir Gedanken, wie die Männer sich wohl in diesem Dorf voller Frauen benehmen würden. Bisher waren sie auf unserer Reise offenbar auf dem Pfad der Tugend geblieben, aber ich hatte so meine Befürchtungen, was in dieser Nacht zum Vorschein kommen könnte. Am nächsten Morgen gab es jedoch keinerlei Beschwerden, also war wohl, was immer abgelaufen sein mochte, in Ordnung.

Ein Mann befand sich übrigens doch im Dorf, und zwar eine Art untergeordneter Bezirkskommissar, der uns etwas vage erklärte, er sei hergeschickt worden, um die Verhältnisse vor Ort zu verbessern. Wie er dieses lohnende Ziel erreichen wollte, verriet er uns nicht. Obwohl es mich interessiert hätte, denn er machte einen dummen, faulen und phantasielosen Eindruck. Als wir ihn fragten, wie weit es nach Grand Bassa sei, überlegte er eine geraume Weile, wobei er lautlos die Lippen bewegte, als rechnete er eine komplizierte Mathematikaufgabe durch.

»Sieben Tage«, sagte er schließlich. Wir hatten ihn eigentlich nur gefragt, weil er erst vor kurzem von dort gekommen war.

Der Reis für die Männer war teuer, also näherten wir uns offensichtlich der Zivilisation. Um irgend etwas zu tun zu haben, sah ich zu, wie die Männer ihr Essen kochten, und stellte amüsiert fest, daß sie unsere Waschwanne als Topf benutzten. Es war eine armselige Mahlzeit, die sie da bekamen, ohne die dicke, gelbe, stinkende Soße, die sie so liebten: nur blanker Reis mit ein paar kümmerlichen Knochen eines unidentifizierbaren Tieres.

Und noch ein Anzeichen gab es, daß wir uns wieder der »Zivilisation« näherten, vor der mir so graute. Ein junges Mädchen, ganz offensichtlich eine Prostituierte, lungerte herum und stellte sich vor Graham in Pose. Es war ein hübsches Ding, und ich hatte den Eindruck, daß sie irgendwann schon einmal an der Küste gewesen und mit weißen Männern zusammengekommen sein mußte. Sie war süß und intelligent, wenn auch ein wenig zu optimistisch, sonst hätte sie mit einem Blick erkannt, daß mein Vetter in seinem Zustand nichts mehr mitbekam. Sie paßte nicht hierher, und ich überlegte, warum sie wohl in ihr primitives Heimatdorf zurückgekehrt war. Wieder überkam mich die plötzliche Furcht, die »Zivilisation« sei drauf und dran, den Charme und die Schönheit des Dorflebens zu zerstören. Obwohl sie noch kaum dort angekommen war, hatte sie schon ein paar häßliche Fingerabdrücke hinterlassen.

Die Straßen des Präsidenten kamen mir wieder in den Sinn; was würde geschehen, wenn sie eines Tages tatsächlich gebaut würden? Es wäre zu schön, wenn im Land ein paar Ärzte verteilt werden könnten, damit die Menschen sich nicht mehr mit so vielen Krankheiten herumplagen müßten, aber Ärzte würde ihnen die Zivilisation wohl leider als letztes bescheren. Zunächst würden ihr Denken und ihre Instinkte von höchst zweifelhaften Vorstellungen getrübt werden, während ihre armen Körper weiter dem Verfall anheimgegeben wären.

Am nächsten Morgen hatte Graham wieder Untertemperatur, und dabei blieb es die ganze restliche Reise hindurch. Er sah ziemlich schwach aus, so daß zum ersten Mal ich die Führung unseres Trüppchens übernahm. Auch dort an der Spitze gingen mir allerdings seine rutschenden Strümpfe nicht aus dem Sinn, und ab und zu konnte ich der Versuchung nicht widerstehen, mich umzudrehen und nach ihnen zu schauen, so wie man einen empfindlichen Zahn hie und da mit der Zunge befühlt, ob er noch wehtut.

Inzwischen hielt ich es wieder für möglich, daß Graham vielleicht doch nicht starb, und wie das nach überstandener Anspannung so ist, sank unsere Vitalität auf den Nullpunkt und unsere Nerven lagen blank. Selbst Amadu verlor seine eiserne Selbstbeherrschung. Als der Anführer im Streit über irgendeine Kleinigkeit nach ihm schlug, schlug er zurück. Und schon fielen sie mit Krallen und Klauen übereinander her wie zwei Wildkatzen. Der Kampf dauerte keine zwei Minuten, dann riß Amadu sich zusammen und verwandelte sich wieder in den perfekten Diener. Doch die Spannung lag weiter in der Luft, und wo immer zwei oder drei zusammen standen, flammten kleine Wortgefechte auf. Graham und ich hatten uns beim Mittagessen wenig zu sagen, aber da Stille manchmal genauso irritieren kann wie zu viel Gerede, suchten wir tapfer nach einem Gesprächsthema, das uns beide interessieren konnte. Wir landeten natürlich beim Essen, und dabei blieben wir bis zum Ende der Reise. Es war schließlich ein faszinierendes Thema – selbst als wir nach unserer Mahlzeit wieder durch den Urwald wanderten, gingen mir die leiblichen Genüsse weiter durch den Kopf, und ich sehnte mich unablässig, geradezu schmerzhaft, nach Räucherlachs.

Gyon, das nächste Dorf, in dem wir übernachten wollten, lag einen achtstündigen Fußmarsch entfernt, und nach einer Weile murmelte ich mit Tränen in den Augen im Gehen vor mich hin: »Wenn er doch bloß seine Strümpfe hochziehen würde. Wieso rutschen ihm denn dauernd die Strümpfe runter?« Meine gesamte Nervosität und Erschöpfung kulminierten in diesem einen Punkt, alles andere war mir immer noch herzlich egal, und nicht einen Moment lang kam mir der Gedanke, daß ich einfach vollkommen erschöpft war.

Nur eine kleine Episode heiterte uns an diesem Tag auf. Tommy war wieder betrunken und ging in jedem Dorf auf Beutezug, so daß wir ständig warten mußten, bis er uns einholte und den Weg wies. Schließlich riß meinem Vetter der Geduldsfaden. Zitternd vor Wut beorderte er Tommy zu sich her, und dann brüllte er los. Es war kein demonstratives Ausschimpfen, wie es unsere Träger in Sacrepie so beeindruckt hatte, sondern ein plötzlicher, unkontrollierbarer Wutausbruch. Ausdrücke und Redewendungen, von deren Existenz ich keine Ahnung gehabt hatte, sprudelten meinem Vetter über die Lippen und prasselten auf Tommy nieder, bis sie dessen Alkoholschleier zerrissen und er plötzlich zusammenklappte wie ein kaputter Liegestuhl. Sein Rausch verflog, und er verwandelte er sich in eine schluchzende Kreatur, die voraustrippelte – eilfertig, verschreckt, ein Bild des Jammers. Diese Rolle hielt er allerdings nicht lange durch, binnen kurzem schlich er sich wieder weg, um seinem Selbstbewußtsein mit ein paar Drinks auf die Beine zu helfen. Die Männer verachteten ihn, und er hatte vor uns allen das Gesicht verloren, das war ihm bewußt. Bald kam er laut hicksend wieder zurück, wiegte den Kopf und grinste dümmlich vor sich hin.

Endlich kamen wir in Gyon an. Das Dorf war wie ausgestorben, denn alle arbeiteten auf dem Feld. Keine Menschenseele ließ sich blicken. Wir setzten uns auf unsere Kisten und warteten stundenlang, daß jemand auftauchen würde. Das Dorf war verwahrlost; die Hütten waren niedrig und teilweise verfallen. Die Boys machten uns Tee, und wir genehmigten uns beide einen Teelöffel Whisky in die Tasse, was sich als schmackhaftes Getränk entpuppte und uns beträchtlich aufmunterte. Da wir keine halbe Flasche Whisky mehr übrig hatten, fühlten wir uns bemüßigt, möglichst viel davon für Notfälle aufzusparen.

Drei Stunden später kehrten die Dorfbewohner zurück, und wir bekamen zwei winzige, verdreckte Hütten zugeteilt. Unsere Träger sollten sich mit der offenen Palaverhütte zufriedengeben, da es nichts anderes gebe. Sie waren alles andere als begeistert, denn wir befanden uns mitten im Leopardengebiet und sie sahen sich schon als bequeme Beute. Graham hatte wieder starke Untertemperatur. Nachdem wir gemessen hatten, fragten wir den Häuptling, wie weit es noch bis Grand Bassa sei und wurden wieder einmal mit der Auskunft »sieben Tage Fußmarsch« beschieden.

Unser Abendessen schmeckte abscheulich, und es war das einzige Mal, daß mein Magen vollkommen streikte. Da inzwischen sowohl Butter als auch Schmalz ausgegangen waren, hatte der Koch das Huhn in Palmöl gebraten. Irgend etwas muß dem Öl an diesem Abend jedoch widerfahren sein, denn es stank ekelhaft, und das Huhn schmeckte regelrecht widerlich. Wir stocherten ein paar Sekunden auf unseren Tellern herum und schützten dann vor, nicht besonders hungrig zu sein.

Unsere Boys hielten ein langes Palaver ab. Ich verstand nicht einmal ansatzweise, worum es ging, sie hatten jedoch ohnehin beschlossen, das unter sich abzumachen. Amadu war zum Schiedsrichter ernannt worden; er setzte sich den anderen ruhig und mit größter Würde gegenüber. Er hörte sich die Zeugen an, nickte weise und stellte bisweilen eine Frage, aber die meiste Zeit saß er einfach da und hörte jeder Partei wortlos zu. Um Mitternacht dauerte das Palaver immer noch an.

Am Morgen kamen sie in aller Frühe zu Graham, um gegen das Urteil zu protestieren. Er hörte ebenfalls ernst und feierlich zu, und wahrscheinlich merkte nur ich, daß er keine Ahnung hatte, worum es ging. Irgendwann hatten beide Parteien ihren Standpunkt wohl erschöpfend erläutert. Mein Vetter sinnierte dem Anschein nach noch ein paar Minuten über die Angelegenheit, und dann verwandelte er sich ein letztes Mal in den großen weißen Häuptling, um mit dem gewohnten Erfolg sein Sprüchlein aufzusagen.

»Ich stimme Amadu zu. Palaver beendet.«

Ich sah mir meine Schuhe an und warf sie weg. Die Sohlen waren endgültig durchgelaufen, jeder Schuh hatte ein kreisrundes Loch. Ich zog ein Paar Turnschuhe mit Gummisohlen aus meinem Koffer, die sich als weich und bequem, aber fast unerträglich heiß entpuppten. Die Steine spürte ich durch die Gummisohlen zwar durch, aber mittlerweile hatte ich eine Hornhaut und bekam keine Blasen mehr. Graham sah besser aus, was mir ein vages: »Das ist gut« durch den Kopf gehen ließ, ohne daß ich dabei irgend etwas gefühlt hätte. Emotional war ich kalt wie ein Fisch. Ich versuchte, an meine Freunde in London zu denken, doch die schienen mir so weit entfernt zu sein, daß ich mich nicht auf sie konzentrieren konnte. In Monrovia würden mich zwar Briefe von ihnen erwarten, aber der Gedanke daran machte mir keine Freude. Ich konnte über den Tagesmarsch hinaus überhaupt keine Gedanken fassen. Sieben Tage Fußmarsch bedeutete mir gar nichts; es überstieg mein Vorstellungsvermögen. Nur noch der Tag vor mir zählte, das Aufstehen um fünf Uhr, die unappetitlichen Mahlzeiten, der endlose neunstündige Fußmarsch. Alles andere war mir gleichgültig. Mehr wollte ich nicht spüren, sonst hätte ich nur meine Lebenskraft verschwendet. Die Dörfer wurden immer unattraktiver, die Eingeborenen immer gewiefter, verdorbener und unangenehmer. Der Urwald war immer noch dicht, die Luft feucht und schwer, und Ausblicke gab es nach wie vor keine. Wir trotteten mechanisch voran – dumm wie Schafe auf dem Weg zum Viehmarkt, nur viel weniger lebhaft. Immer weiter, Meile für Meile. Wir waren in den letzten vier Wochen um die dreihundertfünfzig Meilen gelaufen, und nun stapften wir einfach weiter zwischen den Bäumen durch, während in der Ferne der Donner grollte. Immer weiter und weiter und weiter.

Dreizehntes Kapitel

Schließlich erreichten wir das Dorf, dessen Namen wir nie richtig verstanden, er klang wie Darndo; und wir wurden von einem freundlichen kleinen Mischling im schmutzigen weiß-rosarot gestreiften Schlafanzug empfangen.

»Sie gehören also zur königlichen Familie«, begrüßte er uns mit sichtlicher Freude.

Da unser Äußeres, so weit wir wußten, wenig Kennzeichen königlicher Würde aufwies, waren wir etwas verdutzt. »Wie kommen Sie darauf?« fragten wir ihn.

Er lächelte bescheiden. »Ich bin Detektiv, müssen Sie wissen.«

Anstelle einer Widerrede entschlossen wir uns, die Privilegien, die denen mit höherer Herkunft gewährt werden, nach Möglichkeit zu genießen.

Der Mischling, der, wie sich herausstellte, von Berufs wegen der Steuereintreiber war und seine Detektei nur als Hobby betrieb, ließ uns allein. Wir konnten beobachten, wie er hektisch in seiner Hütte herumkramte, und bald kam er wieder, mit bestürzter Miene und einem Bleistiftstummel in der Hand. Er wolle einen Bericht über uns nach Monrovia senden, sagte er, doch leider könne er nichts finden, worauf sich schreiben lasse. Graham riß hilfsbereit ein paar Seiten aus seinem Notizblock, worüber sich der Mann freute wie ein kleines Kind. Einen entsetzlichen Augenblick lang hatte er befürchtet, der größte Tag seines Lebens, dieser unvergeßliche Tag, an dem er Mitgliedern der britischen Königsfamilie die Hand geschüttelt hatte, könnte vergehen, ohne ihm die Anerkennung von oben einzutragen, die seine detektivischen Fähigkeiten für seine Begriffe verdienten. Er wollte alles für uns tun, was in seiner Macht stand, und gleichzeitig brannte er sichtlich darauf, seinen Bericht zu schreiben, denn immer wieder huschte er weg und dann sahen wir ihn in seiner Hütte mit feierlicher Miene wieder ein paar Wörter auf seine herausgerissenen Zettel kritzeln.

Viel konnte er für uns nicht tun, aber was immer ihm einfiel, wurde prompt und bereitwillig erledigt. Es wurden Stühle in den Schatten gestellt und wir wurden ermuntert, uns auszuruhen.

Nach einer Weile erfuhr meine frisch erworbene königliche Gelassenheit vorübergehend eine Erschütterung. Die Dorfbewohner hatten sich bewundernd um uns gruppiert, und da die meisten von ihnen Englisch sprachen, konnten wir uns zum ersten Mal mehr oder weniger unterhalten.

»Dich würde ich gern mal in meine Hütte mitnehmen«, sagte der Witzbold des Dorfes, und alle lachten.

Nach einem Blick auf ihn beschloß ich, nicht wie Queen Victoria »*not amused*« zu sein, sondern schenkte ihm mein allerhuldvollstes Lächeln. Es war ein freundlicher alter Mann, und er hatte es nett gemeint.

Man brachte uns Orangen und Zitronen, Körbe voller glänzender Früchte, die ersten, die wir seit langem gesehen hatten. Obwohl sie seltsam bitter schmeckten, verschlangen wir sie gierig. Der Koch beobachtete uns dabei mit zunehmend finsterer Miene. Nachdem wir schon ziemlich viele vertilgt hatten, nahm er Graham beiseite und erklärte: »Orangen sehr schlecht. Zu tüchtig reif. Massa werden krank.«

Mein Vetter zuckte sichtbar zusammen bei der Aussicht, zu all seinen Problemen hinzu auch noch Durchfall zu bekommen, und im selben Augenblick ertönte wie Hohngelächter ein Donnerschlag, um uns daran zu erinnern, daß uns nicht nur Grahams Krankheit auf den Fersen war, sondern auch die tropische Regenzeit. Graham hatte schon recht damit, daß er so schnell an die Küste wollte.

Der Steuereintreiber kümmerte sich liebevoll um uns. Er sah zu, daß man uns saubere Hütten zur Verfügung stellte, und sorgte dafür, daß die Männer eine gute Mahlzeit bekamen. Nur etwas trübte meine heitere Stimmung: Ein besonders abstoßend aussehender Mann wich Graham nicht von der Seite und war nicht davon abzubringen, sich direkt vor uns auf den Boden zu setzen. Von dort aus flehte er meinen Vetter an, ihn zu heilen, da er großes Vertrauen in die Medizin des weißen Mannes setze, um dann unter Nennung vieler unnötiger Details zu erläutern, daß er an Gonorrhöe litt.

Das gab meinem Vetter endgültig den Rest. Er wurde grün im Gesicht und ging ohne Abendessen ins Bett.

Am nächsten Morgen war es weniger drückend, da das Gewitter sich über Nacht entladen hatte, und Graham hatte sich etwas erholt. Der Mischling konnte mit Neuigkeiten aufwarten, die unser Herz erfreuten und uns frische Kräfte verliehen. Plötzlich lag Grand Bassa nur noch zwei Tagesmärsche entfernt. Zudem gab es dort ein Kraftfahrzeug, einen alten Lastwagen, der einer holländischen Handelsgesellschaft gehörte, sowie eine Straße, die etwa zwölf Meilen in unsere Richtung in ein Dorf namens Harlingsville führte. Wenn wir von King Peter's Town aus eine Nachricht an die Küste voraussandten, könnte man uns den Lastwagen entgegenschicken, was uns viel Zeit ersparen würde. Wir freuten uns wie verrückt. Das Ende war nun eindeutig abzusehen.

Auf einmal schienen unsere Entbehrungen vorüber, und wir jubelten vor Glück. Unser Frohsinn und unsere Lebensgeister kehrten wieder, und als wir am frühen Morgen aufbrachen, marschierten wir hocherhobenen Hauptes und mit flottem Schritt.

Jetzt, da das Ende nahte, kamen mir all die vertrauten Szenen des Urwaldes wieder zu Bewußtsein, und zwar fast so deutlich wie beim ersten Tagesmarsch. Die Affen amüsierten mich, und die Heerscharen von Ameisen, die sich durch den Busch schlängelten, faszinierten mich mit ihrem Fleiß. Die Schmetterlinge an den Flußufern sahen aus wie tausend bunte Blütenblätter, die jemand der Braut auf den Weg zum Altar gestreut hatte. Mein Körper machte seine letzten Energiereserven mobil und fühlte sich straff, kräftig und gesund an. Heimlich hauchte ich den großen Bäumen, den unwegsamen Pfaden, und dem Leben, das wir hinter uns ließen, Abschiedsküsse zu.

Ich mochte Abschiede noch nie, ich mag nicht all das hinter mir lassen, was ich liebe und gewohnt bin. Ich will immer alles auf einmal. Die ganze Tagesetappe war ein einziger langer Abschied, und ich badete geradezu genüßlich in einem Meer der Sentimentalität. Lebt wohl, ihr kleinen rosa Blümchen, lebt wohl, ihr Schlangen, und leb wohl, gründlich wohl, du langweiliges Wandern durch den Urwald.

Es mochte ein bißchen verfrüht sein, in all diesen Gefühlen zu schwelgen, aber ich war in der Stimmung dazu und nutzte die Gelegenheit, denn man wußte nie, was uns am nächsten Tag schon wieder erwartete.

Die Strapazen des Vortags wirkten noch nach, und ich befand mich mittlerweile in dem Zustand, in dem man über alles lachen muß. Ich lachte, als sich King Peter's Town als schäbiges, schmutziges Dorf entpuppte, weil ich davon ausging, es würde unsere letzte Nacht in einer Eingeborenenhütte. Ich lachte, als Graham mir eröffnete, daß wir am nächsten Tag bis nach Harlingsville offenbar zwölf Stunden bräuchten – ich kicherte, als hätte er mir einen Witz erzählt und erklärte, das störe mich überhaupt nicht. Mit schmerzenden Seiten ging ich in meine Hütte und setzte mich aufs Bett, und als Laminah mit meiner kleinen Waschschüssel voll abgekochten Wassers hereinkam, lachte ich wieder. Laminah starrte mich entgeistert an, dann stimmte er in mein Gelächter ein. Wir lachten, bis uns die Tränen kamen und bis ich plötzlich verwundert entdeckte, daß ich nicht mehr lachte, sondern weinte. Ich vergrub den Kopf in mein Kissen, und Laminah ließ mich allein.

Irgendwann hörte ich die Trillerpfeife schrillen, die Tommy immer mit sich herumtrug, und ich ging nachsehen, was er wieder anstellte. Er hatte in dem Dorf ein paar Boten aufgetrieben, die ähnliche blaue Uniformen trugen wie er, und sie gezwungen, in Reih und Glied (oder was er dafür hielt) aufzumarschieren. Sie mußten strammstehen, während er die liberianische Flagge einholte, die halbherzig an einem zerfledderten Mast in der Dorfmitte wehte. Beduselt wie üblich wurde Tommy trotzig wie ein Kind und stampfte mit dem Fuß auf, als er merkte, daß ihn die anderen Boten nicht ernst nahmen. Er triezte sie hartnäckig und ließ nicht locker, während unsere Träger herumstanden und ihn veräppelten, bis er plötzlich die Nerven und das Interesse an dem ganzen Theater verlor und sich trollte.

Mein Vetter schrieb einen Brief an die Dutch Trading Company in Grand Bassa, sie möchten uns bitte ihren Lastwagen nach Harlingsville entgegenschicken, und übergab ihn einem Boten zur sofortigen Überbringung. Höchst romantisch klemmte der Bote den Brief in einen gespaltenen Holzstab und schlüpfte, eine Lampe mit unserem letzten Öl in der anderen Hand, in der Abenddämmerung aus dem Dorf. Die ganze Nacht würde er nun allein durch den Busch laufen müssen. Wie ein Feenlicht schwankte die kleine Laterne zwischen den Bäumen davon, bis sie langsam verschwand.

Vor lauter Vorfreude konnte ich kaum einschlafen. Morgen nacht würde ich zwischen weißen Bettlaken liegen, dachte ich, und das Beste: Wenn ich wollte, könnte ich vierundzwanzig Stunden lang schlafen, und kein Mensch würde mich um fünf wecken und zum Aufstehen mahnen. Das klang zu schön, um wahr zu sein – und tatsächlich war es das auch.

Um vier Uhr standen wir auf, und Graham meinte, keine zehn Pferde brächten ihn dazu, auf dem Weg nach Harlingsville noch einmal irgendwo zu übernachten. Wir schlugen ein flottes Marschtempo an; ich kam mir vor wie auf einem Querfeldeinrennen mit unbekanntem Ziel. Sogar die Männer ließen sich von unserer Vorfreude anstecken, und wir stürmten vorwärts wie unter der Peitsche, angetrieben von der fiebernden Ungeduld meines Vetters. In unserer Eile spürten wir weder die Hitze noch die Erschöpfung, denn wir hatten alle nur noch einen Gedanken: »Wir müssen nach Harlingsville, wir müssen nach Harlingsville.«

Nach einer Weile machten wir Rast, und diese Rast war so angenehm, daß ich eine halbe Stunde lang vollkommen entspannte und über der tiefen Zufriedenheit mit meiner Umgebung alles andere vergaß. Wir waren wieder an einer Mission vorbeigekommen und dort von dem deutschen Missionar und seiner Frau herzlich empfangen worden. An den Mann kann ich mich nicht mehr erinnern, aber das Bild der Frau trage ich immer noch im Herzen. Sie war drall und üppig; ihr graues Haar war straff zurückgekämmt und zu einem festen Knoten am Hinterkopf aufgedreht. Sie sah genauso aus, wie man sich eine altmodische gute deutsche *Hausfrau* vorstellt, das Bild stimmte bis ins letzte Detail. Es schien mir fast, als hätte sie sich zum Spaß für eine Party so verkleidet und dabei an alles gedacht, sogar an die schwarzen Wollstrümpfe. Aber so füllig ihr Körper, so groß war ihr Herz, die Herzlichkeit strömte ihr förmlich aus allen Poren. Sie stellte uns gekühlte Fruchtsäfte und köstliche Lebkuchen hin und zauberte – die perfekte Hausfrau eben – sogar Papierservietten hervor, damit wir unsere roten, rissigen Hände damit fein abtupfen konnten. Und plötzlich mußte ich fast weinen, als sie mir sanft über den Kopf streichelte und auf Deutsch sagte: »Mein armes Kind« – genau wie meine Mutter früher, wenn ich traurig war. Da merkte ich, daß ich einfach mal wieder ein bißchen umhegt und umsorgt werden wollte und mich danach sehnte, daß jemand mich wichtig nahm. Als ich mich bei unserem Abschied bei ihr bedanken wollte, brachte ich aus Angst, meine Stimme könnte versagen, kaum ein Wort heraus, denn am Vortag hatte ich ja erlebt, wie schnell ich zur Zeit die Fassung verlor.

Nach Harlingsville seien es nur noch sechs Stunden zu Fuß, sagten die beiden, um hinzuzufügen, soviel sie wüßten, sei der Lastwagen in Grand Bassa vor ein paar Monaten kaputtgegangen, die restlichen zwei Stunden zur Küste müßten wir vermutlich laufen.

Das war nun nicht zu ändern, auch wenn Graham wieder sehr elend aussah und ich mir kaum vorstellen konnte, wie er durchhalten sollte.

Wir setzten unseren Eilmarsch fort, und plötzlich gelangten wir aus dem Urwald und aufs weite, offene Land. Inzwischen war ich so daran gewöhnt, von Bäumen umgeben zu sein, daß ich zunächst nichts von dem fabelhaften Freiheitsgefühl spürte, das ich erwartet hatte, sondern mir eher auffällig und ungeschützt vorkam; ein bißchen scheu, als hätte ich plötzlich alle Kleider abgestreift.

Und nun begann die »Zivilisation« – ein paar windschiefe Häuser mit kaputten, rostigen Blechdächern, ein paar Mischlinge, die schlafend und mit einer Flasche Zuckerrohrschnaps neben sich im Staub lagen, eine Frau, die laut zeternd ihr Kind schlug.

Als wir um die nächste Kurve bogen, stand da der Lastwagen.

Es war phantastisch. Es war, wie als Kind am Weihnachtsmorgen aufzuwachen und festzustellen, daß der Weihnachtsmann tatsächlich gekommen ist. Ich brachte kein Wort über die Lippen.

Ganz anders unsere Träger. Sie hatten etwas Derartiges noch nie gesehen und inspizierten das Gefährt von allen Seiten, schnatternd wie die Gänse. Unsere Boys, froh ob ihrer so offensichtlichen Überlegenheit, erklärten leicht süffisant, worum es dabei ging. Erst nach einer Weile verstanden die Träger, daß der Lastwagen tatsächlich uns alle samt unseren Kisten und ohne die geringste körperliche Anstrengung unsererseits an die Küste bringen würde. Was die Küste ist, wußten sie allerdings auch nicht, denn keiner von ihnen hatte je das Meer gesehen; sie konnten es kaum mehr erwarten, bis dieses Geheimnis sich endlich lüften würde. Und mit ihrem Staunen hatten sie recht. Still zu sitzen, während Bäume und Häuser an einem vorbeiglitten, war ein ausgesprochen erstaunliches Gefühl. Ohne Anstrengung, ohne jegliche Anstrengung. Die Fahrt in diesem alten Lastwagen, der mit seiner Ladung von zweiunddreißig zusammengepferchten Menschen die Landstraße entlangrumpelte, war mit das Schönste, was ich je erlebt habe.

Wir kamen gerade noch rechtzeitig in Grand Bassa an. Der einzige weiße Einwohner war gerade dabei, die Stadt zu verlassen. Es war der Krämer, der mangels Geschäft seinen Laden schließen mußte. Er drückte uns sofort je ein großes Glas kühles Bier in die Hand, doch zu meinem Leidwesen schmeckte es mir nicht so, wie ich gedacht hatte. Wie so oft war die Vorfreude viel, viel schöner als die Wirklichkeit.

Während Graham die Träger auszahlte, schärfte der Krämer jedem einzelnen von ihnen ein, die Stadt so schnell wie möglich wieder zu verlassen. Sie seien zu unbedarft, um mit dem vielen Geld in der Tasche dort sicher zu sein. Man würde sie ausrauben, und den Rest würde ihnen die Polizei mit allen möglichen erfundenen Steuern und Gebühren abknöpfen. Die Männer machten große Augen, denn ohne Graham, der so lange als Vaterfigur fungiert hatte, fühlten sie sich nun verloren. Sie fänden ja gar nicht nach Hause, sagten sie, ob sie vielleicht an der Küste entlanglaufen könnten? Der Krämer beschwor sie, so schnell wie möglich ins Landesinnere abzuzweigen, an der Küste seien sie grundsätzlich in Gefahr und in den einsameren Küstenregionen sei man ohne Schußwaffe sowieso nicht sicher. Sie standen da wie die begossenen Pudel und wirkten in ihrem primitiven Aufzug plötzlich recht fehl am Platz.

Als wir später noch einen kleinen Spaziergang durch die Stadt machten, stellten wir fest, daß sie sich alle betrunken hatten, und zwar nicht leutselig und träumerisch mit Palmwein, sondern rauh und lärmend mit billigem Zuckerrohrschnaps. Ich kehrte wieder zum Krämerladen zurück, um nicht mitansehen zu müssen, was wir ihnen zugefügt hatten. Daß sie ihr Geld bald los sein würden, war offensichtlich – die Stadtbewohner stürzten sich auf sie wie die Geier und nahmen sie nach Strich und Faden aus. Ein paar wurden mit aufs Revier geschleppt, damit auch die Polizei noch rechtzeitig ihren Anteil abbekam. Ich hoffte inständig, daß sie bis zum nächsten Morgen ihr Geld verpraßt hätten und zu ihren Familien und in die gewohnten Bahnen ihres Dorflebens zurückkehrten.

»Frische Rindersteaks«, verkündete der Krämer stolz, als er uns beim Abendessen auftat. »Ich freue mich, daß ich das für Sie bekommen habe. Solchen Luxus haben wir hier nicht oft.«

Man konnte nicht sagen, daß wir in letzter Zeit mit gutem Essen verwöhnt worden wären oder besonders heikel waren, aber während ich an dem gummiartigen Stück Fleisch kaute, das noch zäher war als die Hühner auf unserem Speiseplan, staunte ich nicht schlecht über den Mann, der so fröhlich am Kopfende unserer Tafel saß.

»Das schmeckt, was?« fragte er, während er sich noch ein Steak nahm.

Ich schluckte einen großen Bissen unzerkaut hinunter. »Vorzüglich«, gab ich zu zur Antwort.

Er hatte jahrelang in dieser kleinen Stadt allein gelebt, und nun, da der kleine Laden bankrottgegangen war, zog er nach Monrovia, um im großen Geschäft zu arbeiten. In die Hauptstadt, nannte er es stolz, voller Vorfreude darauf, in Zukunft mitten im Trubel zu wohnen, einer von dreißig Weißen zu sein, statt weit und breit der einzige.

Wir hatten erwartet, gut eine Woche in Grand Bassa festzusitzen, bevor uns irgendein Schiff mitnahm. »Vierundzwanzig Stunden schlafen«, sagte ich mir selig vor, als ich zu Bett ging.

Doch kaum war ich eingeschlafen, wurde ich schon wieder wachgerüttelt. Ich schlug die Augen auf, und wer stand da? Ein aufgeregter Laminah. Es war noch sehr früh.

»Geh weg«, sagte ich.

»Missis aufstehen. Tüchtig schön Boot. Fahr schnell, schnell, schnell Monrovia.«

Graham kam herein; ich solle mich anziehen. Ein kleines Schiff unternehme mit einem Trupp von Politikern seine Jungfernfahrt nach Monrovia. Wenn wir rechtzeitig kämen, könnten wir mitfahren.

Ich beeilte mich, so gut ich konnte, und rannte bald hinter Graham her zum Kai hinunter.

Es war tatsächlich ein sehr kleines Schiff, das absolut nicht hochseetauglich aussah. Der Krämer war gekommen, um uns zu verabschieden, und flehte uns nun an, einer solchen Nußschale nicht unser Leben anzuvertrauen. Das Schiff platzte bereits aus allen Nähten, mindestens hundertfünfzig schwarze Männer hingen über die Reling und versuchten nach Kräften, uns vom Mitfahren abzuhalten, indem sie brüllten, es sei kein Platz, was nur vollkommen der Wahrheit entsprach. Der Kapitän war jedoch wildentschlossen, Geld zu verdienen, so lange es ging, denn der Kutter war so windig gebaut, daß seine erste Fahrt vermutlich auch seine letzte bleiben würde. Irgendwie schaffte es der Kapitän, uns und die Boys noch hineinzuquetschen, brüllte, daß jeder in Ketten gelegt würde, der die kleinste Bewegung machte, blies in eine Trillerpfeife und gab das Kommando zum Ablegen.

Die Politiker an Bord gehörten zur Opposition und wollten nach Monrovia, um anläßlich der bevorstehenden Präsidentschaftswahlen Demonstrationen zu veranstalten. Als Vertreter der Opposition hielten sie es offenbar für ihre Pflicht, gegen alles zu sein und bei jeder sich bietenden Gelegenheit zu widersprechen. Sie widersprachen, wenn der Kapitän dem Maschinisten unter Deck Kommandos zubrüllte, sie widersprachen allem, was mein Vetter sagte, und sie widersprachen sich lautstark gegenseitig. Der Lärm war ohrenbetäubend, der Zuckerrohrschnaps wurde zwanglos herumgereicht.

»Keine Bewegung!« bellte der Kapitän jedes Mal, wenn wieder einer volltrunken zusammensackte. Dann erzitterte das Schiff nämlich und bekam Schlagseite, bis es sich wie von Zauberhand wieder aufrichtete.

Ich nickte ein, und als ich ein paar Stunden später wieder

aufwachte, waren fast alle Passagiere betrunken. Tumult und Geschrei hatten sich gelegt und flammten nur hier und da wieder auf; die Politiker, die zusammengepfercht an Deck hockten, waren zum Großteil eingeschlafen. Der Kapitän sah so aus, als hätte er sich ebenfalls ein paar Schlucke genehmigt, so daß ich meinem Seelenfrieden zuliebe froh war, daß ich den Maschinisten nicht zu Gesicht bekam. Stundenlang tuckerte das Schiff auf seinem schlingernden Kurs dahin. Die Sonne brannte herab, und mir sackten von rechts und links alkoholisierte Politiker auf den Schoß. Einige stöhnten leise, weil die Mischung aus Sonne und Zuckerrohrschnaps ihnen auf den Magen schlug, andere schnarchten laut und vernehmlich.

Endlich kam Monrovia in Sicht. Wie so viele tropische Städtchen sah es vom Meer aus wie verzaubert aus. Mit der Sonne auf seinen grünen Bäumen und gelben Sandstränden wirkte es grazil und märchenhaft, und die nie versiegende Hoffnung in meiner Brust wisperte mir zu: »Was für ein zauberhafter Ort!«

Heute gehe ich ganz, ganz früh ins Bett, sagte ich mir vor; die Stadt erkunde ich morgen, wenn ich wieder ausgeruht bin.

Als wir in dem Haus ankamen, wo wir übernachten sollten, stellte sich heraus, daß dort eine Party gefeiert wurde. Bevor wir uns auch nur frischmachen konnten, wurden uns schon Drinks in die Hand gedrückt. Kein Mensch wunderte sich über unsere Anwesenheit oder erkundigte sich nach unserer Reise. Die meisten Partygäste lebten schon seit vielen Jahren in Monrovia, aber mir begegnete keiner, der weiter ins Landesinnere vorgedrungen wäre als einen Zweitagesmarsch. Das Thema interessierte einfach keinen. Eigentlich wurde überhaupt wenig geredet. Es war wohl zu heiß, um irgend etwas anderes zu tun als zu trinken.

Nach dem Essen murmelte ich: »Ich muß jetzt leider schlafen gehen. Ich bin ein wenig müde.«

»Unsinn«, riefen alle. »Sie können uns doch nicht die Party verderben. Hier, trinken Sie das.«

Um zwölf nahm ich wieder all meinen Mut zusammen und sagte: »Jetzt muß ich aber schlafen gehen.«

»Es ist noch viel zu früh«, riefen alle, indem sie aus der Lethargie, in die jeder verfallen war, für ein paar Sekunden aufwachten. »Hier, trinken Sie das.«

Ich wollte nichts mehr trinken, war aber zu müde, um mich herumzustreiten, also nahm ich das Glas in Empfang. Der kleine Energieschub im Raum war bald wieder verpufft, und man versank wieder in völlige Apathie.

Es war unglaublich heiß und stickig in dem Wohnzimmer, und die Luft kam mir noch schwüler vor als auf unserer Reise. Daß ich das so empfand, lag nicht nur an meiner Müdigkeit, jeder im Raum war davon erschöpft. Ich hatte mir einen Platz am Fenster gesichert, damit ich meine Drinks hin und wieder wegkippen und damit weiteren uncharmanten Bemerkungen über meine mangelnde Partykondition aus dem Weg gehen konnte.

Um zwei Uhr gab ich mir schließlich einen Ruck. »Ich gehe jetzt zu Bett«, sagte ich mit fester Stimme. »Gute Nacht.«

Und dann ließ ich unter Ablehnung jeglicher weiterer Drinks und ungeachtet aller entsetzten Aufschreie, ich würde die Party verderben, die anderen allein. Es waren nette, gastfreundliche Menschen, aber für mich war der Moment gekommen, wo nichts auf der Welt mich mehr wachhalten konnte. Ich ging zu Bett und löschte mein Licht.

Das Abenteuer war vorbei. Die Zivilisation hatte mich wieder.

Vierzehntes Kapitel

Ich fand Monrovia grauenhaft – jeden einzelnen Moment, den wir dort verbrachten. Ich war müde, aber was noch viel schlimmer war, ich langweilte mich. Jede Minute, jede Sekunde der Tage, die wir dort zubrachten, war von einer solch unsäglichen Langeweile geprägt, wie ich sie hoffentlich nie wieder erleben muß.

Das Wetter war so kurz vor der Regenzeit unerträglich und raubte einem das letzte Quentchen Energie. Graham lebte erstaunlicherweise ein wenig auf, ich dagegen war vollkommen erschöpft. Von den dreißig Weißen, die in Monrovia lebten, wurden neun im Lauf unseres Aufenthaltes dort krank.

Ich sehnte mich nach Schlaf. Unsere ständigen gesellschaftlichen Verpflichtungen machten es mir aber schlicht unmöglich, mich richtig auszuruhen. Ich verzehrte mich nach einem riesengroßen Glas Saft, doch nichts war schwieriger zu bekommen als das. Die Limonade, mit der wir morgens unser Chinin einnahmen, war großzügig mit Gin versetzt, und als ich versuchte, dem Boy zu erklären, daß ich gern ein nichtalkoholisches Getränk hätte, lächelte er verständnisvoll und kehrte umgehend mit einem Whisky Soda wieder. Den Vormittag brachten wir größtenteils damit zu, von Haus zu Haus zu pilgern und Bier zu trinken. Nach dem Lunch war es zu heiß, um irgendwas zu unternehmen, selbst wenn wir zu dem

Zeitpunkt noch dazu fähig gewesen wären, und abends begannen dann die endlosen Parties, die bis drei oder vier Uhr morgens dauerten. Jedes Mal, wenn ich um Limonade pur oder einfach ein Glas Wasser bat, kreischte man entsetzt und beschimpfte mich als Partymuffel, aber ich war zu erschöpft, um mich herumzustreiten oder auch nur darüber zu amüsieren. Die meiste Zeit saß ich trübselig in einer Ecke, ein zickiger, unangenehmer Gast. Ich muß in den diversen Räumen, in denen wir eingeladen waren, literweise Gin und klebrig-süßen *Crème de Menthe* aus dem Fenster gekippt haben.

Es gab nichts zu tun. Ich wollte baden, doch kaum stand ich bis zu den Knien im Wasser, zog die Strömung schon so stark, daß ich mich nur mit letzter Kraft ans Ufer retten konnte, und man schärfte mir ein, das nie wieder zu versuchen. Einmal in der Woche trafen sich die Männer, um auf Flaschen zu schießen, und einmal veranstalteten sie ihre Billiardparty. Mehr Unterhaltung gab es nicht. Es gab keine Bücher, da das Papier in diesem feuchten Klima sofort verrottete oder aber von Termiten vertilgt wurde. Es gab keinen Golfplatz und keine Pferde. Die Weißen, die aus aller Herren Länder und den verschiedensten Gesellschaftsschichten stammten, waren zum Zusammenleben auf engstem Raum gezwungen, ohne Zerstreuung, ohne Ablenkung und ohne wirkliche Arbeit, die ihnen half, ihre Exiltage zu überstehen. Es war ein gottverlassener Winkel der Welt, in dem einem jeder Tag vorkam wie eine große, schattenlose Wüste, die es zu durchqueren galt, bevor die Nacht wieder ein paar Stunden süßen Vergessens bringen konnte. Es gab nichts zu tun, außer zu trinken. Alle vierzehn Tage kam das Postschiff aus England vorbei, um den Exilanten Briefe und Tiefkühl-Steaks zu bringen; dann regte sich ein Hauch von Leben in der Stadt. Waren die Briefe gelesen, gab es für die nächsten zwei Wochen wieder keine

Neuigkeiten. Es konnte auch gar nichts Erwähnenswertes passieren. Nicht einmal die hinter vorgehaltener Hand erzählten Skandale waren besonders aufregend, auch die waren tödlich monoton. Ich war müde, ich langweilte mich, und ich hatte keine Lust zu trinken. Die Tage schleppten sich dahin.

Monrovia war ein heruntergekommenes Nest; die meisten Häuser waren halb verfallen. Das imposanteste Gebäude war der Präsidentenpalast, dessen Würde allerdings vom Anblick der zum Lüften auf den Balkonen ausgehängten Anzüge seiner Exzellenz womöglich ein wenig beeinträchtigt wurde.

Die Straßen waren ungepflastert und mit Unkraut überwachsen. Hier und dort standen Telegraphenmasten – wieder ein Beweis vieler hochfliegender Pläne, die ein paar Monate gelebt hatten, um dann im frühen Kindesalter an Entkräftung und Unterernährung zu sterben. Die Post befand sich auf einem Dachboden, zu dem man auf einer alten Leiter hinaufkletterte. Die ganze Stadt war ein trauriges Kapitel und wirkte wie ausgestorben, wenn nicht gerade eine politische Demonstration unter Zuhilfenahme von Zuckerrohrschnaps aufgebrachte Menschen auf die Straße trieb und die Luft mit Geschrei erfüllte.

Sollte ich hier ein allzu düsteres Bild der Stadt zeichnen, so wird man mir hoffentlich vergeben. Vielleicht hätte mir in meiner damaligen Verfassung nichts gefallen. Vielleicht hätten die sieben Weltwunder, der Hafen von Rio im Mondschein oder Paris im Frühling ihre Reize vor meinen Augen vergeblich verströmt. Ich war erschöpft; meine Seele war tot und würde erst wieder auferstehen, wenn man meinen Körper mit gutem Essen, einem ausgiebigen Bad und einer Maniküre wiederbelebt hätte.

Auf ziemlich steifen Dinnerpartys lernten wir gelegentlich Minister des liberianischen Kabinetts mit ihren Gattinnen kennen. Erstaunlicherweise blieben diese Minister, ganz im Gegensatz zu den allermeisten Weißen, auf diesen Partys stets nüchtern, oft um den Preis, dann lieber gar nichts zu trinken. Die Konversation beim Essen glänzte nicht gerade durch lebhaften Esprit, trotz unserer redlichen Bemühungen um fröhliches Geplauder. Graham und ich warfen uns bemüht die Bälle zu, doch jeder Ball kam uns extrem schwer vor, so daß man ihn kaum in der Luft halten konnte, und nur zu bald plumpste er wieder herunter und blieb schlapp und kraftlos liegen. Es geschah fast rhythmisch. Wobei die Stille, die auf jeden Absturz folgte, einem nicht etwa eine Ruhepause gönnte, sondern hektisches Stöbern erforderte, nach irgend etwas wenn auch noch so Uninteressantem, das man hervorkramen konnte, um die nächsten Minuten zu überbrücken. Anders als der joviale Präsident oder der dramatisch begabte Colonel Davis waren die meisten Minister zu sachlich, zu ernsthaft und zu schüchtern, um bei solchen Abendessen aus sich herauszugehen. Sie hatten mein Mitgefühl. Eleganz oder Leichtigkeit wollten einfach nicht aufkommen, und wir krümmten uns alle verzweifelt.

Der Finanzminister stellte allerdings eine Ausnahme dar. Es war ein gut gekleideter junger Mann mit großen, traurigen Augen, vermutlich das kultivierteste Mitglied der Regierung und schon mehrmals nach Europa gereist. Er schätzte Kunst, Kultur und Bildung, und wir fanden es regelrecht tragisch, daß er so wenig Gelegenheit hatte, seinen Neigungen zu folgen. Er lud meinen Vetter und mich zum Tee ein, wobei er sich dann zur Feier des Tages etwas bemüht als Bohèmien verkleidete: Halstuch und sorgfältige Nachlässigkeit in der Erscheinung. Wir witterten sofort, daß uns allfällige künstlerische Darbietungen bevorstanden. Wir sollten recht behalten.

»Ich dachte mir, ein wenig Musik wäre nett«, sagte er, während er uns in ein kleines, stickiges Musikzimmer führte.

Und dann gab unser Gastgeber Lieder zum besten, romantische, rührselige Lieder aus der Feder des Präsidenten höchstpersönlich. Er hatte eine schöne Stimme, die allerdings weniger gut zu hören war, als wir es gern gehabt hätten, denn das Klavier war durch die klimatischen Verhältnisse völlig verstimmt und klang so blechern, daß nur gelegentlich ein, zwei Töne der Melodie zu erkennen waren. In raschem Turnus folgte ein Lied aufs andere. Graham und ich saßen steif auf harten Stühlen und murmelten von Zeit zu Zeit, wie angetan wir seien. Die Lieder waren allesamt süßlich und brachten recht viktorianische Gefühlslagen zum Ausdruck. Diese Einladung zum Tee hat sich unauslöschlich in mein Gedächtnis gebrannt; ich werde sie ganz gewiß niemals vergessen.

Sonst unternahmen wir nichts. Ab und zu erreichte uns das Gerücht, ein Schiff würde erwartet, doch ein paar Stunden später wurde das jedesmal dementiert.

Unsere Boys wichen uns nicht von der Seite, um uns bis zur letzten Minute zu Diensten zu sein. Sie waren untröstlich, daß wir uns in Freetown würden trennen müssen; wir waren inzwischen so gut aneinander gewöhnt und kannten voneinander alle kleinen Eigenheiten. Wir schenkten ihnen alles, was wir nicht mehr brauchen konnten. Amadu nahm jeden Gegenstand würdevoll entgegen, Laminah dagegen tanzte um mich herum und bettelte unaufhörlich um mehr.

»Ich glaube, ich nehme meine Shorts mit zurück nach England«, sagte ich zu Graham. »Auf dem Land kann ich sie ja noch tragen.«

Das war natürlich keine besonders intelligente Idee, denn sie hatten mir noch nie gefallen, aber ich war doch verwundert, daß Graham sich so vehement dagegen wehrte.

»Oh nein«, sagte er wutentbrannt, und dann legte er mir mit aller ihm zu Gebote stehenden Beredsamkeit im Detail auseinander, wie ich darin aussah. Es war doch schlimmer, als ich gedacht hatte, und ich vermachte die Shorts auf der Stelle demütig Laminah.

Wir warteten. Und tranken. Ich kam grundsätzlich erst in den frühen Morgenstunden ins Bett. Ich glaube, mein Vetter langweilte sich genauso wie ich, nur hatte er bessere Manieren und zeigte es nicht so deutlich. Ich bewunderte ihn, hatte aber einfach nicht mehr die Kraft, es ihm nachzutun. Die Tage schlichen dahin.

Ich ließ die Mondnächte noch einmal vor meinem inneren Auge erstehen, die süßen Harfenklänge und unseren panischen Wettlauf zur Küste, als unsere Tage übergangslos ineinander verschmolzen waren wie in einem Traum. Die Erinnerung, die gnädigste unserer Fähigkeiten, heilte bereits alle Blessuren, die wir uns zugezogen hatten, und ließ nichts übrig als die Höhepunkte unserer Reise, die Freuden und Vergnügen.

»Abschiede sollten plötzlich sein«, hat Byron gesagt. Wie recht er hatte. Das Stück war zu Ende, aber der Vorhang hatte sich in der Kulisse verfangen, und nun standen wir untätig auf der Bühne herum. Ich hatte mich längst verabschiedet, damals im Urwald, und jetzt wollte ich die ganze Komödie hinter mir lassen. Dieses Hinauszögern des Endes verstieß gegen die Regeln der Kunst und brachte alles aus dem Gleichgewicht. Traurig, fand ich, daß das Leben seine Szenen nie ohne die unvermeidliche Ernüchterung schrieb.

Schließlich legte am Kai ein kleiner Frachter an, der Platz für uns hatte. Ich stolperte an Bord, ging zielstrebig in meine Kabine und schlief sofort ein. In Freetown wachte ich vorübergehend auf – gerade lange genug, um mich von unseren

Boys zu verabschieden und einige Partys zu besuchen, auf denen man mir wieder unzählige unerwünschte Drinks in die Hand drückte.

Sobald wie möglich flüchtete ich mich zurück aufs Schiff und legte mich in die Badewanne, bis zum Hals in lauwarmes, sauberes Wasser. Leider verlief diese allmähliche Rückkehr zur Zivilisation auch wieder unbefriedigend. Das Badewasser war salzig, so daß ich hinterher klebte und mir heiß und ungemütlich war. Nichts gestaltete sich so, wie ich es mir erhofft hatte.

Die Tage vergingen wie in Zeitlupe. Bald ließen wir die sengende Sonne hinter uns und tauchten in nebliges Unwetter ein. Mein einziges warmes Kleid starrte vor Dreck, meine Strümpfe hatten die Ratten gefressen und mein Regenmantel war vollkommen zerrissen. Da ich all den Schmutz leid war, lief ich lieber den ganzen Tag bibbernd vor Kälte herum. Ich konnte der Zukunft beim besten Willen nichts abgewinnen.

Die Tage schlichen dahin, bis wir zu guter Letzt in Dover anlangten. Um vier Uhr früh warf man uns von Bord. Es regnete, es war ein bitterkalter Aprilmorgen. Stumm und trübsinnig setzten sich Graham und ich im Zollhäuschen auf unsere Kisten und warteten, bis ein Beamter kam, um uns abzufertigen.

Irgendwann mußte ich mich dann von Graham verabschieden, denn er blieb in Dover, und ich setzte mich wieder auf meine Kisten, bis der nächste Zug nach London abfahren würde.

Als Häuflein Elend saß ich da und wartete, ein müdes Waisenkind in einem schäbigen Regenmantel, ohne Strümpfe und mit einem seltsamen Gebilde auf dem Kopf, das irgendwann einmal ein Hut gewesen war.

Der Regen prasselte herunter, der Wind heulte, und ich fühlte mich mutterseelenallein.

»Wolln Sie nich ne Tasse Kaffee, Miss?« fragte mich im schönsten Cockney ein Kofferträger. »So schnell kommt da kein Zug.«

Ich stand wortlos auf und folgte ihm. Er hatte ein Feuerchen brennen, und der Kaffee war schön heiß.

»Wo ham denn Sie sich rumgetrieben?« wollte der Kofferträger wissen.

Ich warf einen Blick auf meine Habseligkeiten: eine afrikanische Harfe, ein paar Schwerter und Dolche. Mir war wieder warm, und plötzlich sah die Welt sehr viel freundlicher aus.

»Es war die Reise wert«, antwortete ich.

Barbara Greene

(28. IX. 1907—1. XII. 1991)

Versuch eines Porträts

von Rupert Graf Strachwitz[1]

Barbara Greene war meine Mutter. Über sie zu schreiben, ist für mich nicht leicht. Denn einerseits will ich versuchen, mehr zu tun als nur Geschichten wiederzugeben, an die ich mich aus meiner Kinderzeit erinnere. Andererseits fällt es nicht leicht, die notwendige Distanz zu meinem Gegenstand zu wahren. Fortwährend tauchen solche Geschichten beim Schreiben in der Erinnerung auf. Vieles aus der Beziehung mit der Mutter ist auch 17 Jahre nach ihrem Tod noch nicht abschließend reflektiert und aufgeräumt, ja wird es vielleicht gerade erst durch das Schreiben.

Wer Barbara, wie ich sie von jetzt an nennen werde, am Ende ihres Lebens begegnete, wird vielleicht überrascht sein, wenn ich sie als Abenteurerin bezeichne. Aber je mehr ich beim Schreiben dieses Beitrages – und gleichzeitig bei der Vorbereitung eines Vortrags, den ich anläßlich ihres 100. Geburtstags in England zu halten hatte – die relativ spärlichen Quellen sichtete, desto mehr reifte in mir die Überzeugung, daß sie dies im Herzen war, bei aller Ambivalenz und in vieler Hinsicht strikten Konventionalität. »Ich mochte es, so lange es schwierig war«, sagte sie über ihre Zeit in Argentinien nach dem 2. Weltkrieg.[2] Und an bange Wochen in einem kleinen Dorf am Arlberg am Ende des 2. Weltkriegs, im völligen

Chaos, ohne Geld und ohne Nachricht von ihrem Mann, erinnerte sie sich, es sei »eine schöne Atmosphäre« gewesen.[3] Einige Monate später, inzwischen aus dem sicheren Liechtenstein, schrieb sie ihrer Schwester Ave: »Als junges Mädchen habe ich immer gebetet, daß ich mein Leben würde wirklich leben können, mit allen Höhen und Tiefen, und meine Gebete sind erhört worden.«[4]

Als sie dies schrieb, muß ihr das erste große Abenteuer, ein Monat zu Fuß durch das Hinterland von Liberia, im Rückblick wie ein Sonntagsspaziergang vorgekommen sein, verglichen mit dem, was sie seitdem erlebt hatte. Ihr ganzes Leben war zum Abenteuer und Deutschland durch eine merkwürdige Abfolge von Fügungen in den Mittelpunkt gerückt worden. Ich will mich daher im folgenden auf diese beiden Phasen ihres Lebens konzentrieren und versuchen, Barbaras außergewöhnliche Persönlichkeit daraus und aus dem Kontrast zu dem zu entwickeln, was sie »mein frühes Leben« nannte.

Barbara blieb für ihre nächste Umgebung immer ein wenig geheimnisvoll. Auch gibt es Grund zu der Annahme, daß andere Menschen Dinge erfuhren, die sie ihren Kindern vorenthielt. Nicht nur gehörte sie einer Generation an, die es als eine Tugend ansah, nicht jedem alles zu erzählen, ja manches der Vergessenheit anheim fallen zu lassen. Bis zum Ende ihres Lebens, als meine Schwester[5] und ich beide über vierzig waren, hatten wir immer den Eindruck, sie frage sich bei allem, was sie zu uns sagte, ob es auch für Kinder passend sei. Ein Schleier des Geheimnissvollen umgab selbst die unwichtigsten Einzelheitern ihres täglichen Lebens, und die Selbstbeherrschung, die sie gegenüber ihrer Umwelt an den Tag legte, ließ sie nichts tun, um diesen Schleier zu lüften. Es verwundert nicht, daß diese Attitüde zu Fragen geführt hat, ob Barbara wie ihr Vetter Graham und andere Greenes mit Aufgaben betraut war, die nicht für die Öffentlichkeit bestimmt waren. Ich habe auch nie ein Indiz, geschweige denn einen Beweis dafür gefunden, daß es zutreffen könnte. Auch sie selbst hat dies nie bestätigt.

Barbara hatte, wenn sie wollte, ein gutes Gedächtnis, neigte aber dazu, wenn sie sich erinnerte und davon erzählte, ihre Erinnerungen etwas frei zu gestalten. Sie dachte nicht als Historikerin, die sie auch ja nicht war. Rankes berühmte Frage: »Wie ist es wirklich gewesen?« interessierte sie wenig. Ihr Ziel war es vielmehr stets, eine Botschaft zu vermitteln. Eines der besten Beispiele dafür ist ihre beständige Beteuerung, sie sei 23 gewesen, als sie mit ihrem Vetter Graham Greene nach Afrika aufbrach. In Wahrheit war sie 27, ein durchaus nicht unbedeutender Unterschied. Graham war übrigens 31, nicht, wie manchmal behauptet wurde, zehn Jahre älter als sie.

Kein Zweifel, diese Reise war ein Wendepunkt in Barbaras Leben. »Angefangen hat alles auf einer Hochzeit«, die ersten Worte von ›Land Benighted‹[6], wie ihr Buch in der Erstausgabe von 1938 hieß – übrigens ein Zitat aus der Nationalhymne von Liberia – werfen ein Licht auf das Leben, das sie vorher geführt hatte. Sie war eine Tochter aus gutem, vermögenden Hause, die, nachdem sie mit 17 ihre Schulausbildung abgeschlossen hatte (wir würden heute sagen, mit der Mittleren Reife) eine Ausbildung als Kinderkrankenschwester erfolgreich absolviert, aber den Beruf nie ausgeübt hatte. »Dabei verstand ich doch gar nichts von Krankenpflege«, gab sie in ihrem Buch über Liberia zu.[7] Brüder, Vettern und Freunde in Oxford und Cambridge, ein Vater, der sie auf Reisen nach Brasilien mit Aufenthalten in den USA, Portugal und anderswo mitnahm, Wochenenden mit Gästen auf dem Landsitz Little Wittenham und eine Londoner Saison nach der anderen. Dies war ihr Leben zwischen 1926 und 1934, fast neun Jahre lang. »Denn bis dahin war ich munter an der Oberfläche einer, wie ich heute weiß, sehr privilegierten Existenz dahingeplätschert«, kommentierte sie das 1981[8]. Keine Spur ist davon geblieben. »Ich kann mich kaum daran erinnern«, antwortete sie auf die Frage, was sie all die Jahre gemacht hätte.[9] Gewiß waren dies noch nicht die »Höhen und Tiefen«, von denen sie geträumt hatte.

Wir wissen nicht, was sie in diesen Jahren gelesen, wofür sie sich sonst interessiert haben mag. Somerset Maugham und Saki[10] fanden in ihrem Buch Erwähnung. Ihre Zitate stammten auch in späteren Jahren fast ausschließlich aus der Bibel und von Shakespeare. »Die Zeit verdarb ich, nun verderbt sie mich!« war eines, das sie gern benutzte.[11] In ihrem Buch beschreibt sie die furchtbare Langeweile, die sich beim stundenlangen Gehen einstellt. »Bäume, Bäume, und noch einmal Bäume.« »Mal sehen ob mir genügend Shakespeare-Zitate einfallen, um eine halbe Stunde damit zu füllen, dachte ich«.[12]

Ihr ganzes Leben lang hatte Barbara die Gabe, neue Freundschaften zu schließen, aber auch die Neigung, alte auslaufen zu lassen, wenn sie ihr nichts mehr bedeuteten. Sie hatte die Angewohnheit, fast jeden Brief, den sie bekam, zu vernichten, sobald sie ihn beantwortet hatte. Sie führte kein Tagebuch und weigerte sich, ihre Autobiographie zu schreiben, sooft sie auch von ihren Kindern – und wohl von Verlegern – darum gebeten wurde. Erst ganz spät im Leben hat sie es einmal versucht, und einige, wenige Entwürfe sind erhalten geblieben, einige davon habe ich in kleinen Schnipseln aus dem Papierkorb gerettet. Darin geht es immer nur um ihre Jugend und die Kriegszeit in Deutschland, wobei die Jugend nur als Kontrast und Spiegelung herhalten muß. Außer in einigen Briefen an ihre Mutter, die erhalten geblieben sind, gibt es keine schriftlichen Äußerungen von ihr über Argentinien, Rom, Nachkriegsdeutschland oder Gozo, die weiteren

Stationen ihres Lebens. Die Wochen in Liberia, über die sie publiziert hatte, und die sechs Jahre in Deutschland von 1939–1945 waren, was sie rückblickend als ihre wichtigsten Lebensstationen empfand. Sehr spät im Leben versuchte sie sich dann doch an einer Schilderung ihrer Kriegserlebnisse, aber sie wollte ihr nicht gelingen. »Ich weiß nicht, warum es so schwierig ist«, antwortete sie, als sie 1987 ein längeres Video-Interview gab. Vielleicht wäre es ihr leichter gefallen, wenn ihr ein modernes Textverarbeitungsprogramm die Chance eröffnet hätte, Entwürfe ohne Schwierigkeiten immer wieder zu ändern. Ihre Art zu schreiben, ganze Seiten immer wieder abzuschreiben, erwies sich zu umständlich. Alles, was wir haben, sind daher rund 40 Seiten Entwürfe und einige mündliche Überlieferungen.

Das Video-Interview, von ihren Kindern veranlaßt, war ausschließlich für ihre Familie bestimmt. Der glückliche Zufall wollte es, daß die damit beauftragte Firma einen erfahrenen und verständnisvollen amerikanischen Journalisten schickte, zu dem sie Vertrauen faßte, so daß das Ergebnis tatsächlich eine Quelle ist.

Mein Eindruck ist, daß sich Barbara in ihrem Leben nach Liberia der Jahre des Müßiggangs schämte, verhindern wollte, daß ihre Kinder und Enkel diesem Beispiel folgten und deshalb die Zeit im Rückblick verkürzte. Diese These wird von einem anderen, sehr persönlichen Argument gestützt: Nach Abitur, Wehrdienst und Studium machte ich mit 26 mein Examen und wurde berufstätig – ein für deutsche Verhältnisse normales Alter. Nicht für sie. Die letzten drei Jahre waren begleitet von ständigem Druck, nun endlich das Studium abzuschließen und etwas Nützliches zu tun. Und noch eins: Liberia und das Buch darüber waren die Eintrittskarten in das Leben, das sie künftig führen wollte, mit interessanten Menschen und an Brennpunkten. Sie hat wohl schließlich selbst geglaubt, sie hätte diese Karten früher gelöst.

Woher kam nun diese junge Frau, die sich bei einer Hochzeit überreden ließ, mit einem etwas älteren, öffentlich nicht mehr ganz unbekannten, in der Familie als schwierig, ja als sonderbar bekannten Vetter auf eine Abenteuerreise zu gehen?

Barbara entstammte väterlicherseits einer englischen Gentry-Familie. Daß es die gleiche Familie ist, aus der die Mutter der letzten (und überlebenden) Frau König Heinrichs VIII, Katherine Parr, stammte, ist nicht urkundenmäßig belegt, aber nicht unwahrscheinlich. Die Wurzeln beider finden sich jedenfalls in Suffolk und Norfolk, nordostwärts von London. Ende des 18. Jahrhunderts entstand eine Brauerei, Greene King, an der heute noch Familienmitglieder beteiligt sind. Im 19. Jahrhundert wechselten sich Armut und Reichtum, Glück und Unglück ab. Zuckerplantagen in der Karibik spielten eine große Rolle, bis die Deutschen aus Rüben Zucker machen konnten und Rohrzucker an Bedeutung verlor. Barbaras Vater Edward ging in jungen Jahren nach Brasilien und erwarb dort, gegen alle Erwartungen seiner Familie, als Geschäftsmann im Kaffeehandel ein beträchtliches Vermögen. Seine Brüder machten dagegen zu Hause Karrieren im öffentlichen Dienst. Der eine, Charles Greene, war Direktor einer recht bedeutenden Schule, an der sein Sohn Graham, wie er später ausführlich beschrieb, litt. Der andere, Sir William Graham Greene, war als Staatssekretär im 1. Weltkrieg Churchills oberster Beamter in der Admiralität. Die Schwestern dilettierten als Malerinnen und Schriftstellerinnen. Eine von ihnen, Alice, verbrachte viele Jahre in Südafrika, war dort mit Gandhi im Kontakt und hinterließ hochinteressante Briefe[13].

In Brasilien heiratete der 34 Jahre alte Edward eine 17-jährige Frau mit ganz anderem Hintergrund. Barbaras Mutter Eva war Deutsche. Ihre Eltern, Gustav und Therese Stutzer, waren in dem mitteldeutschen, von Berlin, Leipzig, Braunschweig und Fulda begrenzten Viereck aufgewachsen, das im 18. und 19. Jahrhundert den Mittelpunkt der bürgerlichen intellektuellen Emanzipation bildete. Eine ganze Reihe von Vorfahren hatte daran aktiven Anteil. Ein Urahn hugenottischer Herkunft, Jakob Mauvillon, schrieb mit Mirabeau politische Pamphlete, ein anderer, Oberst Stutzer, ließ sich lieber degradieren als das Todesurteil gegen Schill zu unterschreiben, ein dritter, jüdischer, war Autor pädagogischer Schriften, sein Sohn ein früher Industrieller. Evas Vater war lutherischer Pastor, wie wohl schon seine Vorfahren ein Querkopf, gründete eine bedeutende Behinderteneinrichtung, die Stiftung Neuerkerode, verkrachte sich darüber mit seiner Landeskirche und wanderte schließlich mit seiner Familie, darunter die 2-jährige Eva, nach Brasilien aus. Obwohl Eva in Brasilien aufwuchs und die meiste Zeit ihres Lebens in England verbrachte, pflegte Eva ihr ganzes, sehr langes Leben hindurch ihre Beziehungen zu ihrer deutschen Familie ebenso wie zum deutschen Geistesleben. Auch im hohen Alter hätte ich sie nicht ohne sorgfältige Vorbereitung besucht, denn ich mußte auf liebenswürdige Fragen nach irgendeinem Detail aus einer Bundestagsdebatte oder einem Diskurs in den deutschen Medien gefaßt sein.

Von diesem deutschen Hintergrund nahm Barbara weder intellektuell noch sprachlich etwas auf. Sie hatte drei ältere Geschwister, die alle als Kinder Deutsch lernten. Ganz anders sie selber: 1907 geboren, war sie sieben, als der Erste Weltkrieg ausbrach und sich eine Welle des Hasses auf alles Deutsche über England ergoß. Deutsch zu lernen oder zu sprechen, war nun völlig ausgeschlossen. Eva hatte es schwer, und der Schlüssel zum Überleben war, sich ganz und gar britisch zu fühlen. Barbara und ihre jüngeren Geschwister lernten kein Deutsch mehr.

Dennoch: Barbara war zur Hälfte Deutsche, heiratete schließlich einen Deutschen, verbrachte nicht nur einen ihrer wichtigsten Lebensabschnitte, sondern überhaupt den Großteil ihres Lebens in Deutschland und half sogar und durchaus mit großem Engagement, die junge Bundesrepublik Deutschland im Ausland zu vertreten. Ihr Verhältnis zu Deutschland blieb jedoch ambivalent. Nichts in Deutschland konnte sich wirklich mit England vergleichen, keine deutsche Stadt konnte so schön sein wie London. *British is best* war und blieb Leitlinie ihres Lebens. Im 2. Weltkrieg hatte sie »nie einen Zweifel, daß England den Krieg gewinnen würde, denn England gewann immer die Kriege. So waren wir erzogen.«[14] Sie lernte nie, fehlerfrei Deutsch zu sprechen, geschweige denn, es zu schreiben, im Gegenteil, sie kultivierte ihr englisches Anders-Sein. Andererseits hätte sie nach dem Krieg ihre britische Staatsbürgerschaft zurückerhalten können, hat sich aber darum nie bemüht. Als Witwe hätte sie sogar wieder in England leben können, aber sie zog es vor, sich zweimal im Jahr dort von Verwandten und Freunden feiern zu lassen und dann nach München zurückzukehren oder auf die Insel Gozo im maltesischen Archipel, wo sich Mittelmeerklima und ein wenig englische Atmosphäre verbinden. Trotzdem war England ›zu Hause‹, Deutschland und anderswo war Abenteuer oder nichts.

Dazu paßt auch, daß sie nie ein Interesse für ihre deutschen Verwandten zeigte. Mehr noch, der intellektuelle Horizont, dem ihre Mutter entstammte, bedeutete ihr nichts; es scheint, als sei ihr in jungen Jahren Intellektualität überhaupt deutsch und damit fremd erschienen. Aus ihrer Schulzeit berichtete sie von sportlichen, nicht von intellektuellen Leistungen. Erst viel später entwickelte sie eine starke Affinität zu ihren, im Vergleich zu ihren Geschwistern, sehr viel intellektuelleren englischen Vettern, die schon als Kinder – man wuchs am gleichen Ort, in Berkhamstead auf – in Abgrenzung zu den »reichen Greenes« als die »intellektuellen Greenes« bekannt waren. Diese Affinität war englisch bestimmt. Sie entwickelte eine große Lust am Lesen – aber mit wenigen Ausnahmen von englischer Literatur. Es ist wohl nicht übertrieben, von einem in der Kindheit entwickelten Affekt zu sprechen, der dazu führt, daß Barbara ihr deutsches Erbe so konsequent ausblendet und nur den später an der Seite ihres Verlobten und Mannes in Deutschland erlebten Teil ihres Lebens wahrhaben will. Ob hier auch ein Grund dafür zu suchen ist, daß sie ihre Erlebnisse in Deutschland im 2. Weltkrieg nie hat zu Papier bringen können, muß dahinstehen. Jedenfalls hätte sie darin wohl dazu Stellung nehmen müssen. Bestärkt wurde sie darin sicher von Graham, der 1934, kurz vor ihrem Aufbruch nach Liberia, schrieb: »Ich wünschte, die Welt könnte diese nette, sentimentale und furchtbar dämliche Rasse los sein.«[15] Den Weg nach Deutschland ebnete ihr Hugh Carleton Greene[16], Grahams Bruder.

Diese Frau, die so enigmatisch mit ihrer Vergangenheit umging, gibt uns, so meine ich, doch einige Anhaltspunkte dafür, was sie bewogen hat, mit Graham nach Afrika zu fahren. Wohlgemerkt, es war eine Expedition mit vorher festgelegtem Ende, nicht eine erst später abgebrochene Reise ohne Wiederkehr. Graham unternahm diese Reise, um mehr über sich zu erfahren. Barbara, so scheint es, wußte dies schon. Sie wußte, daß sie nicht so weiterleben konnte und wollte, wie sie bisher gelebt hatte.

Es gibt einen Hinweis darauf, wie sie zu dieser Erkenntnis gelangt sein mag. Das »Plätschern an der Oberfläche« war eben doch nicht die ganze Geschichte. Etwa 1930 hatte sie sich in Brasilien mit einem Engländer verlobt. Am Tag danach reist sie ab und »winkte und winkte vom Schiff, bis er nicht mehr zu sehen war«[17]. Sie sollte ihren Verlobten nie wiedersehen. Er starb am Gelbfieber; Briefe von ihm kamen noch Wochen, nachdem sie das Telegramm erhalten hatte, bei ihr an. »Ich brauchte Jahre, um darüber hinwegzukommen«, schrieb sie 1989. »Nach einigen Jahren redete mein Vater ein ernstes Wort mit mir. Er machte mir klar, daß ich mich zusammenreißen müsse und nicht meine ganze Umgebung auch noch unglücklich machen dürfe.«

Barbara hatte also mehr als einen Grund zu sagen, daß sich etwas ändern mußte. »Es war wohl aus diesem Grund, daß mich meine Eltern so ermutigten, die Reise nach Liberia anzutreten«[18]. Aber sie war auch innerlich bereit dazu. Wer wie sie später »zu viel Champagner«[19] als Grund für eine solche Entscheidung angibt und im Rückblick ausführlich beschreibt, wie sie kalte Füße bekommt, hofft, der Vater würde das unterbinden und zur Antwort erhält, »endlich zeigt eine meiner Töchter mal etwas Initiative«, versteckt, so will mir scheinen, hinter einem Vorhang von konventionellem Geplänkel eine längst getroffene Entscheidung, ja eine Befreiung. Ich denke, Barbara ist mit dem Vorsatz aufgebrochen, ihrem Leben einen neuen und ganz und gar anderen Inhalt zu geben, wenn auch ohne noch zu wissen, wie dieser aussehen würde. Sie kam zurück und wußte es, auch wenn dies nicht sofort offenkundig wurde.

Die Reise selbst ist in ihrem Buch beschrieben. Hier seien nur einige Einzelheiten angefügt, die dort nicht auftauchen, darunter, überraschenderweise, die Daten. Graham und Barbara verließen London am 4. Januar 1935 und schifften sich am folgenden Tag in Liverpool auf der ›David Livingstone‹ (von allen möglichen Schiffsnamen) ein. Am 8. Januar schrieb Graham an seine Mutter: »Nur ein paar Zeilen, um Dir zu sagen, daß wir eine sehr angenehme Reise erleben ... Der Kapitän ist wunderbar und flirtet mit Vergnügen mit B(arbara) ... Alle glauben, daß die Reise durch den Dschungel recht vergnüglich sein wird«.[20] Die Adressatin wird dies wohl ihrem Schwager und ihrer Schwägerin berichtet haben. Um den 20. Januar trafen die Reisenden in Freetown, Sierra Leone ein (zu dieser Zeit eine britische Kolonie). Der eigentliche Fußmarsch begann am 26. Januar. Ankunft in Monrovia war am 3. März, von wo am 12. die Heimreise angetreten wurde. Berücksichtigt man, daß der letzte Tag auf einem Schiff zugebracht wurde und ein kleines Stück davor auf einem Lastwagen, so hat dieser Fußmarsch von rd. 560 km wohl 35 Tage gedauert. Daran übrigens erinnerte sich Barbara 50 Jahre später ziemlich präzise.[21] Angenehmes und Unangenehmes kommt am besten in den Briefen zum Ausdruck. Graham schrieb, immer noch vom Schiff aus an seine Mutter: »Teneriffa war wundervoll, Rosen und Bougainvillea und zarte Kakteen und ›Orient Express‹ nach dem Roman von Graham Greene im Kino ... In Las Palmas feierten wir eine wilde Party ... Ich spiele wie ein Wilder mit B. Deck Tennis ...«[22] Barbara dagegen, während des Fußmarschs: »Die ganze Nacht saß ich in Angst und Schrecken aufrecht im Bett. Es gab nicht eine Ratte oder zwei, sondern Schwärme von Ratten«, schrieb sie an ihre Familie.[23] Als es vorbei war, schrieb Graham: »Wir haben einen tollen Treck erlebt. B. hielt sehr gut durch. Sie gewöhnte sich sogar schneller an die Ratten als ich. Ich bleibe noch ein bißchen hier, in diesem luxuriösen und wunderbar gelegenen Haus (der britischen Gesandtschaft, Anm. d. Verf.), mit reichlich zu trinken.« In ihrem Buch deutet Barbara an, daß vielleicht nicht alles ganz so einfach war. »Und plötzlich mußte ich fast weinen, als sie [die Frau eines deutschen Missionars] mir sanft über den Kopf streichelte und auf Deutsch sagte: ›Mein armes Kind!‹. Das hatte meine Mutter immer zu mir gesagt, wenn ich als Kind traurig war.«[24] Schließlich blieb er doch nicht länger, sondern sie reisten gemeinsam ab und trennten sich erst in Dover an einem der ersten Apriltage.

Immer wieder gab es Gerüchte, daß Graham oder sogar beide in einer geheimen Mission unterwegs waren, und daß alles andere nur Tarnung war. Irgend jemand hat sogar behauptet, Graham und Barbara seien vom britischen Geheimdienst entsandt worden, um zu sehen, ob die Deutschen an den Grenzen zu den französischen Kolonien irgend etwas im Schilde führten.[25] Es gibt keinen Hinweis darauf, daß dies stimmen könnte. Es klingt auch sehr unwahrscheinlich, denn Hitler war an Schwarz-Afrika notorisch uninteressiert, und Barbara hätte in diesem Fall wohl kaum vor der Abreise zu Grahams Ärger, das heißt unabgesprochen, englischen Zeitungen Interviews gegeben. Aus irgendwelchen, nicht mehr nachvollziehbaren Gründen fand das Ereignis über diese Interviews sogar seinen Weg in die deutsche Presse. Dort wurde sie nicht nur als Schönheitskönigin beschrieben (»Unsinn« schrieb sie an den Rand des Zeitungsausschnitts). Der Würzburger Generalanzeiger berichtete am 5. Juni 1935, also rund zwei Monate nach ihrer Rückkehr, unter der Überschrift ›Kann man die weiße Dame kaufen?‹ in stark aufgebauschter Form über die Reise. Die Anwesenheit von Graham wurde vollständig unterschlagen. Dafür tischte die Zeitung ihren Lesern eine Geschichte von einem Häuptling auf, der angeblich nicht nur Kannibale war, sondern auch bereits 230 Frauen sein eigen nannte, bevor er Barbara auch noch seinem Harem einverleiben wollte. 200 Pfund sollte das Höchstgebot gewesen sein. »Die Flucht glückte nur mit Hilfe eines Stammesangehörigen, der sich Lehrer nannte ... (Der Häuptling) hat ihn ... aus Rache verspeist.«[26] Der Leser des Buches wird ganz entfernte Anklänge an ein tatsächliches Erlebnis feststellen können.

Eine Art Mission gab es allerdings möglicherweise doch. In seiner großen Graham-Greene-Biographie berichtet Norman Sherry, daß Sir John Harris, Vorsitzender der Liga gegen Sklaverei, vor Antritt der Reise ein Gespräch mit Graham geführt habe, von dessen Inhalt er seinen Vorstandskollegen nicht berichten wollte.[27] Graham bestätigt dies indirekt in einem Brief an seinen Bruder Hugh.[28] Sich für Menschenrechte einzusetzen und deren Verletzung zu prüfen, lag ganz im Bereich von dem, für das die Greenes bekannt waren. Sei es wie es sei, die einzigen Deutschen, die die Reisenden trafen, waren Missionare, und obwohl, wie Barbara schreibt, einer von ihnen ein Hitler-Bild an der Wand hatte, hätte er wohl weder sehr viel für die Regierung in Berlin tun können noch hätte Graham von ihm sehr viel erfahren.

Gegen ihre Gewohnheit hatte Barbara auf der Reise ein Tagebuch geführt. Es existiert nicht mehr und wurde möglicherweise von ihr selbst vernichtet, nachdem sie es für ihr Buch ausgewertet hatte. So bleibt dieses Buch die einzige wesentliche Quelle außer Grahams Buch ›Journey Without Maps‹[29], in dem Barbara kaum erwähnt wird, einem Brief von Barbaras Hand, ein paar Photographien und den Erinnerungen, die sie Jahrzehnte später im Vorwort zur 2. Auflage verarbeitete, Norman Sherry oder im Video-Interview erzählte oder über die sie mit Graham korrespondierte. Ein paar von Grahams Briefen an sie aus der Zeit der Neuauflage sind erhalten geblieben.

»Nach Hause zurückgekehrt, nahm ich mein lustiges Leben

wieder auf«, schrieb Barbara viele Jahrzehnte später.[30] Hier erleben wir sie von ihrer konventionellen ebenso wie in ihrer enigmatischen Seite. Wir wissen heute, daß das Leben davor nicht immer so lustig gewesen war. Und danach konnte von Wiederaufnahme keine Rede sein. Nicht nur schrieb und veröffentlichte sie ein Buch von 200 Seiten, von dem Russell Banks, der es in eine Auswahl von ›Lange verlorenen Klassikern‹ aufnahm, bemerkte, es sei ein viel besseres Buch (als Grahams)[31], um dann zu resümieren: »An diesem Werk wuchs sie zu einer großen Autorin englischer Prosa heran«.

Daß ihr Buch von der Kritik wohlwollend aufgenommen wurde, als es 1938 erschien, hat ihr sicher Auftrieb gegeben[32]. Wieder finden wir einen Konventionsschleier, der über die Umstände der Veröffentlichung gebreitet ist. Nicht zur Veröffentlichung gedacht? Gebeten, das 1. Kapitel einem zufälligen Reisegefährten im Zug zu zeigen, der sich als Verleger entpuppt und das Buch sofort nimmt, wodurch sie gezwungen ist, es zu Ende zu bringen? Das klingt alles nicht sehr wahrscheinlich. Fest steht, daß sie auf Anhieb als Schriftstellerin Erfolg hatte. »Es nützt Dir nichts zu sagen, daß Du nicht schreiben kannst … Du hast überhaupt keinen Grund, Dich dieses Buchs zu schämen, und ich hoffe, die Rezensionen werden dich davon überzeugen, daß es nicht schlecht war«[33], schrieb Graham ihr, als es 1981 neu herausgegeben wurde, und nochmal: »Du brauchst Dich nicht zu sorgen! Dein Buch ist wirklich viel besser als Du glaubst!«[34] Zu dieser Zeit hatte er selbst in seinem Vorwort zu dem entsprechenden Band der Gesamtausgabe seiner Werke mehrfach aus ihrem Buch zitiert. Barbara übrigens erwähnt zwar Graham häufig in ihrem Buch, aber ein Hinweis auf sein bereits zwei Jahre früher erschienenes Werk findet sich nicht.

Es fällt daher schwer zu glauben, sie habe so weitergelebt

wie vorher. Gewiß war sie, wenn auch wohl, ohne daß dieser das begriff, von ihrem Reisegefährten beeinflußt worden. Auf der anderen Seite mag Barbara, die einem oft dominanten Auftreten zum Trotz nach eigenem Bekunden wenig Selbstvertrauen besaß und schüchtern war, gespürt haben, daß ihr das Leben mehr bieten, sie aber auch mehr bewirken konnte. Ehrgeiz wurde zu einer Komponente ihrer Lebensplanung, Abenteuer zu einem Lebensinhalt. Was sie tat, sollte von nun an wichtig sein. Und wichtig war für sie intellektuell anregend. Empathie trat erst viel später dazu.

Vor Liberia war Barbara mit ihrer Familie und an bekannte Orte gereist. Nach ihrer Rückkehr begann sie, auch anderswohin zu reisen. Sie erinnerte sich später oft an eine Reise nach Estland mit einer russisch-baltischen Freundin, Tania Gräfin Benckendorff, deren Familie einen großen Besitz im russischen Estland gehabt hatte, von dem nur ein kleiner Rest übrig war. »Im Sommer 1937 fuhren Barbara Greene, eine Cousine der begabten Greene Brüder und ich in ihrem kleinen Austin 7 nach Estland. Barbara war immer auf Abenteuer aus«, schrieb Tania in ihren Lebenserinnerungen[35]. Wir wissen nicht, ob Barbara die Absicht hatte, darüber zu schreiben. Was sie dort kennenlernte, war das Leben der mittel- und osteuropäischen Aristokratie nach dem Zusammenbruch des alten Europa. Erstmals wurde sie konfrontiert mit der schwierigen Gemengelage aus ungebrochenem und gebrochenem Elitedenken, wirtschaftlichen Schwierigkeiten, fortdauerndem Verantwortungsbewußtsein, Festhalten an alten Werten und Formen und Umschmeicheln der Macht, dazu wohl der erstaunlichen Persönlichkeit der Mutter ihrer Freundin, Moura Budberg, zeitweise Lebensgefährtin unter anderem von H. G. Wells und Maxim Gorki. Aufregend, neu, anders muß dem Londoner Stadtkind das alles erschienen sein – ebenso anders wie Afrika? »Es gab sehr wenig Geld, Mahlzeiten gab es ganz unregelmäßig, die Unterhaltung spielte sich auf russisch, französisch, englisch und deutsch ab. Es war alles wunderschön«, erinnerte sich Barbara Jahrzehnte später.[36]

Mehrfach war Barbara in Deutschland gewesen. Ungefähr 1937 kam sie nach Hamburg zur Hochzeit von Fritz Schumacher. Nicht nur kannte sie offenbar den Mann, der später mit seinem Buch ›Small is Beautiful‹ weltberühmt werden sollte. Bei dieser Gelegenheit wurde sie auch erstmals mit den harten und grausamen Tatsachen des Dritten Reichs konfrontiert. Es gab zwei Parteien, erinnerte sie sich später. Die einen wollten unbedingt emigrieren, die anderen bleiben, um das Schlimmste zu verhüten. Bei dieser Hochzeit lernte sie Adam v. Trott kennen, der als Rhodes Stipendiat in Oxford gewesen war. Er wurde ein Freund und blieb es bis zu seinem Tod. 1938 kam sie wieder nach Deutschland und besuchte in Berlin ihren Vetter Hugh, damals und bis zu seiner Ausweisung Berliner Korrespondent des ›Daily Telegraph‹. Wollte sie wieder etwas schreiben? War sie mit Versuchen erfolglos? Oder vorher, nach dem 1. Versuch, erfolglos gewesen? Wir wissen es nicht. Jedenfalls erfährt sie das über Deutschland, was ein englischer Journalist ihr dazu sagen kann, lernt Politik kennen – und einen deutschen Diplomaten, Graf Rudolf Strachwitz, meinen Vater. »Ihr zwei werdet eines Tages heiraten«, ruft ihnen Baron Leo Fürstenberg, ein Freund, nach ihrem ersten gemeinsamen Abend zu.

Reinhard Spitzy, einer von Ribbentrops Assistenten, wollte ihr, so eine ihrer Anekdoten, auf dem Bahnhof einen Blumenstrauß überreichen, als sie zurück nach England fuhr und entdeckte gerade noch rechtzeitig, um sich zurückziehen zu können, den älteren und weit ranghöheren Kollegen mit einem viel größeren Strauß.

Rudolf Strachwitz, oder Rudi, wie er immer genannt wurde, 11 Jahre älter als Barbara, entstammte einer alten katholischen schlesischen Adelsfamilie. Einer seiner Urgroßväter, John Baildon, war aus Schottland nach Schlesien gekommen, und er selbst hatte ein paar Monate in einem englischen Internat erlebt, bevor der Ausbruch des 1. Weltkriegs dem ein Ende setzte. Nach Kriegsdienst und Studium war er seit den 1920er Jahren Diplomat und hatte seine Karriere großenteils in Japan, China und den USA verbracht. Barbara verliebte sich in ihn, obwohl sie in England mehr oder weniger verlobt war. Aber es bedurfte mehrerer Reisen nach Berlin, bevor sie und Rudi sich entschlossen zu heiraten. »Du bist verrückt! Weißt Du nicht, daß es jeden Moment zum Krieg kommen kann?«, war Hughs Kommentar.[37] Eine Heirat schien ausgeschlossen, weil Rudi als Beamter hierzu eine Genehmigung seiner Personalabteilung brauchte, die ihm verweigert wurde. Heiratsgenehmigungen für Beamte waren keine Erfindung der Nazis und dienten ursprünglich dazu, den Staat von unstandesgemäßen Verbindungen seiner Diener zu bewahren. Neu war der Grund: deutsche Beamte sollten Deutsche heiraten. Allerdings galt eine Engländerin nicht als ›minderwertig‹, von den jüdischen Vorfahren war nichts bekannt, und so war es nicht aussichtslos zu warten.

Als der Krieg ausbrach, rieten ihr alle, nach England zurückzugehen, aber »da sie sich innerlich für Rudi entschieden hatte und ihr bewußt war, daß sie ihn verlöre, wenn der Krieg sie trennte, blieb sie in Deutschland«.[38] »Ich hätte es nicht ertragen können, nochmal Adieu winken zu müssen – wahrscheinlich für immer, denn der Krieg baut große Hindernisse auf. (Rudi) wußte natürlich, daß ich schon einmal verlobt gewesen war, aber ich glaube, er hat nie ganz erfaßt, daß dies der Grund war, warum ich darauf bestand, zu bleiben und zu kämpfen.«[39] Ein Grund, würde ich hinzufügen wollen, war wohl auch der, daß Bleiben viel abenteuerlicher war.

Barbara blieb in Berlin, obwohl Rudi zu dieser Zeit in Budapest auf Posten war. Und seltsamerweise gab ihr dies eine Chance zu schreiben. Das Auswärtige Amt konnte zu einem gewissen Grade eine schützende Hand über sie halten. Ein englischer Freund ihres Vaters, der als Beobachter beim Reichstagsbrandprozeß gewesen und entsetzt zurückgekehrt war, hatte den späteren Chefdolmetscher des Auswärtigen Amts, Paul Schmidt, als den einzigen anständigen Deutschen bezeichnet hatte, der ihm begegnet war. Seine Witwe war noch vor Kriegsausbruch nach Berlin gereist, um Barbaras Bräutigam in Augenschein zu nehmen (und für in Ordnung zu befinden) und Barbara bei Schmidt einzuführen. Schmidt verschaffte nun Barbara einen Posten bei einer Zeitschrift für englische Kriegsgefangene, die vom Auswärtigen Amt herausgegeben wurde. Ungefähr zwei Jahre lang muß sie Redakteurin bei ›The Camp‹ gewesen sein, bis, so sagte sie später, die Partei Einfluß auf die Redaktion nehmen wollte und sie daraufhin sofort auf eigenen Wunsch ausschied[40].

In den 1950er Jahren, als Rudi Botschafter der Bundesrepublik Deutschland beim Heiligen Stuhl werden sollte, veröffentlichte der SPIEGEL einen Artikel, in dem behauptet wurde, Barbara sei eine enge Mitarbeiterin eines berüchtigten, aber auch sehr seltsamen englischen Kollaborateurs, des sogenannten Lord Haw Haw, gewesen, der nach dem Krieg wegen Hochverrats gehenkt wurde.[41] Rudi hätte den sensiblen Posten vermutlich nicht antreten können, wenn an der Geschichte etwas dran gewesen wäre. Aus heutiger Sicht kann man vermuten, daß hinter dieser Geschichte wie auch vielen ähnlichen dieser Art die DDR steckte, die offenbar im Kalten Krieg mit derartigen Destabilisierungsversuchen operierte.

Obwohl also nichts Wahres an dieser Geschichte war, machte das Barbara sehr betroffen. Dabei war der einzige Engländer, von dem sie selbst später erzählte, daß sie ihn in Berlin getroffen habe, P. G. Wodehouse, den sie im Hotel Adlon interviewte, als er aus der Internierung freikam.

Andere Bekannte waren zum Beispiel Missi Wassiltschikow, eine gerade noch im vorrevolutionären St. Petersburg geborene russische Fürstin, die später ein Buch über ihre Berliner Jahre schrieb.[42] Dieses Buch empfahl Barbara gern denen zur Lektüre, die wissen wollten, wie das Leben für sie in Berlin gewesen sei. Dagegen lehnte sie ein anderes berühmtes Buch einer Bekannten über dieselbe Zeit, Chris Bielenbergs ›Als ich eine Deutsche war‹ völlig ab[43]. Barbaras wichtigster Freundeskreis allerdings waren Menschen, die allesamt in verschiedenen Widerstandsgruppen aktiv waren. Da gab es Adam v. Trott und Axel Freiherr v. d. Bussche, der sich mit Hitler in die Luft sprengen wollte und zeitlebens daran litt, daß er erfolglos überlebt hatte, weil die Veranstaltung, bei der dies geschehen sollte, im letzten Moment abgesagt wurde.[44] Axel Bussche, aufrichtig und prinzipienfest, war einer der wenigen, die überhaupt überlebten. Er wäre gewiß nicht ihr Freund geblieben, wenn an ihrer Haltung irgendwelche Zweifel angebracht gewesen wären. Schon gar nicht hätte er Barbara mit dem Bundespräsidenten Richard v. Weizsäcker zusammen gebracht, der kurz vor ihrem Tod Gast in ihrem Haus auf Gozo war. Da waren aber auch die Schulenburgs und Uexküll, die am 20. Juli 1944 beteiligt waren und hingerichtet wurden.

Aus einer Biographie über einen Kollegen, Rudolf v. Scheliha, der ebenfalls als Widerstandskämpfer entdeckt und hingerichtet wurde, geht hervor, daß Rudolf schon 1940 auf einer schwarzen Liste von Diplomaten stand, die Ribbentrop aus dem Auswärtigen Amt entfernen wollte.[45] Ob er dies selbst ahnte, wissen wir nicht, auch wenn er aus der Versetzung nach Barcelona, auf einen Posten, der seiner Seniorität nicht entsprach, seine Schlüsse ziehen mochte. Shelihas Verhaftung ließ, wie sich Barbara erinnert, Rudi erbleichen.[46] Der Rauswurf erfolgte aber erst 1943, nachdem er sich das fortschreitende Chaos und eine vorübergehende Abkommandierung in ein anderes Ministerium zur Erschleichung der Heiratsgenehmigung zunutze gemacht und Barbara im März geheiratet hatte. »Daß ein deutscher Diplomat mitten im Krieg eine Engländerin heiratete, die außer ihrem englischen Paß keine Papiere besaß und deren Ariernachweis erst durch Kopfmessungen beigebracht werden mußte, war eine kleine Sensation.«[47] Zu dieser Zeit war sie als dienstverpflichtete Putzfrau in der Biologisch-Technischen Reichsanstalt in Berlin-Charlottenburg tätig und war zum katholischen Glauben konvertiert. Die dazu notwendige Unterweisung hatte sie von Berlins Bischof Graf Preysing erhalten. Er war es, der sie einmal darauf aufmerksam machte, daß sie bei ihren Besuchen stets von Gestapo-Beamten observiert wurde; sie hatte es noch nicht gemerkt.

Einmal in der Woche hatte sie sich auf der Polizei zu melden. Jedesmal gab es ein langes Formular zum Ausfüllen. Einmal, so berichtete sie später, habe sie aus Versehen einen Fehler beim Ausfüllen gemacht und nachher große Angst bekommen. Aber es sei gar nichts geschehen. Das habe sie auf die Idee gebracht, dies planmäßig zu tun und nach und nach ein solches Chaos zu verursachen, daß sie nicht mehr identifiziert werden konnte. Rudi als Beamter alten Stils stand, wie er selbst bekannte, dieser Überlistung der Bürokratie ebenso fassungslos wie bewundernd gegenüber.

Wenn Barbara und Rudolf später von ihrem Leben im Krieg in Berlin erzählten, was sie seltsamerweise, soweit ich mich erinnern kann, nie zusammen taten, so erweckten sie doch übereinstimmend den Eindruck, es sei vor allem eine Zeit des Zusammenstehens, des Erduldens, aber auch der großen Freundschaften und des Vertrauens gewesen. Unter vielen sticht besonders die Geschichte heraus, daß Bernd v. Freytag-Loringhoven und ein anderer Freund, der auch zum Widerstand in der Wehrmacht gehörte, eines Nachts zu ihnen kamen, zum einen, um Rudolf zu eröffnen, daß sie ihn, um den ohnehin Gefährdeten nicht mit gefährlichem Wissen zu belasten, von der Liste derer nehmen würden, die nach einem erfolgreichen Putsch Schlüsselpositionen einnehmen sollten, zum anderen, um ihm seine Einberufung zur Wehrmacht anzukündigen, für die er als Rittmeister der Reserve aus dem 1. Weltkrieg eigentlich zu alt war, in der er aber untertauchen konnte. Beides hat ihm vermutlich das Leben gerettet, zumal das erste, denn die berühmte Liste wurde nach dem 20. Juli bei dem Mitverschwörer Goerdeler gefunden[48].

Der Alltag muß für Barbara dennoch überaus hart gewesen sein. Schon unter gewöhnlichen Umständen wäre eine Eingewöhnung in das Leben in Berlin, noch mehr aber in die Welt, aus der ihr Verlobter kam, gewiß nicht einfach gewesen. Die Welt der Diplomaten lernte sie später lieben und gab in ihr zeitweise sogar den Ton an. Die Welt des katholischen schlesischen oder überhaupt deutschen Adels blieb ihr letztlich fremd, obwohl es Freundschaften und einen herzlichen Kontakt zu den neuen Verwandten gab und Rudi sie anfangs dafür bewunderte, wie gut sie sich einfügen konnte. Es kann nicht nur daran gelegen haben, daß sie, wie sie später lachend erzählte, noch nie in ihrem Leben so häßliche Häuser gesehen hatte wie die schlesischen, oft aus dem späten 19. Jahrhundert stammenden Schlösser, vielleicht eher daran, daß viele dieser »Standesgenossen« mit den Russen in Estland ebenso wenig konkurrieren konnten wie mit ihren intellektuellen Freunden in England.

In den ersten Kriegsjahren konnte Barbara von Zeit zu Zeit Botschaften an ihre Familie schicken, indem sie Adam v. Trott Briefe in die Schweiz mitgab. Aber sie erhielt sechs lange Jahre lang keinen Brief von zu Hause. Sie wußte weder, daß ihr ältester Bruder Ben, Quäker und überzeugter Pazifist, jahrelang in England interniert war und sich unter anderem die Tatsache, daß seine Schwester in Deutschland lebte, vorhalten lassen mußte, noch hatte sie irgendwelche Nachrichten von ihrer Mutter oder ihren Geschwistern. Das einzige was sie hören konnte, war die Stimme ihres Vetters Hugh, der für die BBC nach Deutschland sendete. Feindsender zu hören, war bei Todesstrafe verboten, aber das kümmerte Barbara wohl wenig. Freunde wunderten sich manchmal, warum sie bestimmte Dinge wußte und spekulierten wieder einmal, ob sie in irgendwelche geheimen Dinge verwickelt war. In diesem Fall lagen die Dinge einfacher. Ihr Vetter hatte es ihr »erzählt«.

Eine Fehlgeburt, ausgelöst durch einen sadistischen Vorgesetzten in der biologisch-technischen Reichsanstalt, eine Bauchhöhlenschwangerschaft und ein komplizierter Bruch, der sie wochenlang zwang, ihren rechten Arm – im Gipsverband – ständig in ›Heil-Hitler‹-Stellung zu halten, waren die dramatischeren Perioden ihrer ersten Ehejahre. Der damals schon pensionierte berühmte Breslauer Chirurg Professor Erckelentz rettete ihr das Leben. Daß seine Tochter mit ihrem Mann viel später zu Nachbarn in Berchtesgaden wurde, hat sie immer als besondere Fügung empfunden. Aber auch das tägliche Leben war kompliziert. Zuerst gab es Nächte im Splittergraben im Garten des angemieteten Hauses in Berlin, später dann nur noch ein Vagabundenleben, das sie von einem Einsatzort ihres Mannes zum nächsten führte, unterbrochen von Aufenthalten bei seinen Verwandten. Orte wie Frankfurt an der Oder oder zuletzt Grafenwöhr wurden ihr vertraut; später wollte sie sich daran nicht mehr erinnern. Sie muß von der Flucht vieler Familien aus Schlesien in den ersten Monaten des Jahres 1945 sehr viel mitbekommen haben. Darüber sprechen wollte sie nie, schreiben schon gar nicht. Nur Rudis erhalten gebliebenes Kriegstagebuch vermittelt einen Eindruck von ihrem Leben in diesen letzten Kriegsmonaten.

Im April 1945 verabredeten Rudi und Barbara, nach Möglichkeit zu versuchen, nach Liechtenstein zu gelangen, wo Rudis jüngster Bruder mit der Schwester des regierenden Fürsten Franz Josef verheiratet war. Tatsächlich gelang es Barbara, auf abenteuerlichen Wegen zunächst nach Vorarlberg und von dort nach Liechtenstein zu gelangen. Von Rudi gab es zunächst keinerlei Nachricht, nachdem er in amerikanische Kriegsgefangenschaft geraten war. Wieder half Vetter Hugh Greene, inzwischen mit dem Aufbau des Nordwestdeutschen Rundfunks in Hamburg befaßt, mit der Suche. Barbara berichtete später, sie sei eines Tages in Vaduz eingeladen gewesen und sehr unvermittelt mit den Worten aufgestanden, sie müsse sofort nach Hause. Auf der Schwelle ihres Hauses sei sie dem Postboten begegnet, der außerhalb seiner Tour eigens gekommen war, um ihr einen Brief zu bringen, der offenkundig und, wie sich herausstellte, tatsächlich die erste Nachricht von Rudi enthielt.

Erst im Frühjahr 1946 wurden sie wieder vereint. Inzwischen hatte Barbara ihr zweites Buch geschrieben – über Liechtenstein. Es erschien 1947 auf englisch und deutsch, das erste einführende Buch über das kleine Land überhaupt. Rudi war rechtzeitig gekommen, um die Photographien beizusteuern und die deutsche Übersetzung zu besorgen[49]. Das Buch wurde ein Erfolg; 1967 wurde es zur Hochzeit des damaligen Erbprinzen Hans Adam neu aufgelegt.

Das Leben hielt noch weitere Abenteuer für Barbara parat. Ohne Aussicht auf eine sinnvolle Beschäftigung in Europa nahm Rudi 1948 einen Ruf an eine argentinische Universität an, wo er bis 1952 Volkswirtschaft und Verwaltungswissenschaft lehrte. Barbara ging selbstverständlich mit, ertrug das Leben in einem winzigen Dorf nahe der Kleinstadt Mendoza am Fuße der Anden – und war doch sehr froh, als das wieder entstehende Auswärtige Amt Rudi zurückrief. Sie genoß in vollen Zügen das diplomatische Leben in Rom, in dem sie ihr Abenteurertum und ihre Neigung zu Konventionen so mühelos miteinander in Einklang bringen konnte. Sie muß eine perfekte Botschaftersgattin gewesen sein.

Danach kam Rudis Ruhestand. Das Leben in Berchtesgaden an der Seite eines erschöpften und häufig kranken Mannes langweilte sie zunehmend. Nach Rudis Tod im Jahr 1969 kaufte sie sich auf der zu Malta gehörenden Insel Gozo ein Häuschen und verbrachte dort einen großen Teil jeden Jahres. Dort wurde schließlich tätige Hilfe für Behinderte ein wesentlicher Teil ihres Lebens.

Ihre erfolgreichste Publikation, die von ihr gemeinsam mit Victor Gollancz herausgegebene Gebetssammlung ›God of A Hundred Names‹,[50] die zahlreiche Auflagen in unterschiedlichen Ausgaben erlebte, sorgte 1962 für Abwechslung, aber auch für Unruhe, mit der Rudi nicht mehr umgehen konnte. Die Neuauflagen ihrer Bücher über Liechtenstein (1967) und Liberia (1981)[51] machten ihr Freude und motivierten sie auch zu neuen Publikationsideen, aber kaum eine wurde noch realisiert[52]. Besonders bedauerlich ist, daß eine relativ weit gediehene Sammlung von autobiographischen Berichten von Menschen, die als Kinder in die Mühlen der politischen Umstände geraten waren, nicht veröffentlicht werden konnte. Ob sie keinen Verleger fand oder von sich aus aufgab, hat sie nicht preisgegeben. Der Entwurf des Vorworts zu diesem Buch vermittelt eigentlich die besten Einsichten in Barbaras Charakter[53].

Was also war das Besondere an Barbara Greene? Wenn sie eine Abenteurerin war, dann war sie es in einem intellektuellen Sinn und wurde es durch Liberia. Das normale Leben langweilte sie. Sie gab zu »schwierig zu sein«. Und als Mutter war sie für meine Schwester und mich gewiß nicht immer einfach. Sie war neugierig, aber nicht auf das, was Kinder erzählen. Sie traf gern auf Persönlichkeiten, vor allem wenn diese intellektuell hervorstachen. Den Bundespräsidenten in ihrem Haus zu empfangen bereitete ihr auch in ihrem letzten Lebensjahr Freude und gab ihr Auftrieb. Von gesellschaftlichen Ereignissen und Familienfesten hielt sie sich nach Möglichkeit fern. Ich habe manchmal gedacht, wenn ich in der Politik Karriere gemacht hätte, hätte sie das nur mäßig beeindruckt. Was sie von mir erwartete war, ein Buch zu veröffentlichen. Glücklicherweise hat sie mein erstes gerade noch erlebt. Barbaras Habitus war stets und im Alter zunehmend etwas formell. Andererseits konnte sie auch als Achtzigjährige noch eine Begeisterung für ein neues Thema entwickeln und tief enttäuscht sein, wenn ihre Kinder sich nicht ganz und gar damit identifizieren konnten, sich aber ebenso ärgern, wenn ihre Vorbereitungen für ein hochelegantes Souper mit einem ihrer Kinder in ihrer Wohnung von diesem nicht gebührend gewürdigt wurden. Konvention und Abenteuergeist waren die Pole, zwischen denen sie sich bewegte.

Wir wissen nicht, wann sie die folgenden Zeilen in ein Heft schrieb, in dem sie Sprüche und Denkwürdigkeiten festhielt: »Ich habe ein interessantes und abwechslungsreiches Leben gehabt, aber im Rückblick sind mir heute nur die Dinge und Menschen wichtig, die durch Zuwendung gewärmt waren. Ich glaube, nichts, das uns widerfährt, ist ohne Sinn (nicht einmal das Leiden und die Trauer), und wenn wir älter werden, gelingt uns manchmal ein flüchtiger Blick hinter dieses Rätsel, wobei viel von uns selber abhängt.«[54] Dies war wohl kein Zitat, sondern ihr ganz eigener Rückblick. Am Ende fragte sie sich: »Habe ich nicht zu viele Leben gelebt?«[55]. Ich glaube, sie hätte nicht anders leben wollen.

1 Rupert Graf Strachwitz, Sohn von Barbara Greene und Rudolf Graf Strachwitz, geboren 1947, studierte Politikwissenschaft, Geschichte und Kunstgeschichte und ist heute Direktor des Maecenata Instituts für Philanthropie und Zivilgesellschaft an der Humboldt Universität zu Berlin und geschaftsfuhrender Gesellschafter der Maecenata Management GmbH, München (www.strachwitz.info)

2 Zitiert nach »Meine Video Memoiren«, 1987, im Archiv des Verfassers. Übers. d. Verf.

3 Ibid.

4 Barbara an Ave Barham, unveröffentlichter Brief, Vaduz, 27. Oktober 1945 (Original im Besitz von John Barham). Übers. d. Verf.

5 Ilona Gräfin v. La Rosée, geb. Gräfin Strachwitz, Tochter von Barbara Greene und Rudolf Graf Strachwitz, geb. 1951

6 Barbara Greene, Im Hinterland, S. 23

7 Ibid., S. 147

8 Vorwort zur Neuausgabe 1981, S. 15

9 Meine Video Memoiren

10 Saki war das Pseudonym, unter dem Hector Hugh Munro (1870–1916) mit großem Erfolg publizierte. Er galt als Meister der Kurzgeschichte, aber zu seinen Werken zählte auch der 1913 veröffentlichte Roman ›When William Came – A Story of London under the Hohenzollerns‹, der eine fiktive erfolgreiche Eroberung Großbritanniens durch Deutschland zum Thema hat.

11 William Shakespeare, König Richard II, 5. Akt, 4. Szene, auf englisch notiert in einem Heft mit Zitaten, das sie führte, im Archiv des Verfassers (Übersetzung Schlegel/Tieck).

12 Barbara Greene, Im Hinterland, S. 114

13 Alice Greene, Letters from South Africa, ed. By John Barham, London 2007

14 Meine Video Memoiren

15 Graham Greene an Denyse Clairoun, Oxford, 22. November 1934; veröffentlicht in: Richard Greene (Hg.), Graham Greene, A Life in Letters, London 2007, S. 66. Übers. d. Verf.

16 Hugh Carleton Greene (1910-1987), in den 1930er Jahren Korrespondent des Daily Telegraph in Berlin, im Frühjahr 1939 ausgewiesen, während des Zweiten Weltkriegs Leiter des Deutschland-Programms der BBC, 1945 Gründer des damaligen NWDR (später in NDR und WDR aufgespalten), später Generaldirektor der BBC

17 Barbara an Rupert, 1989, im Archiv des Verfassers. Übers. d. Verf.

18 Ibid.

19 Barbara Greene, Im Hinterland, Vorwort, S. 12

20 Graham Greene an Marion Greene. Für die Überlassung mehrerer Briefe Grahams an seine Mutter bin ich Richard Greene (kein Verwandter), Herausgeber einer Auswahl von Briefen Graham Greenes (London, 2007) zu Dank verpflichtet. Die hier zitierten Briefe sind dort nicht veröffentlicht. Übers. d. Verf.

21 Meine Video Memoiren

22 Graham Greene an Marion Greene, 14. Januar 1935. Übers. d. Verf.

23 Barbara Greene an ihre Familie, undatierter Brief aus Liberia, in Monrovia aufgegeben (der einzige Brief, der noch existiert, möglicherweise der einzige, den sie schrieb), im Archiv des Verfassers. Übers. d. Verf.

24 Barbara Greene, Im Hinterland, S. 221

25 S. Russell Banks, S. 8

26 Würzburger Generalanzeiger, Würzburg, 5. Juni 1935, im Archiv des Verfassers

27 Norman Sherry, The Life of Graham Greene, Bd. 1, London 1989, S. 511

28 Graham an Hugh Carleton Greene, Oxford, 18. August 1934, veröffentlicht in: Richard Greene, loc. cit., S. 64

29 Graham Greene, Journey Without Maps, London 1936

30 Early Days, unveröffentlichter Entwurf, 1989 ?, S. 4, im Archiv des Verfassers. Übers. d. Verf.

31 Russell Banks, S. 10. Übers. d. Verf.

32 Mehrere Rezensionen im Archiv des Verfassers

33 Graham an Barbara, unveröffentlichter Brief, Antibes, 14. Mai 1981, im Archiv des Verfassers. Übers. d. Verf.

34 Graham an Barbara, unveröffentlichter Brief, Antibes, 5. August 1981, im Archiv des Verfassers. Übers. d. Verf.

35 Tania Alexander, A Little of All These, An Estonian Childhood, London 1987, S. 138. Übers. d. Verf.

36 Barbara Greene, Remembrance of Tania's Home, unveröffentlichtes Manuskript, Datum ?, im Archiv des Verfassers

37 Barbara an Rupert, S. 6. Übers. d. Verf.

38 Artur Graf Strachwitz, Wie es wirklich war, Erinnerungen eines Achtzigjährigen, Dülmen 1991, S. 294 (Artur war der jüngste Bruder von Rudi.)

39 Barbara an Rupert. Übers. d. Verf.

40 S. hierzu Rudolf Graf Strachwitz, Erinnerungen, 1947, unveröffentlicht, S. 125, im Archiv des Verfassers

41 DER SPIEGEL, 24. Oktober 1956, im Archiv des Verfassers

42 Marie (Missie) Wassiltschikow, The Berlin Diaries 1940–1945, London 1958

43 Christabel Bielenberg, The Past is Myself, London 1968 (deutsch: Als ich eine Deutsche war)

44 Vgl. Marion Gräfin Dönhoff, Axel von dem Bussche im Widerstand, in: Gevinon v. Medem (Hg.), Axel von dem Bussche, Mainz 1994, S. 34

45 Ulrich Sahm, Rudolf von Scheliha 1897–1942, Ein deutscher Diplomat gegen Hitler, München 1990, S. 126 f.

46 Barbara an Rupert, Weihnachten 1990, unveröffentlicht, im Archiv des Verfassers. Übers. d. Verf.

47 Artur Strachwitz, loc. cit., S. 316

48 Rudolf Graf Strachwitz, Kriegstagebuch, unveröffentlichtes Manuskript, im Archiv des Verfassers, Vorwort

49 Barbara Greene, Valley of Peace (deutsch: Tal des Friedens), Vaduz 1947

50 God of A Hundred Names, Prayers of Many Peoples and Creeds, collected and arranged by Barbara Greene and Victor Gollancz, London 1962

51 Barbara Greene, Too Late to Turn Back (Titel neu!), with an Introduction by Paul Theroux, London 1981, Taschenbuch London 1990

52 The Chance of A Lifetime, An Anthology for the Ageless by Eva and Barbara Greene, Freeport, Maine 1968

53 Barbara Greene, Introduction to ›The Human Touch‹, ca. 1985 unveröffentlichter Entwurf im Archiv des Verfassers. Übers. d. Verf.

54 Eintrag in ein Heft mit Zitaten, Text wahrscheinlich von ihr selbst; im Archiv des Verfassers. Übers. d. Verf.

55 Meine Video Memoiren

Eine kurze Geschichte Liberias[1]

Till Blume

Kommt man heute nach Liberia, lassen sich die Eindrücke der Reise von Barbara und Graham Greene noch gut nachvollziehen. Bei der Landung blickt man auf Lagunen, winzige Dörfer und Urwald. Am Boden dann die Gegenwart: UN-Fahrzeuge, Passkontrolle, junge Männer, die einem Handykarten verkaufen. Im Inland gerät man schnell auf holprige, in der Regenzeit kaum passierbare Erdstraßen, fährt durch Dörfer abseits der größeren Straßen, in denen Pfade sichtbar werden, die durchaus an die der Greenes erinnern. Nichts als Regenwald, Gruppen von Männern, Frauen und Kindern, Hütten und Marktplätze. Nur an wenigen Orten außerhalb Monrovias, wie in der ehemals von deutschen Firmen betriebenen Bong Mine, zeugen zerstörte Maschinen sowie Wracks von VW-Käfern von einer kurzen industriellen Vergangenheit, die jedoch bald wieder Realität werden könnte.

»Hinterland« bezeichnete – auch auf Englisch – die Gebiete im Inland Liberias. Die *Rules Governing the Hinterland* bildeten in der Verfassung den Teil, der die Beziehung des – lange Zeit auf Monrovia und die Städte begrenzten – Zentralstaats und der indigenen Teile des Landes regelte. Zugehörigkeit zur so genannten ameriko-liberianischen Elite war lange Zeit entscheidend für Zugang zu Macht, Geld, Ausbildung. Sonst blieb nur ein einfaches Leben im Hinterland. Seit dem

19. Jahrhundert gab es in Liberia eine Elite, die sich aus Nachfahren ehemaliger Sklaven aus den Vereinigten Staaten zusammensetzte. Diese gründeten Monrovia als Hauptstadt des Landes – nach US-Präsident Monroe benannt – sowie weitere Siedlungen an der Küste. Der Gegensatz von indigener Bevölkerung und Ameriko-Liberianern hat sich nur langsam aufgelöst. Erst Mitte des 20. Jahrhunderts zeichnete sich die Herausbildung einer indigenen Mittelschicht ab, die vor allem technische Berufe beherrschte und das Ende der Dominanz der Gründernachfahren langsam anbahnte. Dies wird auch als eine der Ursachen des späteren Bürgerkriegs angesehen.

Heute noch gehört die große Mehrheit der Liberianer zu einem der 16 Stämme, nur knappe drei Prozent zu den Ameriko-Liberianern. Im Westen befinden sich an der Küste die Gebiete der Dei und Vai, an der Grenze zu Sierra Leone die der Gola, Mende, Gbande, Kissi, Loma (Buzi), sowie östlich an der Guineagrenze die Kpelle, Mano, Dan (Gio), und die Krahn (Wee) im Landesinneren. Östlich von Monrovia, entlang der Küste, leben die Bassa, Kru, und Grebo. Die Mandingo, die vor allem im Westen und Nordwesten zu finden sind – Greenes begegnen ihnen – sind meist Muslime und zu Beginn des 19. Jahrhunderts aus Guinea zugewandert. Seit jeher stehen sie als Zwischen- und Fernhändler zwischen den genuin liberianischen Stämmen und den Ameriko-Liberianern. Christliche Einflüsse der Ameriko-Liberianer und der zahlreichen Missionierungsstationen vermischen sich im heutigen Liberia mit indigenen Religionen und spirituellen Bräuchen – Zauber und die im Buch genannten »Teufel« sowie weitere Elemente wie die »Buschschulen« genannten Geheimbünde der Poro und Sande spielen auch heute noch eine Rolle.

Zur Zeit der Expedition der Greenes lebten die meisten Liberianer von der Landwirtschaft – ähnlich wie heute. Doch zieht es immer mehr junge Menschen in die Städte – wenn sie dort nicht schon nach dem Bürgerkrieg hängen geblieben sind. Typische Produkte waren und sind Reis, Kautschuk, Baumwolle und Kassava. Der internationale Handel lag immer in den Händen der Ameriko-Liberianer: Lukrativ waren vor allem Holz und Diamanten, später auch Kautschuk und Eisenerz. Die moderne wirtschaftliche Entwicklung des Landes ist eng mit internationaler Unterstützung, vor allem der Vereinigten Staaten, verbunden: zunächst durch Staatsanleihen, später durch Investitionen von Firmen. Trotz seiner natürlichen Reichtümer ist Liberia heute eines der ärmsten Länder der Welt, denn im Bürgerkrieg bereicherten sich Rebellenbewegungen und Regierungen und finanzierten Waffenkäufe und persönlichen Reichtum.

Die ersten Siedler und die Staatsgründung

Der Wahlspruch Liberias, »The Love of Liberty Brought Us Here«, spiegelte die Vorstellung derer wieder, die 1822 auf Bushrod Island landeten und Monrovia gründeten. Ihren Wahlspruch setzten die Neuankömmlinge aber nicht für die Einwohner des Landes um: Indigene wurden als Liberianer zweiter Klasse behandelt. Konzepte wie das Besitzwahlrecht widersprachen alten Regeln, die Grund und Boden als Stammesbesitz ansahen, nicht als Eigentum von Individuen. Liberia entstand aber nicht nur als philanthropisches Projekt der *American Colonization Society*, sondern auch als Antwort auf die steigende Anzahl freigelassener Sklaven in den USA. Nach Staatsgründung im Jahre 1847 stellten die Ameriko-Liberianer den ersten Präsidenten, Joseph J. Roberts. Staatliche Institutionen, Verfassung und politische Ämter wurden nach dem Vorbild der USA modelliert, deren Praxis und gegenseitige Kontrolle allerdings deutlich hinter der Intention zurückblieb (die Schilderung Barbara Greenes bestätigt dies). Der internationale Handel kam langsam in Schwung, und das heutige Staatsgebiet entstand. Die Gründungskonflikte des jungen Staates spielten sich vor allem im Hinterland ab. Auch an den Grenzen, im Südosten mit Côte d'Ivoire und im Nordwesten mit Sierra Leone, gab es mehrmals militärische Zwischenfälle – und es waren gegenüber England und Frankreich immer wieder die Vereinigten Staaten, die eingreifen mußten, um den jungen Staat zu schützen. 1877 siegte die *True Whig Party*, die als Gegengewicht zu aufstrebenden Abkömmlingen der indigenen Liberianer gegründet wurde, und das Land bis 1980 regierte. Die heutigen Grenzen wurden 1885 durch die Berliner Konferenz festgelegt. Arthur Barclay (1904–1912) versuchte die Trennung zwischen Ameriko-Liberianern und Indigenen zu beseitigen: zum ersten Mal wurden beide Gruppen als »Liberianer« bezeichnet. Gleichzeitig baute er aber eine quasi-koloniale Verwaltung im Hinterland auf – deren Bezirkskommissare (*District Commissioners*) immer wieder im Buch auftauchen. Sie wurde durch die Liberia Frontier Force, deren Befehlshaber Colonel Davis wir im Buch kurz kennenlernen, geschützt – aus der später die *Armed Forces of Liberia* (AFL) entstanden.

Firestone und die Öffnung des Landes

1926 pachtete die Firma Firestone eine Fläche von über 40.000 Hektar für 99 Jahre – mit Unterstützung der US-Regierung, die das englische Kautschuk-Monopol unterwandern wollte. Kautschuk wurde zum wichtigsten Exportgut des Landes. Gleichzeitig häuften sich Hinweise darauf, dass sklavenähnliche Arbeitsverhältnisse geduldet würden, auch bei Firestone. Der Völkerbund untersuchte die Vorwürfe, deren Bestätigung zum Rücktritt des Präsidenten King (1920–1930) führte. Sein Nachfolger Erwin Barclay – den die Greenes durch Zufall in Kulahun treffen – öffnete das Land für Investoren. Staatsanleihen verschärften die internationale Kontrolle über den Staatshaushalt. In diesen Zeitraum fällt die Reise der Greenes. Wie Barbara selbst schreibt, waren die sozialen und politischen Strukturen des Hinterlands nicht nur geographisch weit von Monrovia entfernt – dort wurden die Pläne gemacht, die für einige Teile Liberias bis heute nicht Realität geworden sind. Staatsdiener schienen laut Greene kaum Regeln Folge leisten zu müssen, es galten verschiedene Rechtssysteme in Monrovia und im Hinterland. Präsident William V. S. Tubman (1943–1971) führte das Wahlrecht für indigene Liberianer ein und machte aus den Provinzen im Hinterland ebenfalls *Counties* wie an der Küste. Seine ›Politik der Einigung‹ stieß auf Widerstand. Proteste, Preissteigerungen und Streiks ließen das Land – so Zeitzeugen – unruhig erscheinen. Allerdings verbesserte sich die wirtschaftliche Lage für viele Liberianer, und die Staatseinkünfte stiegen durch Investitionen vor allem im Eisenerzsektor. Präsident Barclay stellte sich in Barbara Greenes Schilderung die Zukunft Liberias als modernes Land vor, und so ähnlich geschah es 20 Jahre später auch, zumindest in Monrovia: es entstanden moderne Gebäude und Hafenanlagen – auch in Buchanan. Auch die anfangs erwähnte Bong Mine wurde in dieser Zeit erschlossen. Liberia ist in Bezug auf seine wirtschaftliche Entwicklung zu dieser Zeit ungefähr gleichauf mit Malaysia.

Does Putsch

Präsident Tolbert (1972–1980) ließ als erster Oppositionsparteien zu (welcher Gruppe die Oppositionsparteien in Greenes Schilderung 1935 angehörten, ist nicht auszumachen). Dennoch blieben die Ameriko-Liberianer dominant. Tolbert machte sich durch schleppende Reformen und die Erhöhung der Reispreise 1979 unpopulär. Liberia wurde zur letzten Bastion der USA auf dem afrikanischen Kontinent ausgebaut. Armee und Polizei stellten sich – nach anfänglicher Brutalität gegen Demonstranten – nicht entschlossen gegen den Putschversuch 1980 von Samuel K. Doe, der – indigener Abstammung – eine Militärherrschaft errichtete. Politische Widersacher und Weggefährten werden ermordet, Gewalt wird banalisiert und alltäglich. Die neue Verfassung von 1984 beseitigt formell die Unterschiede zwischen Indigenen und Ameriko-Liberianern. 1986 wird Doe zum Präsidenten gewählt; Oppositionsparteien waren jedoch nicht zugelassen. Ende der 1980er Jahre ist das Land bankrott. Von Côte d'Ivoire aus fallen Charles Taylors Truppen der *National Patriotic Front of Liberia* (NPFL), die unter anderem aus Kindersoldaten bestehen, 1989 nach Liberia ein. Das Land fällt in einen fast 15 Jahre andauernden Bürgerkrieg: Doe wird – von Prince Johnson, einem Rebellenführer, der heute im liberianischen Parlament sitzt – vor laufender Kamera brutal gefoltert und ermordet.

»In der Hölle«: Der Bürgerkrieg

Der Bürgerkrieg führte zum endgültigen Zerfall des Staates, tötete 200.000 und entwurzelte mehr als 850.000 Liberianer. Über die Ursachen wird in der Forschung gestritten: einer der bestimmenden Faktoren ist aber die Unterdrückung der indigenen Liberianer. Genannt werden auch Reformunfähigkeit des Staates, Pervertierung von spirituellen Riten und Verführung von Jugendlichen mit Gewalt und Drogen. Die Milizen waren eine der wenigen Aufstiegschancen für indigene junge Männer: eine ganze Generation wuchs als Kindersoldaten auf. Dennis Johnsons Buch »In der Hölle« hat die Brutalität und den Irrsinn dieses Krieges wohl am besten und schrecklichsten beschrieben. Es entstanden mehrere Rebellengruppen wie die *Independent National Patriotic Front of Liberia* (INPFL) und *United Liberation Movement of Liberia* (ULIMO). Taylor konnte seinen Einfluss auf einen Großteil des Staatsgebiets ausdehnen und kontrollierte die Holz-, Waffen- und Diamantenlieferungen in Buchanan. Die *Economic Community of West African States* (ECOWAS) versuchte vergebens, durch eine militärische Beobachtermission (ECOMOG) eine Übergangsregierung zu schützen und einen Waffenstillstand herbeizuführen. Und die erste Friedensmission der Vereinten Nationen im Land, UNOMIL (1993–1996), konnte ebenso wenig zum Schutz der Zivilbevölkerung außerhalb Monrovias ausrichten. Im September 1994 verließ die letzte humanitäre Organisation das Hinterland. Endlich: ein Friedensvertrag in Abuja im September 1995, der 13. in Folge. Eine Übergangsregierung wurde gebildet und Wahlen für August 1996 anvisiert. Wieder führten Verletzungen des Waffenstillstandsabkommens und schwere Kämpfe zu einer brutalen Rückkehr in den Bürgerkrieg. Verhandlungen im August 1996 (Abuja II) sahen Wahlen für 1997 vor. Die Wahlen, die von internationalen Beobachtern positiv bewertet wurden, endeten in einem Sieg für Charles Taylor. Ein Grund dafür war sicher auch, dass viele Liberianer bei einer Niederlage Taylors erneute Kämpfe befürchteten. Für eine kurze Zeit kehrte Ruhe ein.

1998 unterstützt Taylor die Aktivitäten von Rebellen in Sierra Leone, der Krieg weitet sich endgültig zu einem regionalen Konflikt aus, an dem bewaffnete Milizen, Kindersoldaten und Söldner aus Sierra Leone, Guinea und Côte d'Ivoire beteiligt sind. Ein grausamer Krieg, vor allem von Kindersoldaten geführt, tobt. Im Mai 2003 kontrollieren die Rebellen zwei Drittel des Staatsgebiets Liberias. Die Regierung Taylor gerät zudem international unter Druck, er selbst wird vor dem Sondergerichtshof für Sierra Leone angeklagt. Im August 2003 wird in Ghana ein Friedensabkommen unterzeichnet und eine Übergangsregierung geschaffen. Taylor wird ins Asyl nach Nigeria gezwungen.

Ab September sorgte die 15.000 Mann starke Friedenstruppe der Vereinten Nationen (UNMIL) für Stabilität. Mehr als 520 Millionen US-Dollar wurden seit 2004 von der internationalen Gemeinschaft für den Wiederaufbau bereitgestellt.

Liberia seit 2003

Das Friedensabkommen sah eine Übergangsregierung vor, die Liberia bis zu den Wahlen 2005 regieren sollte – deren friedlicher Ausgang nicht unbedingt garantiert war: viele ehemalige Rebellen sahen im Fußballstar George Weah bereits ihren Präsidenten. Klare Gewinnerin der Wahlen war allerdings Ellen Johnson-Sirleaf, eine ehemalige UN- und Weltbank-Beamtin, nun die erste gewählte Staatschefin Afrikas.

Johnson-Sirleaf – von indigener Abstammung, aber in einer ameriko-liberianischen Familie aufgewachsen – wird liebevoll auch »Ma Ellen« genannt. Sie möchte Liberia zu einem demokratisch legitimierten, effektiv verwalteten Staat machen – dem seine Bürger vertrauen. Aber woher die Zuversicht nehmen, wenn über die Hälfte der Bevölkerung mit weniger als einem halben US-Dollar pro Tag auskommen muss? Straßen werden gebaut, Schulen und Gesundheitszentren langsam wieder besetzt, und die Regierung versucht, ihre Präsenz in ganz Liberia mit Unterstützung der Vereinten Nationen aufzubauen, um die Ursachen des Bürgerkriegs zu beseitigen: die Aushöhlung staatlicher Strukturen, die strukturelle Vernachlässigung des Hinterlands. Einfach ist dies nicht: Im Parlament sitzen ehemalige Rebellenführer, die Arbeitslosigkeit ist hoch. Die wenige vorhandene Infrastruktur wurde während des Bürgerkriegs zerstört. Schulen sind überfüllt, Lehrer nicht bezahlt. Es geht langsam vorwärts: Taylor wurde 2006 – wider Erwarten und nach einem kurzen Fluchtversuch – von Nigeria an Liberia ausgeliefert, 2008 wird sein Prozess vor dem Sondergerichtshof für Sierra Leone fortgeführt. Mitglieder der Übergangsregierung stehen wegen Korruption vor Gericht. Internationale Schulden werden erlassen. Investoren bauen Kautschuk-Plantagen und Erzminen wieder auf.

Dabei ist eines der größten Probleme, ein historisch gewachsenes Bild des Staates – das auch in Barbara Greenes Schilderung deutlich wird – vollkommen zu verändern. Seit Greenes Reise hat sich einiges getan, vor allem ist Schreckliches geschehen, und gewiss ist: Dieser Prozess wird lange dauern. Es gilt eine ganze Gesellschaft neu zu schaffen – und alle, auch das Hinterland, in einen Staat einzubinden, der sich gerade neu erfindet.

1 Die Darstellung stützt sich auf eigene Reisen nach Liberia sowie auf bestehende Literatur, unter anderem: Magdalene S. David (1984): The Love of Liberty Brought Us Here. An Analysis of the Development of the Settler State in 19th Century Liberia. Review of African Political Economy, No. 31, S. 57–70; George Dalton (1965): History, Politics, and Economic Development in Liberia. The Journal of Economic History 25 (4), S. 569–591; Horst Kalthoff (1996): Arzt in Liberia. Liberia, Land und Leute zwischen 1956 und 1963, Leipzig; Mary Moran (2006): Liberia. The Violence of Democracy, Philadelphia; Stephen Ellis (2006): The Mask of Anarchy. The Destruction of Liberia and the Religious Dimension of an African Civil War, New York; Denis Johnson (2006): In der Hölle, Berlin; Werner Korte (1997): Prozesse des Staatsverfalls in Liberia. WeltTrends. Zeitschrift für internationale Politik und vergleichende Studien 14, S. 55–80; Thorsten Benner und Till Blume (2007): Ma Ellen macht Staat. Internationale Politik, 12/2007, S. 61–69.

Deutsche Erstausgabe

Gestaltung und Satz: Johannes Steil – www.brotschrift.de
Umschlag: Jakob Kirchheim – www.jakob-kirchheim.de
Druck und Bindung: Interpress, Budapest
Printed in Hungary
ISBN 978-3-87410-109-7

www.kirchheimverlag.de
P. Kirchheim Verlag, Postfach 12 04 32, D-80454 München